# 财政与金融

单秀娟 李 辉 主 编

中国财经出版传媒集团
中国财政经济出版社

图书在版编目（CIP）数据

财政与金融／单秀娟，李辉主编 . —北京：中国财政经济出版社，2018.6
ISBN 978 − 7 − 5095 − 8267 − 1

Ⅰ.①财… Ⅱ.①单… ②李… Ⅲ.①财政金融 − 高等职业教育 − 教材 Ⅳ.①F8

中国版本图书馆 CIP 数据核字（2018）第 109198 号

责任编辑：高树花　　　　　　责任印制：刘春年
封面设计：孙俪铭　　　　　　责任校对：杨瑞琦

中国财政经济出版社 出版

**URL**：http://www.cfeph.cn
**E － mail**：cfeph@cfeph.cn

（版权所有　翻印必究）

社址：北京市海淀区阜成路甲 28 号　邮政编码：100142
营销中心电话：010 − 88191537　北京财经书店电话：64033436　84041336
北京鑫海金澳胶印有限公司印装　各地新华书店经销
710×1000 毫米　16 开　15.75 印张　340 000 字
2018 年 7 月第 1 版　2018 年 7 月北京第 1 次印刷
定价：45.00 元
ISBN 978 − 7 − 5095 − 8267 − 1
（图书出现印装问题，本社负责调换）
本社质量投诉电话：010 − 88190744
打击盗版举报热线：010 − 88191661、QQ：2242791300

# 前言

《财政与金融》原是列入国家教委高职高专"十三五"规划的一部高等学校文科教材。由单秀娟、李辉、崔立升、陈红、柳清等教师集体编写,单秀娟、李辉任主编。

本书自2010年出版,2015年再版以来,一直深受各方好评,被多所高校选做授课教材,授课教师的评价是:这是一部工学结合、理论性与实践性均较强的教材。本书所提供的数据和信息以及相关案例,对于对财政学和金融学感兴趣的学生和只承认是,均是具有参考价值的资料。

本教材取得成绩的同时,也发现自身的不足,编者也在进行不断的完善和更新。2015年的再版,是在2010年第一版的基础上,针对高职高专学生在学习上存在的困难,精简了理论部分的篇幅,增加了案例部分,并更新了一部分案例,同时针对2010-2015年间财政和金融领域的政策变化进行了更新和修正,该次修订,使教材更加与时俱进,内容符合实际,案例贴合实事。

本次是该教材的第二次修订,本次修订是基于2015年修订版的基础上,更新了基础理论知识,替换了陈旧案例,使教材内容更贴合时代发展。

同时,为了满足自学者的要求,教材保留了原来教材的优点,为了满足自学者的要求,保留了课后习题的参考答案,为了提高教学的便利性,随教材配套制作了精美的教学课件等。

本次再版的教材是集体智慧的结晶,是各位同仁通力合作的成果。具体分工为:单秀娟、李辉任主编,崔立升、陈红、柳清任副主编,于砚淼、孙晓莹、葛原江、孙菲参编,最后由单秀娟、李辉统稿、定稿。

由于财政与金融内容丰富、涉及面广,加之编者水平有限,教材中难免出现疏漏之处,敬请各位专家和读者不吝赐教。

编者

2018年7月

# 目录

## 上篇 财政篇

### 任务1 财政导论 ········· 3
1.1 财政概述 ········· 4
1.2 财政的产生与发展 ········· 5
1.3 公共产品与公共财政 ········· 7
1.4 财政的职能 ········· 11

### 任务2 财政收入 ········· 18
2.1 财政收入概述 ········· 19
2.2 财政收入的规模分析 ········· 21

### 任务3 税收 ········· 27
3.1 税收概述 ········· 28
3.2 税收要素 ········· 34
3.3 我国的主要税种 ········· 36

### 任务4 国债 ········· 49
4.1 国债概述 ········· 50
4.2 国债的发行与偿还 ········· 55
4.3 国债的流通 ········· 63

### 任务5 财政支出 ········· 69
5.1 财政支出概述 ········· 70
5.2 购买性支出 ········· 74

5.3　转移性支出 ········································································· 76

**任务6　国家预算** ·············································································· 84
　　6.1　国家预算概述 ····································································· 85
　　6.2　国家预算管理体制 ······························································ 89
　　6.3　预算外资金 ········································································· 92

**任务7　技能训练** ·············································································· 100
　　7.1　财政导论 ············································································ 100
　　7.2　财政收入 ············································································ 102
　　7.3　税收 ··················································································· 106
　　7.4　国债 ··················································································· 108
　　7.5　财政支出 ············································································ 111
　　7.6　国家预算 ············································································ 114

## 下篇　金融篇

**任务8　金融导论** ·············································································· 119
　　8.1　金融概述 ············································································ 120
　　8.2　货币与货币制度 ································································· 122
　　8.3　信用 ··················································································· 130
　　8.4　利息与利息率 ····································································· 136

**任务9　金融机构体系与金融业务** ····················································· 141
　　9.1　金融机构体系概述 ······························································ 142
　　9.2　中央银行 ············································································ 147
　　9.3　商业银行 ············································································ 152
　　9.4　政策性银行 ········································································· 156
　　9.5　非银行金融机构 ································································· 157

**任务10　金融市场** ············································································ 163
　　10.1　金融市场概述 ··································································· 164
　　10.2　货币市场 ·········································································· 168
　　10.3　资本市场 ·········································································· 171
　　10.4　外汇市场和黄金市场 ························································ 179

|       | 10.5 | 金融衍生工具市场 | 183 |
|---|---|---|---|

## 任务 11　货币供求与均衡　191

|       | 11.1 | 货币需求 | 192 |
|---|---|---|---|
|       | 11.2 | 货币供给 | 194 |
|       | 11.3 | 货币均衡 | 198 |
|       | 11.4 | 通货膨胀与通货紧缩 | 200 |

## 任务 12　财政政策与货币政策　211

|       | 12.1 | 财政政策 | 212 |
|---|---|---|---|
|       | 12.2 | 货币政策 | 215 |
|       | 12.3 | 财政政策与货币政策的配合 | 222 |

## 任务 13　技能训练　227

|       | 13.1 | 金融导论 | 227 |
|---|---|---|---|
|       | 13.2 | 金融机构体系与金融业务 | 229 |
|       | 13.3 | 金融市场 | 232 |
|       | 13.4 | 货币供求与均衡 | 234 |
|       | 13.5 | 财政政策与货币政策 | 237 |

## 参考文献　241

# 上 篇
# 财政篇

　　财政是一种经济行为或经济现象,作为政府运行的"血液系统"和现代经济的核心,财政在促进我国经济发展和社会稳定中发挥着越来越重要的作用。随着我国社会主义市场经济体制的逐步建立和完善,学习和掌握财政知识,已成为当务之急。系统地了解日常生活中的财政活动、财政现象及其发展变化的内在规律性是企业决策、经济分析的重要一环。

　　本篇重点讲述了财政的概念、职能,详细介绍了财政收入与支出的内容,通过本篇学习,使学生能较熟练地掌握现代财政的基础理论知识,并能利用所学的理论联系实际进行综合分析,提高学生的综合分析能力,使学生具备从事财经管理工作所必需的业务知识和工作能力。

# 任务 1　财政导论

**【任务驱动】**

财政是以国家为主体的分配活动。财政的一般特征表现在：财政分配的主体是国家，分配的客体是一部分社会产品，分配的目的是满足社会的公共需要。财政是随着国家的产生而产生的，在不同的社会制度下有着不同的特点。公共财政主要具有公共性、非营利性、法制性的特征。从宏观调控的目标看，财政职能具有资源配置职能、收入分配职能、经济稳定发展职能。

通过本任务的学习，使学生了解财政的产生与发展；熟悉财政的概念、特征与公共财政的含义与特征；掌握社会主义国家财政职能的主要内容。

## 先行案例

### 关于下达2017年中央财政支持学前教育发展资金预算的通知

财科教〔2017〕132号

各省、自治区、直辖市、计划单列市财政厅（局）、教育厅（局、教委）：

为贯彻《国务院关于当前发展学前教育的若干意见》，支持实施第三期学前教育行动计划，经研究，现核定下达你省（自治区、直辖市、计划单列市）2017年支持学前教育发展中央专项资金预算（项目代码：Z135050000015），详见附件。请列205"教育支出"相关项。现将有关事项通知如下：

一、各省份要按照《国家教育事业发展"十三五"规划》《关于实施第三期学前教育行动计划的意见》等要求，切实发挥省级统筹作用，科学规划幼儿园布局，深化体制机制改革，坚持公办民办并举、多种形式扩大普惠性学前教育资源。要按照轻重缓急原则科学分配资金，重点向革命老区、边疆地区、民族地区和贫困地区倾斜。要进一步健全幼儿资助制度，确保幼儿资助投入规模只增不减，确保建档立卡等家庭经济困难幼儿优先获得资助。

二、各省级教育、财政部门要按照《中央对地方专项转移支付绩效目标管理暂行办法》要求，参照2017年支持学前教育发展中央专项资金整体绩效目标和本省获得的补助额度，对本地区绩效目标进行调整，在收到预算文件60日内填报《中央对地方专项转移支付区域绩效目标表》，报教育部、财政部备案。请在组织预算执行中对照区域绩效目标做好绩效监控。

三、请各省份按照《中央财政支持学前教育发展资金管理办法》（财科教〔2017〕131号）加强资金管理，及时拨付资金，加强监督检查和信息公开，自觉接受审计及社会监督。对挤占、挪用、虚列、套取补助资金等行为，将按照《预算法》《财政违法行为处罚处分条例》等有关规定严肃处理。

附件：2017年中央财政支持学前教育发展资金预算表

财政部　教育部<br>2017年9月30日

资料来源：财政部网站。

## 1.1　财政概述

### 1.1.1　财政现象

在现实社会经济生活中，时时处处都存在着财政现象，从人们的衣食住行到国家的政治活动、经济建设、社会发展，财政渗透到每一个领域，人们总在主动或被动地参与着财政活动。每一个社会成员之所以都要通过各种渠道、以各种方式与财政发生联系，是因为他们时时都要从政府那里享受各种形式的公共服务以满足自己及家庭的需要，同时也要为接受这类服务而支付费用。人们经常可以听到或看到涉及财政方面的报道，例如：政府将增拨870亿元用于中国西部的开发；政府将进一步提高社会保障支出在财政预算中的比重；政府将增发1000亿元国债，用于刺激经济的增长；将个人所得税起征点提高至5000元；取消部分行业中出口企业的出口退税等。这些财政政策的变化将影响到企业和个人。对于一家出口企业意味着出口成本的上升，对于个人意味着税收负担的上升，对于将要踏上工作岗位的应届大学生意味着更多就业机会，等等。

其实，财政就在我们每一个人的身边，处处都能显示出"聚财为国，用财为民"的政府理财宗旨。

### 1.1.2　财政的概念与特征

财政是国家为实现其职能的需要，凭借国家政治权力强制地、无偿地参与社会产品或国民收入分配而形成的分配关系。这里包含着以下几层意思：

（1）财政分配体现的是以国家为主体的分配关系，即国家与企事业单位和个人之间的经济利益关系，这是财政的本质特征。

(2) 财政分配的对象是社会产品或国民收入，并以此保证国家职能的实现。财政分配形式随着社会经济的发展而发展，由最初的劳役和实物分配发展到今天的价值分配。

(3) 财政分配是国家为实现其职能所进行的分配。它与一般经济分配不同，财政分配不仅以国家为主体，而且分配的目的是为实现国家职能服务的。从这一意义上来说，财政和国家有相互依存的关系。

(4) 财政是凭借国家政治权力强制地、无偿地参与社会产品或国民收入的分配。这是财政分配不同于其他分配形式的重要特征。

目前，国内学界关于财政概念常用的表述为："财政是国家凭借其政治力量，通过集中一部分社会财富来满足社会公共需要的收支活动，并通过这些收支活动调节社会总需求与总供给的平衡，以达到优化资源配置、公平分配、稳定和发展经济的目标。"

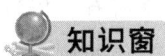

### "财政"一词的来源

"财政"一词最早起源于西欧。13～15世纪，拉丁文finis是指结算支付期限的意思，后来演变为finane，则有支付款项、裁定款项或罚款支付的含义。到16世纪末，法国政治家波丹将法语finances作为"财政"一词使用，认为财政是"国家的神经"，随后逐步泛指国家及其他公共团体的理财。中国古代一般采用国用、国计、邦计、度支、理财等词语。日本自1868年明治维新以后，从西欧各国引用finance一词，吸收中国早已分开存在使用的"财"和"政"二字的含义，创造了"财政"一词，并于1903年传入中国，逐步取代以前的各种名称，确立了财政的概念。

资料来源：作者根据百度百科资料整理。

## 1.2 财政的产生与发展

### 1.2.1 财政的产生

财政是个分配问题，属于经济范畴，同时，它又是一个历史范畴。它作为国家作用于经济的产物，是从产品分配中独立出来的一个分配范畴，是人类社会发展到一定历史阶段的产物，是随着国家的产生而产生的。财政的产生必须具备两个最基本的条件：一个是经济条件，另一个是政治条件。

**1. 社会生产力的发展、剩余产品的出现是财政产生的经济条件**

在生产力极其低下的原始公社时期，没有剩余产品，也不会产生私有制，也就没有产生阶级的基础，更不会产生国家，没有国家也就不会出现依靠国家的政治权力而参与社会产品的财政分配活动。

在原始社会末期，随着社会分工的出现，社会生产力有了很大发展，出现剩余产品，相应产生了必须由剩余产品予以满足的社会共同需要。所以说，社会生产力的发展和剩余产品的出现是财政产生的首要条件。

**2. 国家的产生是财政产生的社会政治条件**

随着生产力的发展，出现了私有制，人类社会分裂为奴隶和奴隶主两个根本对立的阶级。由于两个阶级之间经济利益不可调和，客观上需要一种日益同社会脱离又凌驾于社会之上的政治力量，把阶级冲突保持在"秩序"许可的范围以内，这个力量就是国家。国家权力一经产生，便不仅仅行使阶级统治的职能，而且同时行使有关的社会职能，满足某些社会公共需要，如文化教育、公共工程及社会公共设施等。而国家机器本身并不是创造社会财富的生产组织，不能为自身提供任何物质资料，它所需要消费的物质资料就只能依靠国家的权力采取强制无偿的手段将物质领域生产的一部分物质产品转化为国家所有，以满足国家实现其职能的需要，与此同时，社会生产力的发展也提供了满足这种需要的剩余产品。这样，就在整个社会产品分配中出现了以国家为主体的依靠权力进行的分配现象，即财政分配。

综上所述，对于财政产生的条件可以归纳为：生产力的发展和剩余产品的出现为财政的产生提供了物质条件，使财政的产生成为可能；而国家的产生则是财政产生的政治条件。

### 1.2.2 财政的发展

**1. 奴隶制国家的财政**

奴隶制国家是建立在奴隶制生产关系之上的。奴隶制国家财政是实现奴隶制国家职能的工具，是维护和巩固奴隶主阶级统治地位的一种手段。奴隶制国家财政凭借国家的政治权力对社会产品强制地分配，体现了奴隶主阶级对奴隶阶级的剥削关系。

（1）奴隶制国家财政收入。包括：田赋收入、战争收入和贡纳收入、军赋收入、工商捐税收入。

（2）奴隶制国家财政支出。包括：军事支出、皇室的国家政府机构支出、祭祀支出、建设支出。

**2. 封建制国家的财政**

封建制国家财政是建立在封建制生产关系基础上的。由于封建制国家的公共权力、暴力机构、王室和贵族的专制集权等日益发展，封建制国家的财政收支内容和分配形式也有较大变化。

（1）封建制国家财政收入。包括：赋税收入、官产收入、贡赋收入、专营收入、公债收入。

（2）封建制国家的财政支出。包括：军事支出、国家机构经费支出、封建宗教文化支出。

除此之外，皇室费用支出、官吏俸禄支出、农田水利建设支出、发展生产支出、债务支出以及战争赔款等也都属于封建国家财政支出的内容。

**3. 资本主义国家的财政**

资本主义国家财政，是资本主义国家政府为实现其职能，对一部分社会产品以价值形式所进行的强制、无偿性分配，反映着资产阶级剥削无产阶级和其他劳动者的分配关系。

（1）资本主义国家财政收入。包括：税收收入，这是资本主义国家财政收入的最主要来源；国家债务收入，这是资本主义国家财政收入的另一种重要形式；财政性货币发行收入。

（2）资本主义国家财政支出。包括：军费支出、行政经费支出、社会保障和社会福利支出、国家投资支出、债务支出，主要是对已到期国债的还本付息。

**4. 社会主义国家的财政**

社会主义国家财政，是社会主义国家政府为实现其职能，对一部分社会产品所进行的集中性分配，它体现着国家利益与全体劳动人民根本利益相一致的分配关系。

（1）社会主义国家财政收入。包括：税收收入、国有企事业收入、专项收入、债务收入、其他收入。

（2）社会主义国家财政支出。包括：经济建设支出、社会文教支出、行政管理支出、国防建设支出、社会保障支出。

此外，社会主义国家的财政支出，还包括债务支出、援外支出、支援不发达地区支出，以及转移支付支出等。

# 1.3 公共产品与公共财政

## 1.3.1 公共产品

**1. 公共产品的概念**

公共产品是私人产品的对称，是指具有消费或使用上的非竞争性和受益上的非排他性的产品，亦称"公共物品"，指能为绝大多数人共同消费或享用的产品或服务。如国防、公安司法等方面所具有的财物和劳务，以及义务教育、公共福利事业等。特点是一些人对这一产品的消费不会影响另一些人对它的消费，具有非竞争性；某些人对这一产品的利用，不会排斥另一些人对它的利用，具有非排他性。一般由政府或社会团体提供，政府之所以必须提供公共物品和部分准公共物品以满足公共需要，是由公共物品的特点决定的。

**2. 公共产品的特征**

（1）消费的非竞争性。

消费的非竞争性，是指社会中的某一个成员或厂商对公共物品的享用不能排斥其他成员或厂商同时享用；而且在正常条件下，部分居民对公共物品的使用，也不会因此而减少社会中其他成员或厂商享用该种公共产品的数量与质量。即是说它的消费的边际成本为零。如公共照明、公用电网等，不会因增加消费成员而减少其他成员对其的消费量。私人产品却具有消费上的竞争性，一个成员对其进行消费就会排斥其他社会成员的同时消费，其他成员要想获得对其的消费则必须另行购买，因此私人产品的消费边际成本不为零。

（2）受益的非排他性。

受益的非排他性，是指公共产品所具有的，在技术上没有办法将拒绝为之付款的社会成员或厂商排除在其受益范围之外的性质。即任何成员都不能用拒绝付款的方式，将其不喜欢的公共产品排斥在消费以外。如公共照明，一旦路灯被点亮，要想排除过往的任何成员不受益，是一件很困难的事情。而私人产品则具有排他性，只有社会成员愿意为之付款，工商企业才会通过市场提供产品或服务，并且也只有这个成员花钱购买了它，才能获得对其的消费。

**3. 公共物品的层次性**

公共物品与公共服务包括纯粹的公共物品和准公共物品两个层次。

（1）纯粹的公共物品。

纯粹的公共物品是指同时具备或满足上述特征的公共物品，它指的是那种向全体社会成员共同提供的，且在消费上不具有竞争性，在受益上不具有排他性的产品和服务，如国防、环境、灯塔等。这类产品一旦形成并发挥作用，就会惠及社会所有成员，这类公共物品被称为纯粹的公共物品。

（2）准公共物品。

准公共物品，也可称为混合物品，是指不同时具有上述特征的公共物品，它指的是可以通过一定的技术措施将不愿意为此付费的社会成员排斥在受益范围之外的公共物品，如公园、道路等。这种公共物品在消费上虽具有非竞争性，但在受益上却具有排他性；这样的公共物品，并不同时具备上述两个特征，被称为准公共物品。

## 1.3.2 公共财政

**1. 公共财政的概念**

公共财政是为市场提供公共物品和服务的政府分配行为，它是与市场经济相对应的特有的财政模式，是国家财政的一种具体存在形态。财政作为国家进行的分配活动，在不同的社会经济形态、不同的经济体制下都具有相同的"国家分配"的共性，但也有着与特定的经济基础相适应的分配模式。在不同的经济形态或不同经济体制下，都有着国家或政府的分配活动或经济活动，也就是说都有"财政"的存在。但是，不同的经济体制有着不同的运行机制和活动特点，对国家或政府要求也不同，这就决定了不同体制下财政的根本性质差异，从而形成了不同的财政类型，财政收支活动也就呈现不同特点。公共财政是建立在"公共产品"理论和"市场失灵"理论基础上的，是一种与市场经济相适应的财政模式。

**2. 公共财政的特征**

公共财政有其固有的基本特征，而满足社会公共需要是公共财政的本质特征。

（1）公共财政是弥补市场失灵的财政。

在市场经济体制下，财政必须且主要在市场机制无法影响的领域内发挥作用，致力于充分协调不完全竞争领域内的经济活动。通过提供公共产品和服务来满足社会成员共同需要，加强市场信息沟通，消除外部经济负面效应，促进充分就业，协调效率与公平之间的矛盾，从而弥补"市场失灵"。

（2）公共财政是为市场主体提供一致性服务的财政。

财政活动直接作用于包括企业、个人和金融机构在内的各市场主体，影响其行为。为维护市场的公平和公正，财政必须一视同仁地对待所有的市场主体。政府制定的财政政策和制度对所有市场主体都要保持一致性，不应有亲疏之分。否则，不但不能弥补市场机制的缺陷，反而会加大"市场失灵"。

（3）公共财政是非营利性的财政。

造成市场机制失灵的原因之一是部分社会资源配置活动无法确保直接盈利。财政收支活动具有强制性和无偿性的特点，适合于在非营利性领域中实施资源配置。因此，公共财政主要在非营利性领域内活动，特别是在企业与政府共同介入的领域中。非营利性特征往往界定政府的参与程度。例如，在高速公路修建中，政府通过无偿财政投资或补贴方式投入部分资金，会使参与投资的企业更容易获得平均利润。财政活动不仅为社会公众提供公共服务，也为市场机制运作提供支持和协调。

（4）公共财政是法制化的财政。

市场经济体制的重要特征是社会经济活动秩序主要依靠法制维护，法制是财政发挥作用的重要前提和基础。税收应依法征收，预算要依法执行，社会公众依法监督政府的财政行为。

### 1.3.3 "市场失灵"

西方经济学认为，在完全竞争条件下，市场经济能在自发运行的过程中，仅仅依靠自身力量的调节，使社会上现有的各种资源得到充分、合理的利用，达到社会资源的有效配置状态。但是，市场经济并不是万能的。建立在自由放任基础之上的市场竞争机制，并非在任何领域、任何状态下都能充分适应。在一些领域或场合，市场机制本身并不能得到有效的发挥。这些"市场失灵"或失效现象是市场机制固有的自身不可克服的缺陷，主要表现在以下几个方面。

**1. 公共产品供给不足**

公共产品是指具有消费或使用上的非竞争性和收益上的非排他性的产品。按照市场交换原则，一种产品或服务的提供者应当能通过市场价格机制，从该产品或服务的受益者那里获得相应的成本补偿。但由于公共产品的受益者不只是一个或少数几个社会成员，而是多数社会成员。只要出现公共产品，每个社会成员都可以无差别享用，且社会成员对公共产品的需求并不一致，这就容易产生免费"搭车"的现象。因此，就难以保证公共产品的提供者按照市场机制从受益者那里收回成本，使公共产品提供者的利益受损，从而使市场提供的公共产品数量不足，甚至出现该领域内资源配置的真空。这方面最为明显的例子是，若由私人来提供城市街道上的路灯，路灯的数量一定是寥若晨星。

### 2. 外部效应

外部效应是指某一个体在从事经济活动时，给其他个体造成了有利或不利的影响，却没有承担应有的责任或者没有取得应有的报酬的情形。外部效应有正效应和负效应之分。当存在负的外部效应时，供给者的成本小于收益，导致相应的物品供给过度，例如，一家工厂在生产产品时向外排放废水、废气，给周围居民的生活带来了不利影响，而工厂并不因此承担责任，对工厂来说他的经济活动就发生了负的外部效应。外部负效应意味着，制造外部效应的个体单位将部分成本强加于他人，其结果将造成市场主体愿意从事具有负外部经济效应的经济活动。

### 3. 垄断

市场经济的有效运作首先要求市场上所有参与者的行为都是竞争性的。这意味着经济主体的供给与需求在市场的供求总量中所占的比重都是足够小的，每个主体的行为都无法影响市场价格。这样，在市场价格一定的条件下，每个主体按照最优化原则进行决策，生产者采取利润最大化行为，而消费者则根据收入预算，最大限度地实现边际支出效用最大化。但是，如果以上条件遭到破坏，例如，当生产者处于市场垄断地位时，他就能影响价格并以此谋利，这就产生了"市场失灵"问题。

### 4. 信息不充分

市场完全竞争的一个基本假定是信息是完全的，如购买者清楚地知道市场上各个角落各种商品的价格和质量，雇主清楚地知道被雇者的各种行为特征等。但是现实生活中的情形往往不是这样的，信息一般是不完全的，而且获得信息往往要付出成本。信息的不完全性和相应发生的信息成本会影响到市场机制的运行结果，影响到市场的资源配置效率。

### 5. 市场不完全

在经济生活中常常可以见到下列情况：由于相关和互补产品的市场残缺，导致资源配置的无效率。例如，某钢铁厂在作出是否开工的决定时，碰到这样的问题：只有铁路在五年内运营的情况下，它才能盈利；而铁路部门只有在钢铁厂已经开工的情况下，才有利可图。很显然，双方都关心对方，而且当双方都进行投资时，才是最有效率的。但是如果只有钢铁现货市场，铁路便不能轻易地将自己的利益信息通过市场传递给钢铁厂。这种由于市场体系残缺所造成的无法沟通，以及不能在时间选择上加以配合的情况，便是市场不完全造成的"市场失灵"。

### 6. 收入分配不公平

由于市场机制自身的"优胜劣汰"，力量无法达到"帕累托最优"，即使市场的自身运行能实现"帕累托最优"状态，也只能解决社会资源的配置问题，无法解决由市场机制导致的在收入初次分配中所形成的分配不公、贫富差距加剧问题。这是"市场失灵"的一个重要表现。

**7. 宏观经济失衡**

亚当·斯密"看不见的手"的神话,尽管魅力无穷,但是经济发展的实践已经雄辩地证明,它不能有效协调宏观经济目标。充分就业、物价稳定、经济增长和国际收支平衡是考察宏观经济均衡增长的主要指标,也是当今许多国家推行宏观经济政策意欲实现的目标。非充分就业现象的长期存在,周期性的高失业,是市场固有缺陷或"市场失灵"的有力证明。与此同时,如同市场的自发性调节不可能解决经济总量的宏观调控,对社会总需求与总供给的动态平衡,对经济结构的合理调整等重大经济问题一样,在抑制通货膨胀,减轻经济周期性波动或经济失衡方面,市场机制的作用也是无法有效发挥的。

一般说来,市场经济最多只能对经济波动进行事后模糊的调节,要创造一个有利于国民经济持续稳定增长的环境,仅靠市场机制的自发调节力量是不够的,必然需要政府的适时干预和正确调控,这已是一个不争的事实。

## 1.4 财政的职能

关于财政职能的解释或理解目前有两种:一种是把财政职能解释为财政作为一个分配范畴所固有的功能;另一种是把财政职能理解为财政应该承担的职责和任务。

财政职能是为实现政府职能服务的,财政职能决定于政府职能,是政府职能的经济体现。在计划经济条件下,政府部门是社会经济活动和资源配置的主体,财政必然处于全面的主导地位。全社会宛如一个大工厂,企业部门财务和家庭部门财务均在一定程度上失去了独立性。企业财务成为国家财政的基层环节,家庭财务处于从属地位,能力有限、功能微弱。由此形成的财政职能范围大而宽,集中体现为财政职能延伸到社会各类财务职能之中,包括生产、投资、消费,覆盖了包括政府、企业、家庭在内的几乎所有职能。在市场经济体制下,资源配置的基础是市场,而不是政府。只有在"市场失灵"的领域和市场残缺的情况下,政府的介入才是必要的。这就决定了政府的职能只能是解决市场不能解决或解决不好的事项。

在经济运行过程中,市场机制的作用是有限的,而市场机制失灵的领域恰恰是财政职能应当发挥作用的领域。因此,相应地,财政具有资源配置职能、收入分配职能和经济稳定职能。

### 1.4.1 资源配置职能

人类生产生活都使用和消耗资源,经济越发展对资源的需求量越大。但在特定条件下，资源总是有限的。生产规模不断扩大与资源匮乏之间的矛盾是经济生活中必须处理的基本矛盾，优化资源配置是人类社会不断发展的必要条件。

资源配置职能是国家通过对现有人力、物力、财力等社会经济资源的合理调配，实现资源结构的合理化，使其得到最有效的使用，获得最大的经济和社会效益。为了衡量资源配置方案的优劣，经济学家提出了帕累托最优理论。帕累托最优是指资源分配的一种理想状态，假定固有的一群人和可分配的资源，从一种分配状态到另一种状态的变化中，在没有使任何人境况变坏的前提下，使得至少一个人变得更好。帕累托最优状态就是不可能再有更多的帕累托改进的余地；换句话说，帕累托改进是达到帕累托最优的路径和方法。帕累托最优是公平与效率的"理想王国"。

财政执行资源的配置职能，可以从以下三个方面来理解。

（1）社会资源是有限和稀缺的。

在世界上没有任何一个国家所占有的资源是无限的。相对于人类的需求来讲，地球上的资源总是有限的，非再生资源更是如此，这就决定了世界上所有的国家均应把有效配置资源作为极其重要的经济问题来对待。

（2）社会共同需要的客观存在，决定了任何社会都不可能仅仅通过分散的个人或其他社会单位来实现资源的有效配置。

（3）市场经济客观要求优化资源配置，但是，市场存在缺陷和失灵，使市场本身难以独立实现资源的最佳配置。客观上要求政府作为全社会共同利益的代表者通过国家财政收支活动，弥补市场缺陷和"市场失灵"。

### 拓展阅读

十三届全国人民代表大会第一次会议于2017年10月18日在北京人民大会堂开幕，李克强代表中央政府报告政府工作。

报告提出，坚持供给侧结构性改革为主线，着力培育壮大新动能，经济结构加快优化升级。紧紧依靠改革破解经济发展和结构失衡难题，大力发展新兴产业，改造提升传统产业，提高供给体系质量和效率。

扎实推进"三去一降一补"。五年来，在淘汰水泥、平板玻璃等落后产能基础上，以钢铁、煤炭等行业为重点加大去产能力度，中央财政安排1000亿元专项奖补资金予以支持，用于分流职工安置。退出钢铁产能1.7亿吨以上、煤炭产能8亿吨，安置分流职工110多万人。因城施策分类指导，三四线城市商品住宅去库存取得明显成效，热点城市房价涨势得到控制。积极稳妥去杠杆，控制债务规模，增加股权融资，工业企业资产负债率连续下降，宏观杠杆率涨幅明显收窄、总体趋于稳定。多措并举降成本，压减政府性基金项目30%，削减中央政府层面设立的涉企收费项目60%以上，阶段性降低"五险一金"缴费比例，推动降低用能、物流、电信等成本。突出重点加大补短板力度。

资料来源：中华人民共和国中央人民政府网站。

## 1.4.2 收入分配职能

**1. 收入分配职能的含义**

收入分配通常是指社会在一定时期内（通常为一年）所创造的国民收入，在国家、企业和个人等多种经济主体之间的分割，以及由此形成的流量的收入分配格局和存量的财产分配格局。

财政收入分配职能包含两层含义：一是对社会总产品和国民收入进行初次分配，在组织国家收入的同时确立全社会各方面收入分配的基本格局，主要保证收入分配对效率的促进作用；二是对初次分配结果存在的偏差进行纠正、调整和合理分配，以实现收入分配的相对公平。

在市场经济条件下，收入分配首先是受市场机制调节，收入按照投入要素的数量、质量、市场价格进行分配，要素收入与要素投入相对称，所以市场机制调节收入的结果可以较好地体现经济公平。但是，社会公平却难以通过市场机制予以完全实现。因为个人拥有原始生产要素的多少不同，以及个人天赋、努力程度的不同，市场机制分配的结果可能会造成富者越富、贫者越贫的结果，即在市场经济中通常不存在以社会公平为目标的再分配机制，一些无劳动能力，又无其他要素可以提供的人，就无法通过市场取得收入，以维持生存。而且在市场经济中，即使有一些私人慈善机构能够进行某些方面的再分配活动，但是由于能力有限和缺乏协调，也不能从根本上解决社会公平问题。所以政府的介入是必然的，而财政的收入分配职能就是要求财政运用多种方式，参与国民收入的分配和调节，以期达到收入分配的经济公平和社会公平。财政的收入分配职能总会使一些人受益，一些人受损。依据公平与效率的原则，如果一味地追求社会公平必然会造成效率的损失，情况严重的会影响生产积极性，阻碍社会经济的发展。如果财政不对市场分配格局进行调节，贫富差距悬殊的分配结果又会造成社会秩序的紊乱，反过来影响市场效率的发挥。因此，在发挥财政的收入分配职能时，应当兼顾公平与效率之间的均衡，在不损失或尽量少损失效率的前提下，通过财政的再分配政策，最大限度地实现社会公平的目标。

**2. 收入分配职能的内容**

（1）主要运用政府税收调节企业收入和个人收入，使之符合社会公平。

（2）国家作为全民资产的所有者代表，应遵循市场原则，依据财产权力，以股息、红利、利息、上缴利润等形式取得所有权收入，而不应随心所欲。

（3）规范工资制度。这里是指由国家预算拨款的公务员的工资制度以及相似的事业单位职工的工资制度。凡应纳入工资范围的收入都应纳入工资总额，取消各种明补和暗补，提高工资的透明度；实现个人消费品的商品化，取消变相的实物工资；适当提高工资水平，建立以工资收入为主、工资外收入为辅的收入制度。在规定公务员和事业单位人员的工资构成、等级、增长等制度时，要使之与企业职工工资形成较合理的比例，从而体现经济公平。

（4）保证因无劳动能力和其他要素而无收入或收入甚少者的最基本生活需要。通过转移性支出，如社会保障支出、救济支出、补贴等，使每个社会成员得以维持起码的生活水平和福利水平。

（5）在社会范围内组织强制保险，解决企业和个人无力解决的收入调剂问题。

### 📖 拓展阅读

2018年政府工作报告提示，加大精准脱贫力度。2018年再减少农村贫困人口1000万以上，完成易地扶贫搬迁280万人。深入推进产业、教育、健康、生态和文化等扶贫，补齐基础设施和公共服务短板，加强东西部扶贫协作和对口支援，注重扶贫同扶志、扶智相结合，激发脱贫内生动力。强化对深度贫困地区支持，中央财政新增扶贫投入及有关转移支付向深度贫困地区倾斜。对老年人、残疾人、重病患者等特定贫困人口，因户因人落实保障措施。攻坚期内脱贫不脱政策，新产生的贫困人口和返贫人口要及时纳入帮扶。加强扶贫资金整合和绩效管理。开展扶贫领域腐败和作风问题专项治理，改进考核监督方式。坚持现行脱贫标准，确保进度和质量，让脱贫得到群众认可、经得起历史检验。

资料来源：中华人民共和国中央人民政府网站。

#### 1.4.3 经济稳定职能

**1. 经济稳定职能的含义**

经济稳定职能是指国家通过财政分配实现经济稳定的目标，即充分就业、物价稳定和国际收支平衡、经济稳定增长等多重含义。

经济发展是生产要素不断调整并重新配置，不断打破旧平衡和不断寻求新平衡，从而提高发展的过程，因此必然出现周期性波动现象。在市场经济体制下，如果经济波动间距越来越短，波动幅度越来越大，经济发展受到的威胁破坏也会越来越严重。熨平经济的周期性震荡无法通过市场本身来实现，只能通过政府的宏观调控和政策干预来缓解。财政的经济调控职能，就是通过财政收支活动对生产、消费、储蓄和投资等行为发生影响，使社会就业率、物价水平、国际收支差额保持在合理区间内，以保持经济稳定增长。

**2. 经济稳定职能的内容**

在任何经济体制下，经济的稳定和发展都是政府希望实现的目标，所以也必然构成财政的重要职能之一，即财政作为政府重要的宏观调控手段之一，要通过多种财政手段，有意识地影响和调控经济，以实现经济的稳定发展。概括来说，经济稳定职能主要体现在以下几个方面。

（1）运用各种收支手段，逆经济风向调节，促进社会总供求的平衡。

当总需求超过总供给时，财政可以实行紧缩政策，减少支出或增加税收或两者并举，一旦出现总需求小于总供给的情况，财政可以实行适度放松政策，增加支出或减少税收或两者并举，由此扩大总需求。在这个过程中，财政收支发生不平衡是可能的而且是允许的。针对不断变化的经济形势而灵活地变动支出和税收,被称为"相机抉择"的财政政策。

(2) 运用财政收支活动中的制度性因素,对经济发挥"自动"稳定的作用。

例如,通过制定累进所得税制度,当经济过热、投资增加、国民收入增加时,累进所得税会自动随之增加,从而可以适当压缩人们的购买能力,防止发生通货膨胀。当经济衰退、投资减少、国民收入下降时,累进所得税又会自动随之递减,从而防止因总需求过度缩减而导致的经济萧条。

(3) 通过合理安排财政收支结构,促进经济结构的优化。

例如,通过投资、补贴和税收等多方面安排,加快农业、能源、交通运输、邮电通信等公共设施的发展,消除经济增长中的"瓶颈",并支持第三产业的兴起,加快产业结构的转换,保证国民经济稳定与高速的最优结合。

(4) 财政应切实保证前面提到的那些非生产性的社会公共需要,为经济和社会发展提供和平和安定的环境。

提高治理污染、保护生态环境以及文教、卫生支出的增长速度,同时完善社会福利和社会保障制度,使增长与发展相互促进,相互协调,避免出现某些发展中国家曾经出现的"有增长而无发展"或"没有发展的增长"的现象。

### 1.4.4 财政职能的矛盾与协调

经济活动的最终目的是满足人们的需要,或者说是增进社会经济福利,评价一种经济活动的两个准则是公平和效率准则。因此,财政职能在实现时究竟会对经济生活产生怎样的影响,也应当同时考虑公平和效率两个方面,也就是说,任何一笔财政收支都应当从其对效率和公平所产生的影响来加以评价,如果只择其一都是偏颇的和不全面的。

财政职能的矛盾与协调,最终可归结为公平竞争和效率的冲突与权衡。在现实经济中,实现财政的配置、分配、稳定三大职能的政策手段不可能是孤立地为各自的目标服务,而一定是在为某一目标服务时,对其他目标也产生一定的影响,这种影响时而有利,时而不利,当有利时,职能之间就表现为互相协调;反之,则表现为各自间的矛盾和冲突。

### 📖 课外阅读

#### 当火车驶过农田的时候——外部性与"市场失灵"

20世纪初的一天,列车在绿草如茵的英格兰大地上飞驰。车上坐着英国经济学家A.C.庇古。他边欣赏风光,边对同伴说:列车在田间经过,机车喷出的火花(当时是蒸汽机车)飞到麦穗上,给农民造成了损失,但铁路公司并不用向农民赔偿。这正是市场经济的无能为力之处,称为"市场失灵"。

将近70年后，1971年，美国经济学家乔治·斯蒂格勒和阿尔钦同游日本。他们在高速列车（这时已是电气机车）上想起了庇古当年的感慨，就问列车员，铁路附近的农田是否受到列车的损害而减产。列车员说，恰恰相反，飞速驰过的列车把吃稻谷的飞鸟吓走了，农民反而受益。当然铁路公司也不能向农民收取赶鸟费。这同样是市场经济无能为力之处，也称为"市场失灵"。

同样一件事情的发生，在不同的时代、不同的地点，其结果是不同的，引起两代经济学家的感慨也是不同的。但是，它说明了同一个问题：市场经济中的外部性与"市场失灵"的关系。

在庇古看来，列车运行对农业生产带来的损失，并不由铁路公司和客户承担，而是由既不经营列车，又不使用列车的农民承担，即存在负外部性，造成外在成本或社会成本的增加。这可以通过税收提高运费，并把税收补贴给农民，减少运行，消除不利影响。

在斯蒂格勒和阿尔钦看来，列车运行在客观上起到了"稻草人"的作用，给农业生产带来好处。但铁路公司并不能对此收费。其利益却由与列车运行无关的农民无偿获得，即存在正外部性，增加了外在收益或社会收益。这可以通过补贴，降低运费，增加有利影响。

资料来源：华东师范大学网络教育学院网站。

# 关键术语

财政　公共财政　经济发展职能　资源配置职能　收入分配职能

# 学以致用

1. 什么是财政？财政有哪些特征？
2. 区分公共物品与私人物品的基本标准是什么？
3. "市场失灵"主要表现在哪些方面？
4. 社会主义市场经济条件下财政有哪些职能？

# 案例分析

## 谁拥有财富？

一个车牌号要卖11万元，一盘翡翠饺子要卖3万元，两瓶可乐690元，杭州一家酒店的年夜饭19.8万元一桌，一套黄金书卖价超过2万元。2006年2月4日，南京某珠宝店推出"天价"金碗每只238888元一个。中国社会尚未全面达到小康水平，但"天价"商品如潮水般地涌来，冲击着人们的神经。

面对众多的"天价",人们不禁会问:中国到底富不富?哪些人有钱?众所周知,我国人均年收入刚刚超过1000美元的"温饱线"。根据国际通用的贫富差距指标——基尼系数,中国2004年年底已经达到0.4577,超过了国际通用的0.4的安全水平,表明我国的贫富差距不小。换句话说,"天价"车牌号、"天价"年夜饭、黄金书、金碗等均与普通人无关;普通的人或生活在最低生活标准线附近的贫穷者需要的是基本的日常生活用品,但他们的收入不高,购买力有限。高收入者或先富裕起来的富人拥有一切,"天价"商品对他们来说根本就不算什么。

经济理论与人类社会的实践充分表明:贫富差距悬殊是影响社会稳定和社会发展的一个重要因素。改革开放以来,我国居民收入分配关系变化的一个重要特征是:财富越来越多地向高收入阶层集中,并由此导致贫富差距呈扩大趋势。这是我国目前的收入分配格局。

资料来源:王国清. 财政学. 北京:高等教育出版社,2006。

**讨论题:**

公平分配的标准是什么?财政应如何在实现公平分配中发挥作用?

# 任务 2　财政收入

**【任务驱动】**

财政收入，是指政府为履行其职能，满足公共支出的需要，依据一定的权力原则，通过国家财政集中的一切货币资金的总和。财政收入是衡量一国政府财力的重要指标，政府在社会经济活动中提供公共物品和服务的范围和数量，在很大程度上取决于财政收入的充裕状况。财政收入就是为了满足社会公共需要，弥补"市场失灵"，以国家为主体参与社会产品分配活动。它既是政府的集中性分配活动，又是国家进行宏观调控的重要工具。

通过本任务的学习，掌握财政收入的概念，熟悉影响财政收入规模的因素，了解财政收入的分类，以及衡量财政收入规模的指标等。

## 先行案例

### 关于2017年中央和地方预算执行情况与2018年中央和地方预算草案的报告（摘要）

2017年，全国一般公共预算收入172566.57亿元，为预算的102.3%，比2016年同口径（下同）增长7.4%。加上使用结转结余及调入资金10138.85亿元（包括中央和地方财政从预算稳定调节基金、政府性基金预算、国有资本经营预算调入资金，以及地方财政使用结转结余资金），收入总量为182705.42亿元。全国一般公共预算支出203330.03亿元，完成预算的104.3%，增长7.7%。加上补充中央预算稳定调节基金3175.39亿元，支出总量为206505.42亿元。收支总量相抵，赤字23800亿元，与预算持平。

2018年财政预算草案就2018年收支形势进行分析。财政收入方面，2018年，我国经济持续健康发展具有许多有利条件。同时，财政增收也存在一些压力和挑战。财政支出方面，各级财政必保支出较多，新增支出需求很大。综合判断，2018年财政收入继续保持向好态势与财政支出快速增长并存，预算收支安排依然是紧平衡。

资料来源：财政部网站。

## 2.1 财政收入概述

### 2.1.1 财政收入的概念

财政收入是政府为履行公共职能，满足公共支出的需要，依据一定的权力原则，通过国家财政集中的一切货币资金的总和。财政收入，作为一个过程，它是财政分配的第一阶段，即组织收入、筹集资金阶段；作为一定量的公共性质的货币资金，它是国家通过一定的形式和渠道集中起来的一种具有公共性质的货币资金，即用货币表现的一定量的社会产品价值，是政府参与价值形式的国民收入分配和再分配的过程。

财政收入是衡量一国政府财力的重要指标，政府在社会经济活动中提供公共物品的范围和数量，在很大程度上取决于财政收入充裕与否。为了寻求增加我国财政收入的途径和加强对财政收入的管理，有必要对财政收入进行分类。

### 2.1.2 财政收入的分类

**1. 按财政收入的形式分类**

财政收入的形式是指国家取得财政收入的具体方式，即来自各个方面，各个部门、单位和个人的财政收入通过什么方式上交给国家。目前我国财政收入按资金来源形式可分为税收收入、国有资产收益、债务收入和其他收入。

（1）税收收入。

税收收入是指国家依据其政治权力向纳税人强制征收的收入，它是最古老、也是最主要的一种财政收入形式。税收历来是国家财政收入的主要来源，西方各主要国家的税收一般都占财政收入的80%以上，目前我国财政收入中绝大部分都是依靠税收收入而取得的，是财政收入的最主要形式和来源。

> **拓展阅读**

### 2017年一般公共预算收入情况

2017年1～12月累计，全国一般公共预算收入172567亿元，同比增长7.4%。其中，中央一般公共预算收入81119亿元，同比增长7.1%；地方一般公共预算本级收入91448亿元，同比增长7.7%。全国一般公共预算收入中的税收收入144360亿元，同比增长10.7%；非税收入28207亿元，同比下降6.9%。

今年以来，主体税种多数增长较快。主要情况如下：

1. 国内增值税56378亿元，同比增长8%。其中，改征增值税下降5.7%。

2. 国内消费税10225亿元，同比增长0.1%。

3. 企业所得税32111亿元，同比增长11.3%。

4. 个人所得税11966亿元，同比增长18.6%。

5. 进口货物增值税、消费税15969亿元，同比增长24.9%；关税2998亿元，同比增长15.1%。

6. 出口退税13870亿元，同比增长14.1%。

7. 城市维护建设税4362亿元，同比增长8.1%。

8. 车辆购置税3281亿元，同比增长22.7%。

9. 印花税2206亿元，同比下降0.1%。其中，证券交易印花税1069亿元，同比下降14.6%。

10. 资源税1353亿元，同比增长42.3%。

11. 土地和房地产相关税收中，契税4910亿元，同比增长14.2%；土地增值税4911亿元，同比增长16.6%；房产税2604亿元，同比增长17.3%；城镇土地使用税2360亿元，同比增长4.6%；耕地占用税1652亿元，同比下降18.6%。

12. 车船税、船舶吨税、烟叶税等税收收入944亿元，同比增长8.5%。

资料来源：财政部网站。

（2）国有资产收益。

国有资产收益是指国家作为国有资产的所有者，凭借经济权力和资产所有权参与国有企业经营收入的分配而取得收益。目前，国有资产收益主要有国有资产经营收入和国有资产转让收入。

（3）债务收入。

债务收入是政府按照有偿性原则，通过借贷方式获取的财政收入。例如，国内发行的公债、国库券、经济建设债券，向外国政府和国际组织的借款等取得的收入，都属于债务收入。

（4）其他收入。

其他收入是指除税收收入、国有资产收入以外的收入。在财政收入中占的比重不大，但包括的项目多、政策性强。主要有事业收入、规费收入、罚没收入、国家资源管理收入、公共收入和专项收入等。

事业收入是指中央和地方各部门所属事业单位向国家交纳的收入。

规费收入是指国家机关向居民和团体提供特殊服务或进行管理时所收取的工本费和手续费，如工商企业登记费、商标注册费、公证费、户口证书费、结婚证书费、商品检验费、护照费等。

罚没收入是指工商、税务、海关、公安、司法等国家机关和经济管理部门按规定依法处理的罚款和罚没品收入，以及各部门、各单位依法处理追回的赃款和赃物变价收入。

国家资源管理收入是指国家向获准开采和利用国有资源的经济主体征收的资源管理费用，如矿山管理费、沙石管理费等。

公产收入是指国有山林、芦苇等公产的产品收入，政府部门主管的公房和其他公共财产的租赁收入，以及公共财产的变价收入等。专项收入是指根据特定需要由国务院批准或者经国务院授权由财政部批准，设置、征集和纳入预算管理、有专门用途的收入。包括排污费收入、水资源费收入、教育费附加收入、矿产资源补偿费收入等。

此外还有基本建设收入、国际组织援助捐赠收入、对外贷款归还收入、收回国外资产收入、国有土地使用权有偿使用收入等。

**2. 按财政收入的管理方式分类**

财政收入按管理方式分类，可分为预算内财政收入和预算外财政收入。

预算内财政收入，习惯上也称为国家预算收入，它是指在一个预算年度内各级政府及其财政职能部门按照法定的程序和统一的计划，集中组织安排的财政收入。国家预算内收入是我国财政收入的主体部分，集中体现政府的公共经济政策，从而成为最规范、最集中的财政收入。预算内财政收入主要来源是税收收入。在我们国家现在税收收入大约占到95%。

预算外财政收入，是指由地方政府、职能部门及其所属的行政事业单位等公共部门，为履行政府职能、弥补事业发展经费不足，依据国家法律、法规或具有法律效力的规章，纳入财政预算外专户管理的财政性资金收入。主要表现为各类政府基金和行政事业费用。

## 2.2 财政收入的规模分析

### 2.2.1 财政收入规模

财政收入规模是指一国政府在一个财政年度内（通常为一年）所拥有的财政收入总水平。这通常可以用两个指标来描述：一是年度财政收入的总量，这是反映财政收入规模的绝对数指标；二是财政收入占国民生产总值的比重，这是反映财政收入规模的相对数指标。前者表现了一国政府在一定时期内的具体财力状况，后者则主要反映一国政府参与国民生产总值分配的程度（财政征收程度），常用国内生产总值（GDP）、国民收入和社会总产值等指标来表示。前者适用于静态和个量分析，后者适用于动态和总体分析。

适度的财政收入规模，既能满足财政支出的需要，更能保证经济的持续、健康、稳定发展，因而合理确定财政收入占国民收入或国内生产总值的比重，对保证政府职能的实现和国民经济的稳定发展有重要意义。

**财政收入与 GDP 的关系**

GDP 是按市场价格计算的国内生产总值的简称，在价值形态上它等于国民经济各部门生产的增加值之和。可以看出，财政收入来源于 GDP，两者存在着密切的关系，相互依存，相互影响和相互制约。经济发展是决定财政收入的基础和源泉，经济总量和经济实力决定财政收入的规模和能力，而财政收入规模对经济发展具有积极的促进和制约作用。

财政收入占 GDP 的比重，又称为国民经济的财政负担率，它综合反映出政府与微观经济主体之间占有和支配的社会资源的关系，反映政府调控经济运行和影响社会资源配置的程度和地位，反映一段时期内生产经营活动所形成的可供全社会分配的总价值中属于国家财政预算的财力所占的比例。比例过高，就会影响集体、企业和劳动者个人在初次分配中的所得，挫伤其积极性；反之，又会影响国家财政再分配的保障能力，制约国家重点建设和社会公共事业的发展，最终影响集体、企业和劳动者根本利益，严重影响政府各项职能的正常履行，削弱财政对宏观经济运行和资源配置优化的调控能力；另外说明国民经济运行的质量不高，GDP 的增长没有带来相应的财政收入的增长。

资料来源：刘俊珍．财政收入与 GDP 关系的统计研究．北方经济，2008（4）。

### 2.2.2 财政收入规模的影响因素分析

谋求财政收入的增长，通常是一国政府财政活动的重要目标之一，尤其是在公共需求范围日益扩大的现代社会，保证财政收入增长更为各国政府所重视。但财政收入能有多大规模，能以何种速度增长，不是或不完全是以政府的意愿为转移的，财政收入规模要和国民经济规模、发展速度以及人民生活的改善与提高相适应。它受各种经济和社会因素的制约和影响。这些因素主要有以下几点。

**1. 经济因素的制约作用**

经济因素是指一国的生产力发展水平，是影响财政收入规模的最主要因素，反映了经济对财政的决定作用。对财政收入规模分析最主要的经济因素描述指标有"国民生产总值"和"人均国民收入水平"。经济因素对财政收入的影响可以从两个方面来分析。

一方面，经济因素影响财政收入的绝对额。经济越发达，国民生产总值越高，可供财政分配的物质基础就越雄厚，即使是财政参与分配的程度不变，政府财政收入通常也会随着国民生产总值的增长而基本同步地增长。

另一方面，经济发展水平影响财政收入占国民收入的比重。经济发展水平提高，才可能使个人收入（包括劳动工资和各种资本收益）不断增加，抽象地看就是使人均国民收入水平提高。人均国民收入水平的提高使人们对财政税收的承担能力加强，这就为财政提高分配比重奠定了基础。

**2. 价格变动的制约作用**

财政收入是一定量的货币收入，是按一定价格体系下一定时点的现价计算，那么价格的变动就能直接或间接影响财政收入的规模。在物价上涨的情况下，同量的财政收入只能代表较少的商品物资量（包括劳务量）。在这种情况下，按现价计算的财政收入只是名义的财政收入，不反映财政收入的实际规模，即存在着财政收入"贬值"问题。因此，要了解和掌握财政收入的实际规模及其增长情况，就必须把财政收入增长率与物价上涨率放在一起进行对比研究。

**3. 社会经济制度的制约作用**

这里主要是指一个国家的基本社会经济制度对财政收入规模的影响。美国著名的财政学家马斯格雷夫曾将基本的社会制度划分为古典的（自由的）资本主义、新古典的（国家干预的）资本主义、正统的（计划经济的）社会主义和自由的（市场经济的）社会主义等四种类型。并且认为，在古典的资本主义制度下，政府的职能最小，而在正统的社会主义制度下，政府的职能作用最大。随着资本主义由古典到新古典的变化，政府的职能作用是不断增大的，而随着正统的社会主义向自由的社会主义的转变，政府的职能作用则是不断缩小的。政府职能作用的增大势必引起财政支出的增长，这自然会加大政府对国民生产总值的分配程度，财政收入占国民生产总值的比重就会不断上升。反之，随着政府职能的缩小，政府财政收入占国民生产总值的比重自然也会不断降低。

**4. 收入分配政策的制约作用**

收入分配政策是一国政府采取的对收入进行再分配的政策措施，决定着国民收入在政府、企业和个人之间的分配。经济发展水平是一国收入分配的客观条件，但通过调整政府、企业、个人这三者的分配比例也会影响财政收入规模。在经济发展水平一定的情况下，收入分配政策对财政收入规模也具有制约作用。

### 课外阅读

#### 2017年江西生产总值突破2万亿元大关 居民人均可支配收入首次突破3万元

人民网从江西省政府新闻办、省统计局联合召开的新闻发布会上获悉，经国家统计局核定，2017年，全省生产总值突破2万亿元大关；全省城镇居民人均可支配收入首次突破3万元，达到31198元。

据介绍，经国家统计局核定，2017年，全省生产总值突破2万亿元大关，达到20818.5亿元，按可比价格计算，同比增长8.9%，高于全国2.0个百分点。分产业看，第一产业增加值1953.9亿元，增长4.4%；第二产业增加值9972.1亿元，增长8.3%；第三产业增加值8892.6亿元，增长10.7%。三次产业结构由上年的10.3∶47.7∶42.0调整为9.4∶47.9∶42.7。其中，第一产业下降0.9个百分点，第二、第三产业分别上升0.2和0.7个百分点。

农业生产总体平稳

2017年，全省农林牧渔业总产值3187.6亿元，按可比价格计算，同比增长4.4%，较上年提高0.3个百分点。粮食生产保持稳定。

1~11月，全省规上工业实现主营业务收入33611.5亿元

2017年，全省规模以上工业增加值按可比价格计算，同比增长9.1%，较上年提高0.1个百分点，高于全国平均水平2.5个百分点。分行业大类看，38个行业大类中34个

实现增长，占比达89.5%，其中，高新技术产业增加值增长11.1%，较上年提高0.3个百分点，占规上工业的30.9%，提高0.8个百分点；装备制造业增加值增长13.6%，高于全省规上工业增速4.5个百分点；六大高耗能行业增加值增长5.1%，较上年回落1.0个百分点，低于全省规上工业增速4.0个百分点。

另外，2017年1~11月，全省规上工业实现主营业务收入33611.5亿元，同比增长11.1%，较上年同期提高2.3个百分点；实现利润总额2264.0亿元，增长18.4%，较上年同期提高5.5个百分点。每百元主营业务收入中的成本为87.13元，同比下降1.13元。

### 服务业发展稳步加快　信贷支持力度加大

2017年，全省第三产业增加值增长10.7%，高于GDP增速1.8个百分点。金融信贷运行平稳。2017年年末，全省金融机构人民币各项存款余额32324.9亿元，同比增长11.9%，比年初增加3431.8亿元。全省金融机构人民币各项贷款余额25712.6亿元，同比增长18.4%，比年初增加3990.8亿元。

商品房销售平稳提升。2017年，商品房销售面积5841.9万平方米，增长24.5%，比上年提高4.6个百分点；商品房销售额3592.5亿元，增长34.1%，比上年提高3.6个百分点。

### 全省固定资产投资21770.4亿元

2017年，全省固定资产投资21770.4亿元，同比增长12.3%，较上年回落1.7个百分点，高于全国5.1个百分点。第二产业完成投资11810.1亿元，增长14.4%，较上年提高0.2个百分点，其中，工业投资11782.9亿元，增长14.6%。

重大项目快速推进，亿元以上新开工项目3801个，增长51.8%，较上年增加1297个，完成投资6930.9亿元，增长41.9%，较上年提高6.3个百分点。民生领域投入不断加大，水利、环境和公共设施管理业投资2544.7亿元，增长27.0%；公共管理、社会保障和社会组织投资588.2亿元，增长79.6%；卫生和社会工作投资202.4亿元，增长38.9%。

### 消费市场保持活力　网络消费大幅上升

2017年，全省实现社会消费品零售总额7448.1亿元，同比增长12.3%，较上年提高0.3个百分点，高于全国2.1个百分点。城镇市场实现限额以上消费品零售额3060.2亿元，增长13.9%；乡村市场零售额74.8亿元，增长23.5%，乡村快于城镇9.6个百分点。

网络消费快速增长。通过公共网络实现的商品销售108.3亿元，增长39.4%，高于限额以上零售额增速25.3个百分点。大宗商品增长较快。石油及制品类增长8.1%，汽车类增长16.0%。消费升级类商品销售良好，限额以上单位中西药品类、电子出版及音像制品类、家用电器和音像器材类、商品零售额分别增长20.0%、15.9%和13.1%。

### 对外贸易加快增长

2017年，全省进出口总值3020.0亿元，同比增长14.5%，增速较上年加快14.1个百分点，高于全国0.3个百分点。其中，出口值2222.6亿元，增长13.3%，较上年提高17.7个百分点；进口值797.5亿元，增长17.9%，较上年提高0.7个百分点。实际利用外商直接投资较快增长，新批外商投资企业 495 家，合同金额 101.3 亿美元，增长 35.2%；实际利用外商直接投资 114.6 亿美元，增长 9.8%。

全省财政总收入 3447.4 亿元

2017 年，全省财政总收入 3447.4 亿元，增长 9.7%，增幅同比提高 5.7 个百分点。其中，一般公共预算收入 2246.9 亿元，增长 4.4%，增幅同比提高 5.1 个百分点。税收收入累计完成 2715.4 亿元，增长 10.3%，增幅同比提高 6.5 个百分点，占财政总收入的 78.8%，同比提高 0.4 个百分点。2017 年，全省一般公共预算支出 5123.7 亿元，增长 11.0%，增幅同比提高 6.3 个百分点。其中，教育支出 941.5 亿元，增长 10.9%；社会保障和就业支出 670.0 亿元，增长 15.1%；医疗卫生与计划生育支出 493.4 亿元，增长 12.5%。

全省居民人均可支配收入首次突破 3 万元

2017 年，全省城镇居民人均可支配收入首次突破 3 万元，达到 31198 元，同比增长 8.8%，较上年提高 0.6 个百分点，高于全国 0.5 个百分点；农村居民人均可支配收入 13242 元，同比增长 9.1%，较上年提高 0.1 个百分点，高于全国 0.5 个百分点。2017 年全省城镇居民人均可支配收入增幅居全国第 4 位、中部六省第 1 位；农村居民人均可支配收入增幅居全国第 8 位、中部六省第 1 位，连续三年保持中部六省增幅第一。

价格水平保持平稳

2017 年，全省居民消费价格同比上涨 2.0%，涨幅与上年持平，全年涨幅均保持在 3% 的通胀控制目标之内。其中，12 月上涨 2.3%，比上月回落 0.1 个百分点。分类别看，八大类商品和服务价格"七涨一降"。医疗保健类上涨 9.0%，居住类上涨 3.4%，其他用品和服务类上涨 2.6%，教育文化和娱乐类上涨 2.5%，衣着类上涨 2.1%，交通和通信类上涨 1.9%，生活用品及服务类上涨 1.2%，食品烟酒类下降 0.7%。

资料来源：人民网。

## 关键术语

财政收入　税收　规费收入　国有资产收益　财政收入规模

## 学以致用

1. 财政收入的分类有哪些？
2. 影响财政收入规模的因素有哪些？
3. 分析财政收入的价值构成有什么现实意义？
4. 价格对财政收入有什么制约作用？
5. 工资变动对财政收入有什么影响？

## 案例分析

### 财政收入结构的变化

自从1984年财税体制改革以来，税收收入快速增长，已经成为财政收入的主要来源，并形成税收收入、国有土地使用权出让收入、彩票公益金等多种财政收入形式并存的格局。根据近些年税收收入数据（见表2.1）分析税收在财政收入中的地位，可以更深入地了解税收收入增长与经济发展的关系，对财政收入的结构有更清楚的认识。

表2.1　　2010~2017年全国税收收入及其占财政收入的比重

| 年份 | 2010 | 2011 | 2012 | 2013 | 2014 | 2015 | 2016 | 2017 |
|---|---|---|---|---|---|---|---|---|
| 税收收入（亿元） | 73202 | 89720 | 100601 | 110497 | 119158 | 124892 | 130354 | 144360 |
| 比重（%） | 88.1 | 86.5 | 85.8 | 85.6 | 84.9 | 82.0 | 81.7 | 83.7 |

讨论题：

1. 税收收入占财政收入的比例变化对财政收入质量的影响。

2. 试了解当地财政收入结果，并分析其是否合理。（形式：学生要去当地企业、财政局或者税务局调查，也可请财政局或者税务局领导作有关财政收入方面的报告，还可以利用网络收集相关资料。）

# 任务3 税 收

**【任务驱动】**

在社会主义市场经济运行中,税收是财政收入的主要形式,财政收入具有资源配置、分配收入、稳定经济和维护国家稳定等方面的作用,税收同样具有这些作用。同时税收作为无偿性、强制性与固定性相统一的财政收入形式,其作用更为突出。

按征税对象的不同,可以将全部税种划分为流转税类、所得税类、财产税类、资源税类和行为税类五种类型。我国现行的增值税、消费税、营业税、关税等都属于流转税类。

通过本任务的学习,了解我国税收制度的演变,理解税收的本质与特征,掌握税制构成要素、主要税种的税率、应纳税额的计算。

先行案例

## 营业税全面取消

2017年10月30日国务院常务会议通过《国务院关于废止〈中华人民共和国营业税暂行条例〉和修改〈中华人民共和国增值税暂行条例〉的决定(草案)》,标志着实施60多年的营业税正式退出历史舞台。

2012年,上海运输业和部分现代服务业率先开展"营改增"试点。李克强在10月30日的常务会议上指出,当时受国际金融危机和国内经济结构矛盾凸显等因素的影响,我国经济下行压力持续加大,财政收入也出现增速下滑势头。但政府没有选择加大征税力度,而是"放水养鱼",通过扩大"营改增"范围和试点,进一步推进减税力度。

相关数据表明,"营改增"不仅实现了所有行业税负只减不增,目前已累计减少企业税负1.7万亿元,而且有效扩大了税基,2017年四大行业试点纳税人月均增加14万户,更突出的是有力推动了经济结构转型升级和大众创业、万众创新,今年前三季度服务业增长对国民经济增长的贡献率为58.8%。

"实践证明,'营改增'成效超出了我们的预期,进一步激发了市场活力和经济发展

动力，为我国经济稳中向好提供了有力支撑。"总理说。

当天会议通过《国务院关于废止〈中华人民共和国营业税暂行条例〉和修改〈中华人民共和国增值税暂行条例〉的决定（草案）》，决定全面取消营业税，调整完善增值税征税范围，将销售服务、无形资产、不动产的单位和个人规定为增值税纳税人，并明确相应税率。根据13%这一档增值税率已取消的情况，将销售或进口粮食、图书、饲料等货物的税率由13%降至11%。

资料来源：人民网。

## 3.1 税收概述

### 3.1.1 税收的本质

税收是国家为了实现其职能，以政治权力为基础，按预定标准向经济组织和居民无偿课征而取得的一种财政收入。税收与国家有着内在的联系，国家是税收征收的主体，税收征收办法由国家制定，征税活动由国家组织，税收收入由国家掌握和支配。国家征税凭借的是政治权力。国家征税的目的是补偿其在提供公共商品过程中必要的人力、物力耗费，同时利用税收对国民经济活动的广泛影响引导资源配置和调节收入分配。

税收是一个分配范畴，这是税收的基本属性。根据马克思主义原理，社会再生产由生产、分配、交换和消费四个环节组成，它们构成一个统一体。其中，生产是起点，消费是终点，而分配和交换是连接生产和消费的中间环节。分配同交换的区别在于：分配是份额、比例问题，要解决社会产品在价值量上的分割问题，表现为价值的单方面转移；而交换解决的是使用价值的矛盾，表现为价值形态的变换。

### 3.1.2 税收的特征

税收的本质决定了税收收入与其他财政收入相比，具有三个基本特征，又称为税收的"三性"，即强制性、无偿性和固定性。

**1. 税收的强制性**

税收的强制性是指税收的征收依靠的是国家的政治权力。一般说来，它和生产资料的占有没有直接关系。这种强制性具体表现在，税收是通过国家法律形式予以确定，纳税人必须根据税法的规定照章纳税，违反的要受到法律制裁。

**2. 税收的无偿性**

税收的无偿性是指国家取得税收收入既不需要偿还，也不需要对纳税人付出任何代价，税收的这种无偿性特征，是针对具体的纳税人来说的，即税款交纳后和纳税人之间不再有直接的返还关系,这使得税收同公债、银行信用等分配形式相区别,后者是以偿还为条件的。

**3. 税收的固定性**

税收的固定性是指税收的征收标准和程序要通过法律确定,国家通过立法,规定课税对象和征收数额之间的数量比例,不经立法机关批准,不能随意改变。固定性这一特征有利于约束征收机关和纳税主体,克服税收行为的随意性。而随着社会生产力和生产关系的发展变化,经济的发展状况,以及国家利用税收杠杆的需要,税收的征收对象、范围和征收比例等,不可能永远固定不变。因此,税收的固定性只能是相对的。

### 3.1.3 税收的原则

**1. 财政原则**

税收的财政原则强调,一国税收制度的建立和变革,都必须有利于保证国家的财政收入,亦即保证国家各方面支出的需要。自国家产生以来,税收一直是财政收入的基本来源。

这一原则与税收在财政收入中的地位与作用是一致的。税收是财政收入的基本来源,国家征税的首要目的是为一定时期的政府活动筹集资金,否则税收将失去其存在的必要性。

**2. 公平原则**

税收的公平是指社会成员的税收负担应符合公平标准。其要求:一是条件相同者缴纳数额相同的税收(横向公平),二是条件不同者缴纳数额不同的税收(纵向公平)。税收公平是横向公平与纵向公平的统一。

研究公平问题,必须要联系由市场决定的分配状态来看。倘若由市场决定的分配状态已经达到公平的要求,那么税收就应对既有的分配状态作尽可能小的干扰;倘若市场决定的分配状态不符合公平要求,税收就应发挥其再分配的功能,对既有的分配格局进行正向矫正,直到其符合公平要求。

**3. 效率原则**

效率原则要求政府征税有利于资源的有效配置和经济机制的有效运行,提高税务行政的管理效率。税收的效率包括经济效率和行政效率两个方面。

税收的经济效率是指政府在以课税方式将经济资源从私人部门转移到公共部门的过程中,所产生的额外负担最小和额外收益最大。

税收的行政效率是指税收征纳过程所发生的费用最小化,即税收成本最低,包括税务当局执行税收法令的成本和纳税人遵照税收法令纳税的成本。提高税收的行政效率要求税制简便、透明、易于操作和实施,税务当局的管理效率和税务人员的素质较高,社会成员依法纳税的自觉性较强。

### 3.1.4　税收负担、税负转嫁与归宿

**1. 税收负担**

税收负担简称"税负",是纳税人履行纳税义务所承受的经济负担。税负水平是一国税收制度的核心问题,体现税收与政治、经济之间的相互关系。

税收负担可以从不同角度加以考察。从不同的经济层面看,有宏观税收负担和微观税收负担;从具体的表现形式看,有名义税收负担和实际税收负担。

**2. 税负转嫁与归宿**

所谓税负转嫁,是指纳税人将其所缴纳的税款以一定方式转嫁给他人承受的过程。

典型的税负转嫁与商品交易具有内在联系,即表现为纳税人通过操纵商品交易价格把其税收负担转移出去,即纳税人通过提高销售价格或者压低购进价格的方法,将税负转移给购买者或者供应者。

所谓税负归宿,是指经过转嫁后税负的最终落脚点,在这一环节,税收承担者已不能把其所承受的税负再转嫁出去了。

(1) 税负转嫁的方式。

①前转。也称顺转,指纳税人通过提高商品销售价格将税负转嫁给购买者。

②后转。也称逆转,指纳税人通过压低商品购进价格将税负转嫁给供应者。

③税收资本化。也称税收还原,指要素购买者将所购资本品(主要是房屋、土地、设备等固定资产)的未来应纳税款,在购入价中预先扣除,由要素出售者实际承担税负。

④混转。在实际活动中,各种税负转嫁方式往往是同时并行的,即对一种商品课税后,其税负可向前转嫁一部分,向后转嫁一部分,这种现象称为"混转"。

⑤消转。是指纳税人通过改善经营管理、提高劳动生产率等措施降低成本、增加利润,自我消化税款。消转实质是使用生产者应得超额利润抵补税款,税款仍由纳税人自己承担,并没有转嫁。

(2) 影响税负转嫁的因素。

①税种因素。从主要税类看,一般来说,流转税容易转嫁,如增值税、消费税、营业税、关税等,而所得课税难以转嫁,如个人所得税和企业所得税。

②商品的供求弹性。从税负转嫁的角度看,对供给弹性大的商品课税,税负较易转嫁,相反,则税负较难转嫁。

③课税范围。课税范围广的商品税容易转嫁,课税范围窄的商品难以转嫁。

### 3.1.5　税收的分类

税收是一个总的范畴,根据不同的需要,可以用不同的标准进行税收分类。

**1. 按照课税对象分类**

按照课税对象的性质分类，可将我国现行税分为流转课税、所得课税、资源课税、财产课税和行为课税五大类。这是常用的主要分类方法。

流转税是指以流转额为课税对象的税类。流转课税的经济前提是商品经济，其计税依据是商品销售额或业务收入额，因此流转课税亦称为商品课税。属于流转课税的税种包括产品税、增值税、消费税、营业税、关税等。这是目前我国最大的税类。

所得税又称收益课税，是指以所得（即收益）额为课税对象的税类。所得课税可以根据纳税人的不同分为对企业课税和对个人课税两大类，前者称为企业（公司）所得税。后者称个人所得税，在西方国家，社会保障税（也称工薪税）、资本利得税等一般也列入此类。所得税是大多数西方国家的主体税种。

资源税是以自然资源为课税对象的税类，其目的在于对从事自然资源开发的单位和个人的极差收入进行适当调节，以促进资源的合理开发和使用。由于级差收入也是一种所得，因此也可以将资源税并入所得课税。

财产课税是指以各类动产和不动产为课税对象的税类。西方国家有一般财产税、遗产税、赠与税等。我国目前开征的房产税、契税等，就属于财产课税。

行为课税是指以某种特定行为为课税对象的税类。开征这类税是为了贯彻国家某项政策需要。我国现行的固定资产投资方向调节税、屠宰税、筵席税、城市维护建设税等。

**2. 按税收的计量标准分类，可以分为从价税与从量税**

从价税是以课税对象的价格为计税依据的税类。从量税是以课税对象的数量、重量、容量、体积为计税依据的税类。从价税的应纳税额随商品价格的变化而变化，能贯彻合理负担的税收政策，因而大部分税种都采用这一计税方法。从量税的税额随课税对象数量变化而变化，具有计税简便的优点，但税收负担不能随价格高低而增减，不尽合理，因而只有少数税种采用这一计税方法，如我国的车船使用税、资源税、屠宰税等。

**3. 按税收与价格的关系分类，可分为价内税与价外税**

凡税金构成价格组成部分的，属于价内税。凡税金作为价格以外附加的，则属于价外税。与之相适应，价内税的计税价格称为含税价格，价外税的计税价格称为不含税价格。一般认为，价外税比价内税更容易转嫁，价内税课征的侧重点为厂家或生产者，价外税课征的侧重点是消费者。西方国家的消费税大多采用价外税的方式。我国的流转课税以价内税为主，但现行的增值税采用价外税。

**4. 按税负能否转嫁，可分为直接税与间接税**

凡是税负不能转嫁的税种，属于直接税。凡是税负能转嫁的税种，属于间接税。

税负转嫁是指在商品交换过程中，纳税人通过提高销售价格或压低购进价格的方法，将税负转移给购买者或供应者的一种经济现象。可以看出税负转嫁的基本条件是商品价格能随供求关系的变化而自由浮动。一般认为，在市场经济条件下，由于实行市场价格，存在税负转嫁问题，如以商品为课税对象的消费税等，属于间接税，税负能转嫁。而所得税和财产税属于直接税，税负不能转嫁。

**5. 按税收的管理权限分类，可分为中央税、地方税和中央地方共享税**

中央税与地方税的划分在不同国家有所不同。有些国家的地方政府拥有税收立法权，可以自行设立税种，这种税显然是地方税；而中央政府开征的税种属于中央税。有些国家的税种由中央政府统一设立，但根据财政管理体制的规定，为了调动地方的积极性，将其中的一部分税种的管辖权和使用权划给地方，称为地方税；而归中央管辖和使用的税种属中央税。此外，有的国家还设立共享税，其税收收入在中央与地方之间按一定比例分成，我国目前就属于这种情况。

### 3.1.6 中国税收制度改革和发展的趋势

**1. 税制改革的指导思想**

（1）税制改革与科学发展观相适应。党的十七大报告提出，要"完善省以下财政体制，增强基层政府提供公共服务能力。实行有利于科学发展的财税制度，建立健全资源有偿使用制度和生态环境补偿机制。"为此，必须贯彻"第一要义是发展，核心是以人为本，基本要求是全面协调可持续，根本方法是统筹兼顾"的原则，建立有利于提高自主创新能力，有利于转变经济发展方式、推动产业结构优化升级的税收制度，构建有利于统筹城乡发展、区域协调发展，以及有利于收入分配的公平，有利于加强能源资源节约和合理使用，有利于生态环境保护的税收制度。

（2）税制改革与法治化建设相适应。党的十七大报告提出，全面落实依法治国基本方略，加快建设社会主义法治国家。依法治税是税收工作的灵魂和立足点，是规范税收执法行为的内在要求和基本保证。依法治税要求有健全的税法体系；税务机关依法履行职责，在法律规定的职权范围内活动并接受行政司法机关和社会监督，纳税人能够依法履行自己的纳税义务并保护自己的合法权益，在税法面前人人平等。因此，税制改革必须坚持税收法定原则，不但纳税人而且税收行政机关也要服从于法，法外无税。推进税法体系建设，积极参与税制改革、税收立法调研，完善税收法律体系，提升税收法律级次。加强税制改革的统筹规划，研究探索中长期税制改革方案，加快税收基本法的立法进程。

**2. 新一轮税制改革的展望**

（1）进一步减轻企业税负。改革完善增值税，按照三档并两档方向调整税率水平，重点降低制造业、交通运输等行业税率，提高小规模纳税人年销售额标准。大幅扩展享受减半征收所得税优惠政策的小微企业范围。大幅提高企业新购入仪器设备税前扣除上限。实施企业境外所得综合抵免政策。扩大物流企业仓储用地税收优惠范围。继续实施企业重组土地增值税、契税等到期优惠政策。全年再为企业和个人减税8000多亿元，促进实体经济转型升级，着力激发市场活力和社会创造力。

（2）深化财税体制改革。推进中央与地方财政事权和支出责任划分改革，抓紧制定收入划分改革方案，完善转移支付制度。健全地方税体系，稳妥推进房地产税立法。改革个人所得税。全面实施绩效管理，使财政资金花得其所、用得安全。

（3）强化税收调控功能，构建有利于科学发展的税制体系。一是建立促进自主创新的税收制度体系和完善推动产业结构优化的税收制度体系；二是建立促进收入公平分配的税收制度体系；三是建立促进资源环境保护和可持续发展的税收制度体系；四建立推动区域协调发展的税收制度体系。

## 拓展阅读

### 税制改革"齐头并进" 改革效应逐步显现

深化财税体制改革，是一场关系国家治理现代化的深刻变革，也是公众关注的一大热点问题。2014年中央政治局会议审议通过《深化财税体制改革总体方案》，将改革重点锁定六大税种，包括增值税、消费税、个人所得税、房地产税、资源税、环境保护税。

自2016年5月1日全面推开"营改增"试点以来，改革显现了积极效应。根据当前统计结果，2016年"营改增"直接减税额超过5000亿元。同时，"营改增"通过打通抵扣链条、消除重复征税，促进主辅分离，推动了产业结构转型升级、经济持续稳定发展。这一方面体现为全国规模以上工业企业利润不断增加，2016年5~12月从6.4%上升到8.5%；另一方面，也体现为第三产业保持较快发展，2016年我国服务业占GDP比重为51.6%，同比提高1.4个百分点。

"营改增"充分体现增值税公平、中性优势，有效释放市场主体活力。2016年全国新登记市场主体1651万户，同比增长11.6%，而服务业新登记企业446万户，同比增长24.7%。对于下一步增值税改革重点，税务总局将会同有关部门统筹研究增值税简并税率问题，适时启动增值税立法。

2016年7月1日，资源税全面实施从价计征改革，涉及税目共129个。从改革实施半年多情况来看，税收自动调节资源开采的作用开始发力，资源税费负担总体下降，企业综合开发利用贫矿的积极性明显增强。不少企业在税收政策引导下，告别"浪费"行为，高效开发和利用资源的积极性增强。此外，在河北省实施的水资源税试点也取得了突破性进展，对抑制地下水超采、促进节约用水的政策效应逐步显现。

消费税改革也稳步推进，进一步发挥特殊调节作用，合理引导消费。例如，对超豪华小汽车在零售环节加征10%消费税，通过增加税负引导合理消费、促进节能减排；再如，取消普通美容修饰类化妆品消费税，将高档化妆品消费税税率由30%调整为15%，通过减税鼓励老百姓消费、拉动内需。

当前公众的环保意识越来越强。2016年12月25日，《环境保护税法》经十二届全国人大常委会第25次会议二审通过，自2018年1月1日起施行。该法是本届全国人大常委会用时最短审议通过的第一部单行税法，体现了中央的重视和社会各界对环境保护税的期盼。

资料来源：国家税务总局。

## 3.2 税收要素

税收制度是国家规定的税收法令、条例和征收办法的总称。税收制度由纳税人、课税对象、税率、纳税环节、地点、期限、附加和减免、违章处理等基本要素构成。

### 3.2.1 纳税人

纳税人是税法规定的直接负有纳税义务的单位和个人,它是交纳税款的主体。纳税人可以是自然人,也可以是法人。所谓自然人,一般指的是公民个人;所谓法人,是指依法成立并能独立行使法定权利和承担法律义务的社会组织,如企业、社团等。

纳税人和负税人不同。纳税人是直接向国家交纳税收的单位和个人;而负税人是最终负担税款的单位和个人。在纳税人能通过各种方式把税款转嫁给别人的情况下,纳税人只起了交纳税款的作用,纳税人并不是负税人。如果税款不能转嫁,纳税人同时就又是负税人。

### 3.2.2 课税对象

课税对象又称征税对象,是征税的根据,即确定根据什么征税,是纳税的客体。课税对象规定着征税的范围,是确定税种的主要标志(此外与纳税人也有关系)。一种税区别于另一种税,主要是起因于课税对象的不同。

与课税对象相关的是税种。税源是指税收的经济来源或最终出处。有的税种的课税对象与税源是一致的,如所得税的课税对象和税源都是纳税人的所得。有的税种的课税对象与税源是不一致的,如财产税的课税对象是纳税人的财产,而税源往往是纳税人的收入。课税对象解决对什么征税的问题,税源则表明纳税人的负担能力。由于税源是否丰裕直接制约着税收收入规模,因而积极培育税源始终是税收工作的一项重要任务。

在课税对象这个税制要素方面,一个比较重要的概念是税目。税目是课税对象的具体项目,它规定着征税的具体根据。税目的作用主要有两个方面:一是明确征税范围,即解决征税的广度问题。通过确定税目划定征税的具体界限,凡列入税目者征,不列入税目者不征。二是解决课税对象的归类,即每一个税目就是课税对象的一个具体类别。

通过这种分类,便于贯彻国家的税收政策,即对不同的税目进行区别对待,制定高低不同的税率,为一定的经济政策目的服务。

### 3.2.3 税率

税率是税额与课税对象数额之间的比例。在课税对象既定的条件下,税额和税负的大小就决定于税率的高低。税率的高低,直接关系到国家财政收入和纳税人的负担,起着调节收入的作用。由此,税率是税收政策和制度的中心环节。我国现行税率可以分为三种。

**1. 比例税率**

比例税率是不分课税对象数额的大小,只规定一个比例的税率。它一般适用于对流转额的课税。

在具体运用上,比例税率又可以分为几种类型:①统一比例税率,即一种税只采用一个税率;②产品差别比例税率,即一种产品采用一个税率,不同产品税率的高低存在差别;③行业差别比例税率,即同一行业内采用一个税率,不同行业的税率高低不同;④地区差别比例税率,即根据不同地区的不同情况,采用不同的税率;⑤幅度比例税率,即国家只规定一个最高税率和最低税率,在这一幅度内,由地方政府根据本地区的情况,具体确定。

**2. 累进税率**

累进税率是就课税对象数额的大小规定不同等级的税率。课税对象数额越大,税率越高。实行累进税率,可以有效地调节纳税人的收入。它一般适用于对所得税的征税。

累进税率又分为全额累进税率和超额累进税率两种。全额累进税率是课税对象的全部数额都按照与之相适应的等级的一个税率征税;超额累进税率是把课税对象按数额的大小型分为若干不同等级部分,对每个等级部分分别规定相应的税率,分别计算税额,一定数额的课税对象可以同时使用几个等级部分的税率。超额累进税率比全额累进税率具有较大的优越性,因此,在实际运用上,一般都采用超额累进税率。

**3. 定额税率**

定额税率是按单位课税对象直接规定一个固定税额,而不采取百分比的形式。它实际上是比例税率的一种特殊形式。定额税率一般适用于从量定额征收,因而又称为固定税额。

### 3.2.4 纳税环节、地点和纳税期限

纳税环节是指税法规定课税对象在流转过程中应当缴纳税款的环节。从有利于及时组织收入、均衡税收负担和促进商品流通考虑,税法必须明确规定在商品流转的哪一个或哪几个环节征税。根据对同一课税对象纳税环节规定的不同,有单一环节征税和多环节征税两种类型。纳税地点是纳税人应当缴纳税款的地点。一般来说,纳税地点和纳税义务发生地是一致的。

纳税期限是指纳税人发生纳税义务后，按规定应向税务机关缴纳税款的时间界限。它所要解决的问题是，纳税人应当在多长时间内，将自己的应纳税款加以核算和汇总，向税务机关报缴，包括应纳税款的核算期间和税款的缴纳时间。纳税期限是根据纳税人的经营规模和各个税种的特点确定的，有的期限较长，有的期限较短。

### 3.2.5 减税免税

减轻纳税人负担的措施有：减税、免税以及规定起征点和免征额。

减税就是减征部分税款。免税就是免交全部税款。减免税是为了发挥税收的奖限作用或照顾某些纳税人的特殊情况而作出的规定，例如，为了支持和鼓励某些行业、产品和经营项目的发展，可以在税收上给予减免税的照顾。

在有些税收中，还有起征点和免征额的规定。起征点是税法规定的课税对象开始征税时应达到的一定数额。课税对象未达到起征点的，不征税；但达到起征点时，全部课税对象，都要征税。免征额是课税对象中免于征税的数额。对有免征额规定的课税对象，只就其超过免征额的部分征税。

### 3.2.6 违章处理

违章处理是对纳税人违反税法行为的处置。它对维护国家税法的强制性和严肃性有重要意义。纳税人的违章行为通常包括偷税、抗税、漏税、欠税等不同情况。偷税是指纳税人有意识地采取非法手段不交或少交税款的违法行为。抗税是指纳税人对抗国家税法拒绝纳税的违法行为。漏税是指纳税人出于无意而未交或少交税款的违章行为。欠税即拖欠税款，是指纳税人不按规定期限交纳税款的违章行为。偷税和抗税属于违法犯罪行为；而漏税和欠税则属于一般违章行为，不构成犯罪。

对纳税人的违章行为，可以根据情节轻重的不同，分别采取以下方式进行处理：批评教育、强行扣款、加收滞纳金、罚款、追究刑事责任等。

## 3.3 我国的主要税种

### 3.3.1 流转税

流转税是以商品生产、商品流通和劳务服务的流转额为征税对象的一种税类。其中，流转额包括商品流转额和非商品流转额，商品流转额是指商品交易的金额和数量，非商品流转额是指交通运输、邮电通信以及各种服务性行业的营业收入额。我国现行的流转税有：增值税、消费税、关税。下面我们就对这些税种进行简单的介绍。

**1. 增值税**

增值税是指对从事销售货物或者加工、修理修配劳务,以及进口货物的单位和个人取得的增值额为计税依据征收的一种流转税。所谓增值额,就是企业生产经营过程中新创造的价值,相当于商品价值中扣除生产资料转移价值 C 之后的余额,即 V + M 部分,在我国相当于净产值或国民收入部分。例如,甲企业生产某产品,耗费原材料、燃料等外购项目金额为 60 元,该产品销售价格为 100 元,不考虑其他因素,增值额为 40 元(100 - 60)。

由于各国经济发展状况和财政经济政策的不同,各国法定增值额所包括的具体内容也不同,区别主要在于对购进固定资产价款的处理有所不同,据此可以将增值税分为三种类型。

①生产型增值税。指对购进固定资产价款,不准许做任何扣除,其税基相当于国民生产总值,故称为生产型增值税。

②收入型增值税。指对购进固定资产价款,允许抵扣当期应计入产品成本的折旧部分,其税基相当于国民收入,故称为收入型增值税。

③消费型增值税。指对当期购进用于生产应税产品的固定资产价款,允许从当期增值额中一次全部扣除,这等于只对消费品价值课税,故称为消费型增值税。

这三种类型的增值税按税基大小排序依次为:生产型最大,收入型次之,消费型最小。它们对财政收入和投资的影响,显然是不同的。目前,西方发达国家大多实行消费型增值税,发展中国家则多采用生产型或收入型增值税。我国从 2009 年 1 月 1 日起,实行消费型增值税。

自 1983 年 1 月 1 日起,我国开始试行增值税。当时的征税范围仅限于部分工业品,设置的税率档次比较多。在 1994 年的工商税制改革时,增值税是改革的核心内容,在生产流通领域普遍开征了增值税。现在增值税收入占整个税收收入的一半以上,成为我国最大的税种。现行的《增值税暂行条例》主要包括以下内容。

(1) 征税范围。

增值税的征税范围包括生产、批发、零售和进口商品及加工、修理修配劳务以及营改增服务项目。现行增值税的征税范围主要包括:

①销售或进口货物:货物指有型动产,包括电力、热力和气体。

②提供的应税劳务:纳税人提供的加工、修理修配劳务。

③提供的应税服务:交通运输业、电信业和部分现代服务业。

(2) 纳税人。

增值税的纳税人,是所有在我国境内销售货物或者提供加工、修理修配劳务以及进口货物的单位和个人。具体包括从事各种货物销售的单位和个人,从事加工、修理、修配业务的单位和个人,从事进口货物的单位和个人。在我国增值税纳税人可分为一般纳税人和小规模纳税人。

(3) 税率。

增值税税率包括基本税率、低税率、零税率以及征收率。对于增值税一般纳税人,增值税设置了以下几种税率。

①基本税率17%，适用于除实行低税率和零税率以外的所有销售货物或进口货物及提供加工、修理修配劳务，"营改增"后的有形动产租赁。为支持制造业等实体经济发展，进一步完善税制，2018年3月28日，国务院常务会议决定，从2018年5月1日起，制造业等行业增值税税率降为16%。此外，对装备制造等先进制造业、研发等现代服务业符合条件的企业和电网企业在一定时期内未抵扣完的进项税额予以一次性退还。

②低税率11%，邮政业服务、音像制品、电子出版物、二甲醚以及国务院规定的其他货物等。2018年5月1日起，交通运输业、建筑、基础电信服务、农产品等货物的增值税税率从11%降至10%。

③低税率6%，部分现代服务业中的研发和技术服务、信息技术服务、文化创意服务、物流辅助服务、鉴证咨询服务、广播影视服务。

④零税率，对出口货物实行零税率，即出口商品，在报关出口后，可以退还已交纳的全部税款。

对于小规模纳税人销售货物或提供劳务的，按3%的征收率，征收增值税。为支持实体经济发展，扶持小微企业，自2018年5月1日起，工业企业和商业企业小规模纳税人的年销售额标准由50万元和80万元上调至500万元，并在一定期限内允许已登记为一般纳税人的企业转登记为小规模纳税人，以便让更多企业享受按较低征收率计税的优惠。

**2. 消费税**

消费税是以消费品的销售收入为课税对象的一个税种，在对商品普遍征收增值税的基础上，选择少数消费品再征收一道消费税，主要是为了调节产业结构、限制奢侈消费品、高能耗产品的生产，正确引导消费、保证国家财政收入。征收消费税是世界各国普遍的做法。目前有120多个国家和地区开征消费税，但具体名称和征收方式不同，有的叫货物税，有的叫奢侈税，还有些国家按征收对象确定税种名称，如烟税、酒税、矿物油税、电话税等。

现行的《消费税暂行条例》主要包括以下内容。

（1）征税范围和纳税人。

我国选择了以下五种类型的消费品列入消费税征税范围。

①一些过度消费会对人身健康、社会秩序、生态环境等方面造成危害的消费品，如烟、酒、鞭炮、焰火等；

②奢侈品、非生活必需品，如化妆品、贵重首饰、珠宝玉石等；

③高能耗及高档消费品，如摩托车、小汽车等；

④不可再生和替代的稀缺资源消费品，如汽油、柴油等；

⑤税基宽广、具有一定财政意义的消费品，如汽车轮胎、护肤护发品等。

消费税的纳税人是在我国境内从事生产、委托加工和进口应税消费品的单位和个人。这表明消费税的纳税环节选择在生产环节，实行一次课征制，目的是通过源泉控制，减少纳税人数量，降低征收费用，防止税款流失。

(2) 税目和税率。

消费税采取列举税目的方式，共设置了 14 个税目，包括烟、酒、化妆品、护肤护发品、贵重首饰及珠宝玉石、鞭炮、焰火、汽油、柴油、汽车轮胎、摩托车和小汽车。

消费税的税率有比例税率和定额税率（即单位税额）两种形式。根据不同的消费品分别实行从价定率、从量定额和从量定额与从价定率相结合的复合计税方法。其中比例税率从 3%~45% 不等，定额税率按照《消费税暂行条例》规定的税额征收。要注意的是从 2001 年起，国家对一些特殊消费品采取从量定额与从价定率相结合的复合计税方法征税，如卷烟、粮食白酒、薯类白酒。

> 📖 **拓展阅读**

## 营业税改增值税

2011 年，经国务院批准，财政部、国家税务总局联合下发营业税改增值税试点方案。从 2012 年 1 月 1 日起，在上海交通运输业和部分现代服务业开展营业税改征增值税试点。至此，货物劳务税收制度的改革拉开序幕。自 2012 年 8 月 1 日起至年底，国务院将扩大"营改增"试点至 10 省市，北京或 9 月启动。截至 2013 年 8 月 1 日，"营改增"范围已推广到全国试行。国务院总理李克强 12 月 4 日主持召开国务院常务会议，决定从 2014 年 1 月 1 日起，将铁路运输和邮政服务业纳入营业税改征增值税试点，至此交通运输业已全部纳入营改增范围。自 2014 年 6 月 1 日起，将电信业纳入营业税改征增值税试点范围。2015 年 5 月，"营改增"的最后三个行业建安房地产、金融保险、生活服务业的营改增方案将推出，不排除分行业实施的可能性。其中，建安房地产的增值税税率暂定为 11%，金融保险、生活服务业为 6%。2017 年 10 月 30 日国务院常务会议通过《国务院关于废止〈中华人民共和国营业税暂行条例〉和修改〈中华人民共和国增值税暂行条例〉的决定（草案）》，标志着实施 60 多年的营业税正式退出历史舞台。

**3. 关税**

关税是海关依法对进出国境或关境的货物、物品征收的一种税。关税一般分为进口关税、出口关税和过境关税。我国目前对进出口货物征收的关税分为进口关税和出口关税两种。

关税的基本要素包括以下几点。

(1) 关税征税范围和纳税人。

关税的征税范围包括国家准许进口的货物、进境物品，行政法规另有规定的除外。关税的纳税人为进口货物的收货人、出口货物的发货人、进出境物品的所有人。

(2) 税率。

关税税率为差别比例税率，分为进口关税税率、出口关税税率和特殊关税。我国进口关税税率又分为普通税率、最惠国税率、协定税率、特惠税率、关税配额税率等。出口关税是对出口货物征收关税而规定的税率。目前我国仅对少数资源性产品及易于竞相杀价，需要规范出口秩序的半制成品征收出口关税。特别关税，包括报复性关税、反倾销税与反补贴税、保障性关税。

(3) 关税的计税依据。

进口货物以海关审定的成交价格为基础的到岸价格作为关税计税价格。到岸价包括货价加上货物运抵中华人民共和国关境内输入地点起卸前的包装费、运费、保险费和其他劳务费等费用。

### 3.3.2 所得税

所得税属直接税，是以纳税义务人的所得额为征税对象所征收的税收。所谓所得额，是指纳税人在一定期间内由于生产、经营等取得的可用货币计量的收入，扣除为取得这些收入所需各种耗费后的净额。我国现行的所得税主要有企业所得税、个人所得税。

**1. 企业所得税**

企业所得税是国家对企业的生产经营所得和其他所得征收的一种税。它是国家参与企业利润分配并调节其收益水平的一个重要税种，体现国家与企业的分配关系。《企业所得税法》实现了内资、外资企业适用统一的企业所得税法，统一并适当降低企业所得税税率，统一和规范税前扣除办法和标准，统一税收优惠政策，有利于为各类企业创造一个公平竞争的税收法制环境。

(1) 纳税人。

在中华人民共和国境内，企业和其他取得收入的组织为企业所得税的纳税人。

企业所得税纳税人按照国际惯例一般分为居民企业和非居民企业，这是确定纳税人是否负有全面纳税义务的基础。

居民企业，是指依照一国法律、法规在该国境内成立，或者实际管理机构、总机构在该国境内的企业。非居民企业，是指按照一国税法规定不符合居民企业标准的企业。

《企业所得税法》所称的非居民企业是指依照外国法律、法规成立并且实际管理机构不在中国境内，但在中国境内设立机构、场所的，或者在中国境内未设立机构、场所，但有来源于中国境内所得的企业。

按照国际上通用做法，《企业所得税法》按"居民企业"和"非居民企业"对纳税人加以区分。居民企业承担全面纳税义务，就其来源于我国境内外的全部所得纳税；非居民企业承担有限纳税义务，一般只就其来源于我国境内的所得纳税。

(2) 征收范围。

企业所得税的征收范围包括我国境内的企业和组织取得的生产经营所得和其他所得。

居民企业应当就其来源于中国境内、境外的所得缴纳企业所得税。

非居民企业在中国境内设立机构、场所的，应当就其所设机构、场所取得的来源于中国境内的所得，以及发生在中国境外但与其所设机构、场所有实际联系的所得，缴纳企业所得税。非居民企业在中国境内未设立机构、场所的，或者虽设立机构、场所但取得的所得与其所设立机构、场所没有实际联系的，应当就其来源于中国境内的所得缴纳企业所得税，即预提所得税。

（3）税率。

《企业所得税法》规定，企业所得税的税率为25%。此外还规定了两档优惠税率。

①符合条件的小型微利企业，减按20%的税率征收企业所得税。

②国家需要重点扶持的高新技术企业，减按15%的税率征收企业所得税。

**2. 个人所得税**

个人所得税是对个人所得征收的一种税。现行的个人所得税是在1994年的税制改革中，在原来的个人所得税、个人收入调节税和城乡个体工商业户所得税的基础上合并而成的一个税种。

（1）纳税人。

按照《个人所得税》的规定，有纳税义务的中国公民和中国境内取得收入的外籍人员，均为个人所得税的纳税人。即在中国境内有住所，或者无住所而在境内居住满一年的个人，从中国境内和境外取得的所得，依法交纳个人所得税；在中国境内无住所又不居住或者无住所而在境内居住不满一年的个人，从中国境内取得的所得，依法交纳个人所得税。

（2）征税范围。

个人所得税的征税范围是各项个人所得，具体包括工资、薪金所得；个体工商户的生产、经营所得；对企事业单位的承包经营、承租经营所得；劳务报酬所得；稿酬所得；特许权使用费所得；利息、股息、红利所得；财产租赁所得；财产转让所得；偶然所得及经国务院财政部门确定征税的其他所得。

对于居民纳税人，应就来源于中国境内和境外的全部所得征税；对于非居民纳税人，则只就来源于中国境内所得部分征税。居民纳税人，是指在中国境内有住所，或者无住所而在境内居住满一年的个人。非居民纳税人，是指在中国境内无住所又不居住，或者无住所而在境内居住不满一年的个人。

（3）税目。

工资、薪金所得。包括工资、薪金、奖金、年终加薪、劳动分红、津贴、补贴以及任职或者受雇有关的其他所得。但不包括独生子女补贴、托儿补助费、差旅费津贴、误餐补助等。

个体工商户的生产、经营所得。

企业、事业单位的承包经营、承租经营所得。

劳务报酬所得。包括设计、医疗、法律、会计、咨询、讲学、翻译、演出、技术服务、介绍服务、代办服务等。

稿酬所得。特许权使用费所得。包括个人提供专利权、商标权、著作权、非专利技术以及其他特许权的使用权取得的所得，但不包括稿酬所得。

利息、股息、红利所得。

财产租赁所得。

财产转让所得。股票转让所得暂不征收个人所得税。个人出售自有住房取得的所得按照"财产转让所得"征收个人所得税，但个人转让自用5年以上并且是家庭惟一生活用房取得的所得，免征个人所得税。

偶然所得。

国务院财政部门确定征税的其他所得。

（4）税率。

个人所得税采取分项定率，累进税率和比例税率两种形式并存。

①工资、薪金所得，适用9级超额累进税率，税率为5%～45%。

②个体工商户的生产、经营所得和对企事业单位的承包经营、承租经营所得，适用5%～35%的5级超额累进税率。

③稿酬所得，适用比例税率，税率为20%，并按应纳税额减征30%。

④劳务报酬所得，适用比例税率，税率为20%。对劳务报酬所得一次收入畸高的，可以实行加成征收。

⑤特许权使用费所得，利息、股息、红利所得，财产租赁所得，财产转让所得，偶然所得和其他所得，适用比例税率，税率为20%。储蓄存款在2008年10月9日后（含10月9日）孳生的利息，暂免征收个人所得税。

### 3.3.3 其他课税

**1. 房产税**

房产税是以房屋为征税对象，按房屋的计税余值或租金收入为计税依据，向产权所有人征收的一种财产税。

房产税的征税对象是房产。征税范围：城市、县城、工矿区，不包括农村的房屋。

（1）计税依据。

房产税按照房产余值征税的，称为从价计征；按照房产租金收入计征的，称为从租计征。

①从价计征。房产税依照房产原值一次减除10%～30%后的余值为计税依据计算缴纳。扣除比例由当地政府规定。房产原值：应包括与房屋不可分割的各种附属设备或一般不单独计算价值的配套设施。主要有：暖气，卫生，通风等，纳税人对原有房屋进行改建、扩建的，要相应增加房屋的原值。

②从租计征。房产出租的，以取得的租金收入为房产税的计税依据。

（2）税率。

①按房产余值计征的，年税率为1.2%；

②按房产出租的租金收入计征的，税率为12%。但对个人按市场价格出租的居民住

房,用于居住的,可暂减按4%的税率征收房产税。

**2. 印花税**

印花税是对经济活动和经济交往中书立、领受、使用税法规定应税凭证的单位和个人征收的一种行为税。凡发生书立、领受、使用应税凭证行为的,都应按照规定缴纳印花税。

(1) 印花税的纳税人。

中华人民共和国境内书立、领受本条例所列举凭证的单位和个人,都是印花税的纳税义务人。具体有:立合同人、立账簿人、立据人、领受人。

(2) 印花税的征税对象。

现行印花税只对印花税条例列举的凭证征税具体有五类:合同或者具有合同性质的凭证,产权转移书据,营业账簿,权利、许可证照和经财政部确定征税的其他凭证。

(3) 印花税的计税依据。

印花税根据不同征税项目,分别实行从价计征和从量计征两种征收方式。

①从价计税情况下计税依据的确定。各类经济合同,以合同上记载的金额、收入或费用为计税依据;产权转移书据以书据中所载的金额为计税依据;记载资金的营业账簿,以实收资本和资本公积两项合计的金额为计税依据。

②从量计税情况下计税依据的确定。实行从量计税的其他营业账簿和权利、许可证照,以计税数量为计税依据。

**3. 契税**

契税是以权属发生转移变动的不动产为征税对象,向产权承受人征收的一种财产税。应缴税范围包括:土地使用权出售、赠与和交换,房屋买卖,房屋赠与,房屋交换等。

(1) 契税征税范围。

契税的征税范围包括:国有土地使用权的出让,土地使用权的转让,房屋买卖,房屋赠与,房屋交换。

(2) 应纳税额的计算。

①国有土地使用权出让、土地使用权出售、房屋买卖,以成交价格为计税依据。

②土地使用权赠与、房屋赠与,由征收机关参照土地使用权出售、房屋买卖的市场价格核定。

③交换价格相等时,免征契税;交换价格不等时,由多交付货币、实物、无形资产或者其他经济利益的一方交纳契税。

**4. 城市维护建设税**

城市维护建设税,以纳税人实际缴纳增值税的税额为计税依据而征收的一种税。

计算城市维护建设税应纳税额的法定比例,按纳税人所在地,分别规定为市区7%、县城和镇5%、其他地区1%。

**5. 车辆购置税**

车辆购置税是对在我国境内购置规定车辆的单位和个人征收的一种税,以其购置应税车辆的计税价格为依据,按照规定的税率计算并一次性征收的一种税。车辆购置税的计税依据是车辆的计税价格,车辆购置税的计税价格根据不同情况,按照下列规定确定:

(1) 纳税人购买自用应税车辆的计税价格,为纳税人购买应税车辆而支付给销售者的全部价款和价外费用,不包括增值税税款。

(2) 纳税人进口自用车辆的应税车辆的计税价格计算公式为:

$$计税价格 = 关税完税价格 + 关税 + 消费税$$

(3) 纳税人自产、受赠、获奖或者以其他方式取得并自用车辆,计税依据由车购办参照国家税务总局核定的应税车辆最低计税价格核定。

**6. 土地增值税**

土地增值税是指转让国有土地使用权、地上的建筑物及其附着物并取得收入的单位和个人,以转让所取得的增值额,而征收的一种税。不包括以继承、赠与方式无偿转让房地产的行为。

土地增值税的税率实行四级超额累进税率,是以转让房地产取得的收入,减除法定扣除项目金额后的增值额作为计税依据,并按照标准进行征收。

(1) 增值额未超过扣除项目金额50%部分,税率为30%。

(2) 增值额超过扣除项目金额50%,未超过扣除项目金额100%的部分,税率为40%,速算扣除系数为5%。

(3) 增值额超过扣除项目金额100%,未超过扣除项目金额200%的部分,税率为50%,速算扣除系数为15%。

(4) 增值额超过扣除项目金额200%的部分,税率为60%,速算扣除系数为35%。

土地增值税的扣除项目包括:取得土地使用权所支付的金额,开发土地的成本、费用,新建房及配套设施的成本、费用,或者旧房及建筑物的评估价格,与转让房地产有关的税金,财政部规定的其他扣除项目。

**7. 资源税**

资源税是对自然资源征税的税种的总称。

资源税纳税人在我国境内开采应税矿产品或者生产盐的单位和个人,在某些情况下,可由收购未税矿产品的单位代为扣缴税款。

资源税征税范围包括:原油、天然气、煤炭、其他非金属矿原矿、黑色金属矿原矿、有色金属矿原矿、盐这7类。2016年7月起大范围对资源产品实行从价计征,仅对粘土、砂石等少部分产品依然实行从量定额计征。

为鼓励保护资源,促进资源的综合利用,并有利于保护环境,此次资源税改革对开采难度大、成本高以及综合利用的资源给予了税收优惠。具体规定了以下3项优惠政策。

一是对依法在建筑物下、铁路下、水体下通过充填开采方式采出的矿产资源,资源税减征50%。充填开采指随着回采工作面的推进，向采空区或离层带等空间充填废石、尾矿、废渣、建筑废料以及专用充填合格材料等采出矿产品的开采方法。

二是对实际开采年限在15年以上的衰竭期矿山开采的矿产资源，资源税减征30%。衰竭期矿山指剩余可采储量下降到原设计可采储量的20%（含）以下或剩余服务年限不超过5年的矿山，以开采企业下属的单个矿山为单位确定。

三是对鼓励利用的低品位矿、废石、尾矿、废渣、废水、废气等提取的矿产品，省级人民政府可根据矿产资源市场情况、企业盈利水平等因素确定减税免税。

除传统的资源税征收课目外，2017年12月1日起，水资源税改革试点由河北省扩大到北京、天津、山西等9个省区市，改革不影响居民和一般工商企业用水价格，也保障农业生产的合理用水。水资源税采取差别征税政策，既抑制不合理用水需求，又不影响社会基本用水需要。

**8. 环境保护税**

为贯彻落实"推动环境保护费改税"和"用严格的法律制度保护生态环境"，全国人大常委会于2016年12月25日通过了《中华人民共和国环境保护税法》，自2018年1月1日起施行，并停止征收排污费，2018年4月为第一个纳税申报期。

针对固体废物、大气污染物、水污染物和噪声进行课税。按照环境保护税法的规定，应税大气污染物、水污染物按照污染物排放量折合的污染当量数确定计税依据，应税固体废物按照固体废物的排放量确定计税依据，应税噪声按照超过国家规定标准的分贝数确定计税依据。

在符合国家和地方环境保护标准的设施、场所贮存或者处置固体废物不属于直接向环境排放污染物，不缴纳环境保护税，对依法综合利用固体废物暂予免征环境保护税，为体现对纳税人治污减排的激励，实施条例规定固体废物的排放量为当期应税固体废物的产生量减去当期应税固体废物的贮存量、处置量、综合利用量的余额。

纳税人有非法倾倒应税固体废物，未依法安装使用污染物自动监测设备或者未将污染物自动监测设备与环境保护主管部门的监控设备联网，损毁或者擅自移动、改变污染物自动监测设备，篡改、伪造污染物监测数据以及进行虚假纳税申报等情形的，以其当期应税污染物的产生量作为污染物的排放量。

纳税人排放应税大气污染物或者水污染物的浓度值低于排放标准30%的，减按75%征收环境保护税；低于排放标准50%的，减按50%征收环境保护税。

为便于实际操作，实施条例首先明确了上述规定中应税大气污染物、水污染物浓度值的计算方法。同时，实施条例按照从严掌握的原则，进一步明确限定了适用减税的条件，即：应税大气污染物浓度值的小时平均值或者应税水污染物浓度值的日平均值，以及监测机构当月每次监测的应税大气污染物、水污染物的浓度值，均不得超过国家和地方规定的污染物排放标准（见表3.1）。

表 3.1　　　　　　　　　环境保护税相关税目征税情况

| 税目 | | 计税单位 | 税额 | 备注 |
|---|---|---|---|---|
| 大气污染物 | | 每污染当量 | 1.2元~12元 | |
| 水污染物 | | 每污染当量 | 1.4元~14元 | |
| 固体废物 | 煤矸石 | 每吨 | 5元 | |
| | 尾矿 | 每吨 | 15元 | |
| | 危险废物 | 每吨 | 1000元 | |
| | 冶炼渣、粉煤灰、炉渣、其他固体废物（含半固态、液态废物） | 每吨 | 25元 | |
| 噪声 | 工业噪声 | 超标1~3分贝 | 每月350元 | 1. 一个单位边界上有多处噪声超标，根据最高一处超标声级计算应纳税额；当沿边界长度超过100米有两处以上噪声超标，按照两个单位计算应纳税额。<br>2. 一个单位有不同地点作业场所的，应当分别计算应纳税额，合并计征。<br>3. 昼、夜均超标的环境噪声，昼、夜分别计算应纳税额，累计计征。<br>4. 声源一个月内超标不足15天的，减半计算应纳税额。<br>5. 夜间频繁突发和夜间偶然突发厂界超标噪声，按等效声级和峰值噪声两种指标中超标分贝值高的一项计算应纳税额 |
| | | 超标4~6分贝 | 每月700元 | |
| | | 超标7~9分贝 | 每月1400元 | |
| | | 超标10~12分贝 | 每月2800元 | |
| | | 超标13~15分贝 | 每月5600元 | |
| | | 超标16分贝以上 | 每月11200元 | |

## 课外阅读

### 水资源税改革试点顺利进行　有效抑制不合理用水需求

自2016年7月1日起，河北省率先实施水资源税改革试点。自2017年12月1日起，北京、天津、山西、内蒙古、山东、河南、四川、陕西和宁夏9个省区市也纳入水资源改革试点。

人多水少、水资源时空分布不均衡，是我国基本国情水情。我国人均水资源量仅为世界平均水平的28%。南方水资源相对丰沛，北方水资源紧缺，尤其华北地区供需矛盾较大，地下水超采总量及超采面积占全国1/2。水已经成为我国严重短缺的产品和制约环境质量的主要因素。此次选择9个省区市扩大改革试点。其中，北京、天津、山西、内蒙古等4个省区市位于华北地区，地下水超采严重，水资源供需矛盾较大；河南、山东、四川、陕西、宁夏等5个省区分布在东、中、西部，水资源丰枯程度不一、取用水类型多样，具有典型代表性。通过扩大试点，有利于进一步发挥税收杠杆调节作用，有效抑制不合理用水需求，促进水资源节约保护；有利于丰富完善水资源税制度设计，为全面推开水资源税制度积累经验、创造条件。

2018年1月1日上午8时许，河南省新乡县地税局办税服务厅成功开具水资源税税票，河南心连心化肥有限公司办税人员宋光钊按照水利部门核定其2017年12月用水量11.1万立方米，共缴纳水资源税19.99万元。这是继河北开征水资源税后，扩大水资源税改革试点首笔水资源税税款，标志着全国第二批征收水资源税的9个试点省区市征收工作启动。

作为水资源税的征收部门，河南省地税局紧紧围绕"发挥税收调节作用、构建绿色税制"的改革精神，建立征管制度，细化征管措施，强化纳税服务，加强宣传指导，密切部门协作，以金税三期系统为平台，以河南省水资源税信息共享平台为支撑，积极探索水资源税征管新模式。

在"税收共治"征管模式下，河南省地税局主动协调有关部门，积极做好水资源税征管准备工作。该局联合水利部门组织开展三次水资源费征管情况调查和取用水信息清查，摸清全省水资源底数；准确测算河南省水资源取用水户数、税额标准和费改税后收入增减变化等；全省各级地税、水利机关积极对接，密切协作，全面启动纳税人信息移交和实地核查工作，接收核查水利部门移交的纳税人信息2.3万户，涉及水资源费15.9亿元。

税务总局相关部门负责人表示，推进水资源税改革试点，一是有利于发挥政府调控作用、运用税收杠杆调节用水需求，完善资源有偿使用制度和生态补偿机制，加快建立绿色生产和消费的政策导向。二是有利于增强企业等社会主体节水意识和动力，加快技术创新提高用水效率、优化用水结构，减少不合理用水需求。三是有利于倡导简约适度、绿色低碳的生活方式，在全社会形成珍惜资源、节约资源的风尚。四是有利于我国更好地承担国际责任和履行国际义务，为全球生态安全作出贡献。

资料来源：证券时报。

# 关键术语

税收　增值税　消费税　营业税　企业所得税　个人所得税

## 学以致用

1. 税收具有哪些特征？
2. 税收要素有哪些？
3. 简述税收的分类。

4. 起征点和免征额有什么区别？

5. 税负转嫁有哪些类型？

> 📅 **案例分析**

### 增值税计算题

某电子企业为增值税一般纳税人，2015年2月发生下列经济业务：

（1）销售自产A产品50台，不含税单价8000元，货款收到后，向购买方开具了增值税专用发票。

（2）单位内部基本建设领用甲材料1000千克，每千克单位成本为50元。

（3）改、扩建单位幼儿园领用甲材料200千克，每千克单位成本为50元。

（4）当月丢失库存乙材料800千克，每千克单位成本为20元。

（5）当月发生购进货物的全部进项税额为70000元，全部取得增值税发票并通过了认证。

其他相关资料：购销货物增值税税率均为17%。

要求：

（1）计算当月销项税额。

（2）计算当月可抵扣进项税额。

（3）计算当月应缴增值税税额。

# 任务 4　国　　债

【任务驱动】

　　国债是国家信用的主要形式,是国家以其信用为基础,按照债的一般原则,通过向社会筹集资金所形成的债权债务关系。由于国债的发行主体是国家,以中央政府的税收作为还本付息的保证,因此风险小,流动性强,利率也较银行同期存款利率高。所以它具有最高的信用度,被公认为是最安全的投资工具。

　　通过本任务的学习,应了解国债的种类及其交易,熟悉国债的概念、产生与发展,掌握国债的功能作用,国债的发行与偿还。

## 先行案例

### 中国 30 亿元国债在英发行　人民币国际化又一里程碑

　　财政部 2016 年 5 月 25 日在伦敦发行 30 亿元 3 年期人民币国债,并在伦敦证券交易所挂牌上市交易。这是中国首次在香港特别行政区以外的离岸市场发行人民币计价国债,有利于丰富人民币离岸市场的投资品种,促进人民币的国际化进程。

　　中国银行（英国）有限公司和英国汇丰银行有限公司担任此次发行的全球协调人。

　　财政部金融司司长孙晓霞在推介会上表示,此次发行是落实 2015 年 10 月习近平主席出访英国时两国达成的重要共识,是中英双方在财金领域深化合作的重要成果。孙晓霞说,在伦敦发行人民币国债,是以中国经济发展平稳向好的背景为依托,顺应离岸人民币市场发展趋势的重要举措,也将对促进伦敦人民币市场的发展具有深刻意义。

　　外媒对此作出高度评价。英国《金融时报》称,此举是中国在人民币国际化道路上重要的里程碑。新加坡《商业时报》表示,这有利于扩大现有海外人民币资产的范围,全球投资者可以更自由地进入人民币资本市场。

　　目前,在中国香港、伦敦、新加坡和法兰克福等离岸人民币中心,人民币存款已经具备了一定规模,离岸人民币资产的供应还有待加强。

　　近年来,英国境内人民币存款规模快速增长,截至 2015 年四季度末约为 440 亿元,较 2014 年增长了 120% 以上。财政部在境外发行国债有利于丰富人民币离岸市场的投资品种,提高海外投资者持有人民币资产的积极性。同时,主权债券的发行可以为我国企业在伦敦发行人民币债券提供定价基准,共同促进人民币的国际化进程。

离岸人民币债券市场近年来发展势头良好,发行场所由最初的中国香港延伸至中国台湾、新加坡、伦敦和悉尼等地,债券发行主体也从政策性银行拓展至财政部、人民银行、境内金融机构和非金融企业,乃至境外企业。

随着人民币国际化进程的推进,离岸人民币存款规模不断上升,人民币资产的资产配置需求相应增长。去年8月"汇改"以来,人民币的汇率波动对离岸市场产生一定影响,海外人民币债券的发行一度下降。当前随着人民币汇率的逐渐趋于平稳,离岸市场的人民币成交量和债券发行量已有所回暖。

2015年10月,中国央行在英国伦敦采用簿记建档方式,发行了50亿元人民币一年期央行票据,票面利率3.1%,这是中国央行首次在中国以外地区发行以人民币计价的央行票据。

2014年,中国国家开发银行在伦敦发行20亿元人民币债券。

财政部自2009年开始每年在香港地区发行人民币国债,此前香港是财政部唯一发行离岸人民币国债的地区。

资料来源:第一财经。

## 4.1 国债概述

### 4.1.1 国债的概念及特征

**1. 国债的概念**

国债,又称国家公债,是中央政府凭借政府信誉,按照信用原则通过借款或发行有价证券,向国内外筹集财政资金所形成的债权债务关系。国债是中央政府向投资者出具的、承诺在一定时期支付利息和到期偿还本金的债权债务凭证,由于国债的发行主体是国家,因此它具有最高的信用度,被公认为是最安全的投资工具。

**2. 国债的特征**

(1) 自愿性。

所谓自愿性,是指国债的发行或认购建立在认购者自愿承购的基础上,认购者买与不买,或购买多少,完全由认购者视其个人或单位情况自主决定。

这一特征使国债与其他财政收入明显区别开来。例如,税收的课征以政府的政治权力为依托,政府课税就要以国家法律、法令的形式加以规定,并依法强制课征。任何个人或单位都必须依法纳税,否则就要受到法律的制裁。因而税收的特征之一,就是它的强制性。

(2) 有偿性。

所谓有偿性,是指通过发行国债筹集的财政资金,政府必须作为债务而按期偿还。除此之外,还要按事先规定的条件向认购者支付一定数额的暂时让渡资金使用权的报酬,即利息。

国债的发行就是政府作为债务人以还本和付息为条件,而向国债认购者借取资金的暂时使用权,政府与认购者之间必然具有直接的返还关系。

(3)灵活性。

所谓灵活性,是指国债发行与否以及发行多少一般完全由政府根据财政资金的余缺状况灵活加以确定,而非通过法律形式预先规定。

国债的发行与否或发行多少,并没有一个较为固定的国家法律规定,而基本上由政府根据财政资金的余缺状况灵活加以确定。也就是说,它既不具有发行时间上的连续性,又不具有发行数额上的相对固定性,而是何时需要何时发行,需要多少发行多少。正是这一重要特征,使它能与其他财政收入形式互相配合,互相补充,从而具有相当重要的意义。

国债的上述三个特征是密切联系着的。国债的自愿性,决定了国债的有偿性,因为如果是无偿的话,就谈不上自愿认购。国债的自愿性和有偿性,又决定和要求发行上的灵活性。否则,如果政府可以按照固定的数额,每年连续不断地发行国债,而不管客观经济条件及财政状况如何,那么,其结果,或是一部分国债推销不掉而需派购,或是通过举债筹措的资金处于闲置,不能发挥应有效益,政府也可能因此无力偿付本息,甚至可能出现国债发行额远不能满足财政需要量的窘迫情况。因此,国债是自愿性、有偿性和灵活性的统一,缺一不可。只有同时具备这三个特征才能构成国债,否则,便不能算是"真正"的国债。

### 4.1.2 国债的产生与发展

国债的产生和发展与国家职能的扩展密切相关,同时又以社会经济的发展以及信用制度的发展为前提。随着国家职能的不断扩大,财政支出的日益增加,仅仅靠税收已经不能满足国家财政支出的需要,这时国家就不得不通过借贷的方式获得一部分收入,以解决财政上的困难。国债的产生和发展也离不开商品经济和信用制度的发展,如果社会上没有较为充裕的闲置资金,国债就会成为无源之水、无本之木。

据文献记载,在奴隶社会国债制度就开始萌芽了。公元前四世纪,古希腊和古罗马就出现了国家向商人、高利贷者和寺院借债的情况。到了封建社会,借债规模有所扩大,但发展十分缓慢。国债真正的发展是在资本主义社会,特别是资本主义发展进入垄断阶段以后。首先,反映资本主义意识形态的个人主义为国债发行提供了充分的政治条件。政府和居民个人作为平等经济主体观念的确立,使国债发展具备了充分的政治基础。其次,在资本主义社会,特别是其垄断阶段以后,政府的职能范围急剧扩张,财政支出开始膨胀,大规模发行国债成为必要。最后,大量的信用资本是国债发展的经济基础,而完善的国债市场和全国性的金融机构等则为国债发展提供了技术上的条件。

在今天,国债的发展早已远远超出了资本主义国家的范围,成为世界性的财政现象。

不论社会制度怎样,不论经济发展水平如何,包括社会主义国家以及其他发展中国家在内的几乎所有国家,无不将国债作为政府筹集财政资金的重要形式和发展经济的重要杠杆。

### 4.1.3 国债的功能

**1. 弥补财政赤字**

弥补财政赤字是国债最基本的功能,也是现代国家的普遍做法。用国债弥补财政赤字,实质是将不属于政府支配的资金在一定时期内让渡给政府使用,是社会资金使用权的单方面转移。政府也可以采用增税和向银行透支的方式弥补财政赤字。但是,税收增加客观上受经济发展速度和效益的制约,如果不顾经济发展的情况强行增税,就会影响经济发展,使财源枯竭,得不偿失;同时,增税又要受立法程序的制约,也不易为纳税人所接受。通过向中央银行透支来弥补财政赤字,等于中央银行增加财政性货币发行,可能会扩大流通中的货币量,导致通货膨胀的后果。相比较而言,以发行国债的方式弥补财政赤字,只是社会资金使用权的暂时转移,既不会招致纳税人的不满,又不会无端增加流通中的货币总量,一般不会影响经济发展,可能产生的副作用较小,还可迅速地取得所需资金。

**2. 筹集建设资金**

弥补财政赤字是从平衡财政收支的角度说明国债的功能。筹集建设资金是从财政支出的使用角度来说明国债的功能。国债是政府在正常收入形式以外,筹集资金用于经济建设的一种重要手段。一些投资大、建设周期长、见效慢的项目,如能源、交通等重点建设,往往是制约国民经济发展的"瓶颈",需要政府积极介入,国债可以满足政府的这一支出需要。在市场经济条件下,单独依靠税收等正常的财政收入形式并不能完全满足政府对资金的需求,有必要通过发行国债为财政筹集建设资金。

**3. 调节经济**

一国的经济运行不可能永远处在稳定和不断增长的状态之下。相反,由于种种因素的影响,如宏观政策的失误、国际经济的影响等,经济运行常常会偏离人们期望的理想轨道,从而出现经济过度膨胀(通货膨胀严重)和经济萎缩(通货紧缩)现象,这时候,政府必须采取相应的政策措施进行经济干预,以使经济运行重新回到较理想或预期的轨道。

### 4.1.4 国债种类

现代国家的国债种类很多,了解国债的不同种类,对于认识国债的结构和加强国债管理具有重要意义。

**1. 按形式分类**

按形式分类,国债可分为凭证式国债、无记名国债和记账式国债。

（1）凭证式国债。

这是一种国家储蓄债，可记名、挂失，以"凭证式国债收款凭证"记录债权，不能上市流通，从购买之日起计息。在持有期内，持券人如遇特殊情况需要提取现金，可以到购买网点提前兑取。提前兑取时，除偿还本金外，利息按实际持有天数及相应的利率档次计算，经办机构按兑付本息之和收取手续费。

（2）无记名国债。

这是一种实物债券，以实物券的形式记录债权，面值不等，不记名，不挂失，可上市流通。发行期内，投资者可直接在销售国债机构的柜台购买。在证券交易所设立账户的投资者，可委托证券公司通过交易系统申购。发行期结束后，实物券持有者可在柜台卖出，也可将实物券交证券交易所托管，再通过交易系统卖出。

（3）记账式国债。

这是以记账形式记录债权，通过证券交易所的交易系统发行和交易，可以记名、挂失。投资者进行记账式证券买卖，必须在证券交易所设立账户。由于记账式国债的发行和交易均无纸化，因此效率高，成本低，交易安全。

**2. 按债权人分类**

按债权人，国债可分为内债和外债。

（1）内债。

这是指债权人为本国公民或法人的国债。内债的发行以及还本付息以本国货币为计量单位。

（2）外债。

这是指债权人为外国政府、国际金融组织、外国银行、外国企业或个人的国债。外债的发行与还本付息大体上以外币计量。

**3. 按发行性质分类**

按发行性质，国债可以分为自由国债和强制国债。

（1）自由国债。

这是指由政府发行，公众根据国债的条件自由决定是否购买，不加任何限制的国债。现代世界各国的国债多为这种形式。

（2）强制国债。

这是指当政府经济状况异常困难时，凭借政府权力向人民强行推销的国债。其推销方法有根据公民的财产或所得按比例分摊、以国债的形式支付薪金等。

**4. 按经济用途分类**

按经济用途，国债可分为生产性国债和非生产性国债。

（1）生产性国债。

生产性国债也称建设公债，是指政府将国债收入用于生产建设事业，如铁路、公路、电力以及兴办其他营利性企业的公债。发行这种国债，政府不仅能拥有与公债等值的资产作为偿债的保证，而且可以直接从这些投资中获得收益，增强国债的还本付息能力。

(2) 非生产性国债。

这是指用于非生产性支出，如为维持和提高社会消费水平所发行的国债。这部分支出不能形成相应的偿债能力，其还本付息的资金主要依赖于税收。

**5. 按流通性分类**

按照是否可以上市流通，国债可以分为上市国债和非上市国债。

(1) 上市国债。

这是指可以在证券市场上自由买卖和自由转让的国债。这种债券通常以不记名的方式发行。上市国债又称为可出售国债和可流通国债。

(2) 非上市国债。

这是指债券持有人所持有的国债不能在证券市场上公开出售，只能到期后收取本金和利息的国债。这种债券的发行有时采取记名的方式。

**6. 按利率变动情况分类**

按照利率是否变动，国债可分为固定利率国债和浮动利率国债。

(1) 固定利率国债。

这是指利率在发行时就确定下来，不管今后物价和银行利率如何变动，国债的利息支付都要按既定利率来还本付息的国债。

(2) 浮动利率国债。

这是指利率随物价或银行利率变动而变动的国债。这种国债通常在物价波动幅度较大、通货膨胀势头较猛的情况下发行。

**7. 按转让性分类**

按照是否可转让，国债可以分为可转让国债和不可转让国债。

(1) 可转让国债。

这是指可以在金融市场上自由流通买卖的国债，目前大多数的国债属于这种形式。对于可转让国债的持有者来说，重要的往往不是期限和利息率的规定，而是债券的行市。因为他可以随时出售债券，所以期限长短对他关系不大；而债券的行市可高于或低于票面额，所以法定利息率对他也无关紧要。

(2) 不可转让国债。

这是指这种国债往往规定较长的期限，给予较高利息或发行价格低于票面额等优惠条件，以记名发行为主。发行不可转让国债一般是为了满足政府的某些特定的政治和经济目的。

**8. 按偿还期限分类**

按偿还期限，国债可以分为定期国债和不定期国债。

(1) 定期国债。

这是指明确规定还本付息期限的公债。定期国债按期限长短又可分为短期国债（偿还期限在1年以内，周转期短，流动性强，"近似货币"）、中期国债（偿还期限在1年以上至10年以内）和长期国债（偿还期限在10年以上）三种。一般来说，国债期限越短，流动性越大。

（2）不定期国债。

这是指不规定还本付息期限的国债，又称为永久国债。这种国债在发行时，并未规定还本的期限，国债的持有人可按期获取利息，但没有要求清偿债务的权力。在政府财政较为充裕时，政府可以随时从市场买入而注销这种国债。

### 特别国债

特别国债都有特定用途，是国债的一种。但它并不是对预算赤字的融资，同时与发行普通国债筹集资金的用途不同，一般是以提高收益为主要目标。

为了有效地发展中国的国民经济，增强中国的综合国力，提高人民的生活水平，中国政府除了有规律性地发行适度规模的普通型国债以外，还不定期地发行一定数量的特殊型国债。普通型国债主要可分为凭证式国债、记账式国债和无记名（实物）国债三种，特殊型国债主要有定向债券、特种国债和专项国债等几种。

（1）定向债券：为筹集国家建设资金，加强社会保险基金的投资管理，经国务院批准，由财政部采取主要向养老保险基金、待业保险基金（简称："两金"）及其他社会保险基金定向募集的债券，称为"特种定向债券"，简称"定向债券"。

（2）特别国债：经第八届全国人大常委会第30次会议审议批准，财政部于1998年8月向四大国有独资商业银行发行了2700亿元长期特别国债，所筹集的资金全部用于补充国有独资商业银行资本金。

（3）专项国债：经九届全国人大常委会第四次会议审议通过，财政部于1998年9月面向中国工商银行、中国农业银行、中国银行和中国建设银行等4家国有商业银行发行了1000亿元、年利率5.5%的10年期附息国债，专项用于国民经济和社会发展急需的基础设施投入。

资料来源：百度百科。

## 4.2 国债的发行与偿还

### 4.2.1 国债的发行

国债的发行是指国债售出或被投资者认购的过程，是国债运行的起点和基础环节。国债发行主要涉及两个方面的问题：发行条件和发行方式。

**1. 国债发行条件**

国债发行条件是指对国债发行本身诸方面所作的规定，即国债发行价格、发行利率、发行期限、国债发行额等因素的集合。国债发行条件的确定，至少应有利于财政筹资，筹资计划的顺利实施，有利于债务均衡合理分布，有利于降低发行成本，并考虑投资者的可接受程度。

（1）国债发行价格。

国债发行价格，就是政府债券的出售价格或购买价格。政府债券的发行价格不一定就是票面值，它可以低于票面值发行，少数情况下，也可以高于票面值发行，所以有一个发行的行市问题。按照国债发行价格与其票面值的关系，可以分为平价发行、折价发行和溢价发行三种发行价格。

平价发行就是政府债券按票面值出售，认购者按国债票面值支付购买金，政府按票面值取得收入，到期亦按票面值还本。

折价发行就是政府债券以低于票面值的价格出售，即认购者按低于票面值的价格支付购买金，政府按这一折价取得收入，到期仍按票面值还本。

溢价发行就是政府债券以超过票面值的价格出售，认购者按高于票面值的价格支付购买金，政府按这一价格取得收入，到期则按票面值还本。政府债券按高于票面值的价格出售，只有在国债利率高于同期市场利率时才能办到。即虽然投资者按溢价认购，在价格上会有些损失，但高利率带来的收益足可以弥补价格损失，以至于政府债券的综合收益率与其他证券相比仍是最高的。

（2）国债发行利率。

国债利率是国债利息与票面值的比例。国债发行到期时不仅要还本，而且还要支付一定的利息，付息多少则取决于国债的利率。国债利率的确定既关系到国债的发行，又关系到国债的偿还，还关系到对市场利率和经济增长的影响，因此，需要多方权衡，综合考虑各种相关因素。通常国债利息率的高低，主要参照金融市场利率、政府信用状况和社会资金供给量等因素来确定。

第一，国债利率应参照金融市场的利率而决定。市场利率一般是指证券市场上各种证券的平均利率水平。一般的原则是国债利率要保持与市场利率大体相当的水平。如国债利率高于市场利率，不仅会增加财政的利息负担，还会出现国债券排挤其他证券，或拉动市场利率上升，不利于证券市场和经济的稳定。反之，国债利率低于市场利率太多，则会使国债失去吸引力，影响国债的正常发行。在我国经济中，由国家制定的银行利率起主导作用，市场利率在银行利率基础上受资金供求状况的影响而有所浮动。因此，我国国债利率的确定主要是以银行利率为基准。

第二，国债利率也受政府信誉状况的影响。政府信誉度高，可以适当降低利息率水平；反之，要相对提高利息率水平。

第三，国债利率还应根据社会资金供求状况而决定。若社会资金比较充裕，闲置资金较多，国债利率可以适当降低；若社会资金十分短缺，国债利率必须相应提高。

第四，国债利率还受政府经济政策的影响，考虑政府经济政策的需要。国债利率的确定固然要考虑市场利率，但同时也会对市场利率产生影响。具体讲，短期国债利率会影响货币市场,而长期国债利率则对资本市场利率发生影响。政府有时会利用国债利率来影响市场利率,实现调节经济运行的目标。

第五,发行数量也会影响国债的利率。国债发行量的大小,关系到国债推销的难易程度和供求关系的变化,因此,在社会闲置资金一定的条件下,发行量大,相对利息率高些;反之,就可以低些。此外,还要考虑通货膨胀水平等因素。

(3) 国债发行期限。

国债发行期限是指国债从发行到偿还的时间间隔,根据一般的期限分类,国债分为短期国债、中期国债和长期国债。国债期限的确定,受制于诸多因素:政府使用资金的周转期、市场利率的发展趋势、流通市场的发达程度以及投资人的投资意向等。

(4) 国债发行额。

国债发行额指发行多少数量的公债。影响因素有财政资金需求、市场承受能力、政府信誉以及债券种类等。如果发行额定得过高,会造成销售困难,损害政府信誉,并对二级市场的转让价格产生不良影响。因此,政府在确定国债发行额时,要进行科学的预测。

此外,国债的发行条件还包括国债的票面金额和编号、国债的名称与发行目的、国债的发行对象、发行与交款时间、还本付息的方式、国债经销单位和债券流动性的规定等。

## 拓展阅读

### 我国国债发展史

在我国历史上,第一次发行的国债是在1898年发行的"昭信股票",其后北洋军阀时期共发行国债27种,国民党统治时期共发行国债45亿元(不包括抗日战争时期国民党政府发行的90亿元国债)。我国新民主主义革命过程中,为了弥补财政收入的不足,各根据地人民政府也发行过几十种国债。

新中国成立后,我国国债的发展可以分为两个主要阶段:

第一个阶段(1950~1958年):新中国成立后于1950年发行了"人民胜利折实公债",成为新中国历史上第一种国债。在此后的"一五"计划期间,又于1954~1958年每年发行了一期"国家经济建设公债",发行总额为35.44亿元,相当于同期国家预算经济建设支出总额862.24亿元的4.11%。1958年后,由于历史原因,国债的发行被终止。

第二个阶段(1981年以后):我国于1981年恢复了国债发行,时至今日国债市场的发展又可细分为几个具体的阶段。

1981~1987年,国债年均发行规模仅为59.5亿元,且发行日也集中在每年的1月1日。这一期间尚不存在国债的一二级市场,国债发行采取行政摊派形式,面向国营单位和个人,且存在利率差别,个人认购的国债年利率比单位认购的国债年利率高四个百分点。券种比较单一,除1987年发行了54亿元3年期重点建设债券外,均为5~9年的中长期国债。

1988~1993年,国债年发行规模扩大到284亿元,增设了国家建设债券、财政债券、特种国债、保值公债等新品种。1988年国家分两批在61个城市进行国债流通转让试点,初步形成了国债的场外交易市场。1990年后国债开始在交易所交易，形成国债的场内交易市场，当年国债交易额占证券交易总额120亿元的80%以上。1991年我国开始试行国债发行的承购包销；1993年10月和12月上海证券交易所正式推出了国债期货和回购两个创新品种。

1994年财政部首次发行了半年和一年的短期国债，1995年国债二级市场交易活跃，特别是期货交易量屡创纪录，但"3·27"事件和回购债务链问题等违规事件的频频出现，致使国债期货交易于5月被迫暂停。

1996年国债市场出现了一些新变化：第一，财政部改革以往国债集中发行为按月滚动发行，增加了国债发行的频度；第二，国债品种多样化，对短期国债首次实行了贴现发行，并新增了最短期限为3个月的国债，还首次发行了按年付息的10年期和7年期附息国债；第三，在承购包销的基础上，对可上市的8期国债采取了以价格（收益率）或划款期为标的招标发行方式；第四，当年发行的国债以记账式国库券为主，逐步使国债走向无纸化。

1996年以后，国债市场出现了托管走向集中和银行间债券市场与非银行间债券市场相分离的变化，呈现出"三足鼎立"之势，即全国银行间债券交易市场、深沪证交所国债市场和场外国债市场。

1998年，为了应对1997年的亚洲金融危机对中国的影响、拉动内需，中国政府实施积极的财政政策，开始发行长期国债。

资料来源：中国国债协会网站。

**2. 国债的发行方式**

国债发行方式是指采用何种方法和形式来发行国债。国际上国债发行的方法众多，归结起来大致有以下几种。

（1）固定收益出售方式。

这是一种在金融市场上按预先确定的发行条件发行国债的方式。

为了按固定收益出售不受市场波动的影响，采取这种方式推销国债的国家大多辅之以"销售担保"措施，即辛迪加财团包销和中央银行包销。

辛迪加财团包销，即财政部门与银行、信贷机构和证券商等组成的辛迪加金融财团通过谈判签订合同，后者对政府的债券实行包销。如国债预定发行量未能完全推销掉，其余额由包销者自身购入。但作为包销者发行风险的补偿，政府必须支付高昂的佣金和手续费，因而实行这种措施的推销费用较高。

中央银行包销，即由中央银行负责包销政府债券，并承购未能推销掉的余额，然后由其负责在市场上继续出售。在这种包销方式一般不需政府支付包销佣金和手续费，在推销费用上显然优于前者，但却可能导致中央银行货币增发，影响货币政策的效果。

（2）公募拍卖方式。

公募拍卖方式亦称竞价投标方式，这是一种在金融市场上通过公开招标发行国债的方式。

这种方式的优点在于可避免因市场利率不稳，发行条件与市场行情脱钩而出现的预期发行任务无法完成的情况,其缺点是政府在发行条件上处于被动地位。

具体的拍卖方法是多种多样的,其中包括以下几种。

价格拍卖。即国债的利率与票面价格相联系且固定不变,认购者根据固定的利率和未来金融市场利率走势的预期对价格进行投标。投标价格可低于债券面值,也可高于债券面值。发行机构则按价格及购买数额由高到低依次出售,额满为止。

收益拍卖。即固定债券出售价,认购者对固定价格的利息率,也就是投资收益率进行投标。发行机构根据投标利率高低,由低到高依次出售,额满为止。

竞争性出价。即财政部门事先公布债券发行量,认购者据此自报愿接受的利率和价格。发行机构按认购者自报的价格和利率,或从高价开始,或从低利率开始,依次决定中标者,一直到完成预定的发行数量为止。

非竞争性出价。即对一般小额认购者或不懂此项业务的认购者,可只报拟购债券数量。发行机构对其按当天成交的竞争性出价的最高价与最低价的平均价格出售。这种拍卖方法通常只限于认购额在一定额度之内(如美国为100美元)的认购者采用。

(3) 连续经销方式。

连续经销方式也叫出卖发行法。一般由财政部门委托金融机构、中央银行或证券经纪人在金融市场上设立专门柜台代为经销国债的方式。这是一种较为灵活的发行方式,其特点是:经销期限不定,发行机构可无限期地连续经销,直到完成预定发行任务。一种债券的推销可持续一个相当长的时期。发行条件不定,即不预先规定债券的出售价格和利率,而由财政部门或其代销机构根据推销中的市场行情相机确定,且可随时进行调整。这种方式主要适用于不可转让债券,特别是对居民发行的储蓄债券。其主要优点是可灵活确定国债的发行条件和发行时间,从而确保国债发行任务的完成。缺点是会排挤其他债券如企业债券和金融债券,从而妨碍工商企业民间的筹资活动(实际上,其他方式也同样存在这个问题,只不过连续经销方式表现更为突出)。目前只有澳大利亚、丹麦等少数国家采用。

(4) 直接推销方式。

直接推销方式也叫承受发行法。它是由财政部门直接与认购者举行一对一谈判出售国债的发行方式。主要特点是:发行机构只限于财政部门,而不通过任何中介或代理机构;认购者主要限于机构投资者,其中主要是商业银行、储蓄银行、保险公司、各种养老基金和政府信托基金等;发行条件通过直接谈判确定。这种方式主要适用于某些特殊类型的政府债券的推销。如我国20世纪80年代以来对银行、保险公司、养老保险基金和待业基金定向发行的财政债券、专项国债和特种国债等,就是采用这种方式发行的。

此种方式的优点突出,可充分挖掘各方面的社会资金。因为国债的发行条件通过与各个投资者直接谈判确定,为财政部门提供了解、掌握认购者投资意向的机会,财政部门可据此向各类认购者设计发行不同条件的债券,有利于调动、挖掘尽可能多的国债资金来源。而且,谈判采取随发行随召集的办法,又使财政部门在发行上有了较大的灵活性,可随时根据财政状况确定国债发行量和发行时间。但是,这种方式只能在有限的范围采用,只适于发行少数特定类型的债券,而不能扩大到一般债券;只适用于机构投资者,而不能扩大到个人投资者。

(5) 组合方式。

这是一种综合上述各种方式的特点而加以结合使用的国债发行方式。在某些国家的国债发行过程中,有时并不单纯使用上述的任何一种方式,而是将这些方式中的一些特点综合起来,取其所长,结合使用。英国是采用这种方式发行国债的最典型的例子。在英国,国债的发行往往采取先拍卖后连续经销的方式。即最初先将国债以公募拍卖方式出售,由于拍卖期限较短,且附有最低标价规定,难以避免投标数量不足。拍卖余额由英格兰银行负责购入,其后再以连续经销方式继续出售,直到完成预定的发行任务。英国的这种发行方式就是综合了公募拍卖和连续经销两种方式的特点,取长补短,也具有了相当的灵活性。

(6) 强制摊派方式。

这是一种政府利用政治权力推销国债的方式。其特点是带有强制性,即一旦摊销数额和对象确定,不论认购者是否愿意,都必须如数支付债款,接受债券,因而在形式上接近于税收。这种方式的优点是可为政府迅速地筹措到所需的资金,一般不会发生认购不足的情况。但它的弊端也非常明显,违背信用经济的基本要求,容易使认购者产生抵触情绪。因此,一般情况下不宜采用。

### 4.2.2 国债的偿还

**1. 还本方式**

国债本金的偿还额虽然是固定的,但政府在偿还方式上却有很大的选择余地。可供选择的还本方式主要有以下几种:

(1) 分期逐步偿还法。

即对一种债券规定几个还本期,每期偿还一定比例,直到债券到期时,本金全部偿清。如10年期票面额为10000元的债券分5次在10年内偿还,每两年偿还1/5,持有人可以每两年从政府收回2000元,直到10年期限结束收回全部本金10000元。这种偿还方式可以避免到期一次偿还给财政带来的压力。但还本越迟,利率越高,国债偿还的工作量和复杂程度也越大。

(2) 抽签轮次偿还法。

即在国债偿还期内,政府通过定期对国债号码抽签对号以确定偿还一定比例债券,直到偿还期结束,全部债券皆中签偿清为止。这种偿还方式,对中签的债券来说,是一次还本付息。这种偿还方式的利弊之处与分期逐步偿还法大致类似。我国1981~1984年发行的国库券就采用了这种发行方式。如1981年的国库券,自1986~1990年分5年偿还,每年偿还1/5,政府通过抽签确定各年度应偿还的国库券号码并向社会公布。每年只对本年度中签的那部分国库券进行偿还。

(3) 到期一次偿还法。

即实行在债券到期日按票面额一次全部偿清。也就是何时债券到期，何时一次偿还。这是一种传统的偿还方式，其优点是政府国债还本管理工作简单、易行，且不必为国债的还本而频繁地筹措资金。缺点则是集中一次偿还国债本金，有可能造成政府支出的急剧上升，给国库带来较大的压力。我国1985年以后发行的国债一般都采取这种还本方式。

(4) 市场购销偿还法。

即政府在债券期限内通过定期或不定期地从证券市场上买回一定比例债券，买回后不再卖出，以致在这种债券到期时，已全部或绝大部分被政府所持有，从而债券的偿还已变成一个政府内部的账目处理问题。这种偿还方式只适用于可转让债券。其长处是给投资者提供了中途兑现的可能性，并会对国债券的价格起支持作用。其短处是只限于可转让国债，政府需为市场购销进行大量繁杂的工作，对从事此项业务的工作人员也有较高的素质要求，而且对国债流通市场也有较高的要求，因而不宜全面推行。

(5) 以新替旧偿还法。

即通过发行新债券来兑换到期的旧债券，以达到国债偿还之目的。就是到期债券的持有者可用到期债券直接兑换相应数额的新发行债券，从而延长持有政府债券的时间，政府可用新发行的债券直接兑换相应数额的到期债券，从而使到期债务后延。采用这种方式的目的是缓解兑付高峰、国家财政资金紧缺与债务集中偿还的矛盾。我国1990年、1991年对到期国债券曾采取过这种转换债的方式偿还。具体做法是：继续沿用原来的债权凭证（或收款单），按新公布的转换债利率，采取推迟偿还、分段计息的做法。这种偿还方式，严格来说，政府并没有按期偿还国债，实际上等于无限期推延偿还，如果经常使用这种偿还方式很可能损坏政府信誉，因此不宜经常采用。

**2. 付息方式**

国债发行以后，除短期债券外（已通过折价发行预扣利息），在其存在的期间内必须付息。由于国债在发行时已经规定了利息率，每年应付的利息支出是固定的。政府在国债付息方面的主要任务，便是对付息方式，包括付息次数、时间及方法等作出相应的安排。

国债的付息方式大体上可以分为两类：一是按期分次支付法，即将债券应付利息，在债券存在期限内，分作几次（如每一年或半年）支付。一般附有息票，债券持有者可按期剪下息票兑付息款。二是到期一次支付法，即将债券应付利息同偿还本金结合起来，在债券到期时一次支付，而不是分作几次支付。

**3. 还本资金来源**

不论采取什么偿还方式，国债的还本总是会对财政形成负担。同时，还本是否如约进行，既影响政府的信誉和债券的行市，又关系到国债投资者的切身利益。这就要求政府的国债还本资金来源有比较可靠、较为稳定且充足的资金来源。一般而言，还本资金来源有以下几种。

(1) 设立偿债基金。

政府预算设置专项基金用于偿还国债，即从每年财政收入中拨出一笔专款，由特定的机关管理，只能用于偿付国债，不能用作其他用途。而且在未还清之前，每年的预算拨款不能减少，以期逐年减少债务，故又称作"减债基金"。

(2) 预算收支盈余。

就是政府在预算年底结束时，以当年财政收支的结余作为偿还国债的资金。如盈余多，则偿债数额亦多；如盈余少，则偿债数额亦少；如无盈余，则无款可用于偿债。

(3) 预算列支。

就是将每年的国债偿还数作为财政支出的一个项目（如"债务还本支出"）而列入当年支出预算，由正常的财政收入（主要是税收）保证国债的偿还。

(4) 举借新债。

即政府通过发行新债券，为到期债务筹措偿还资金，也就是以借新债的收入作为还旧债的资金来源。这既有实践上的必然性，也有理论上的合理性。从各国的财政实践来看，当今世界，各国政府国债的累积额十分庞大，每年的到期债务已远非正常的财政收入所能负担，偿还到期债务的资金来源不能不依赖于不断地举借新债。从理论上看，国债可以看作储蓄的延长形式。在正常情况下，任何储蓄，从个别讲，有存有取；但从总体看，则是只存不取。国债同样如此，从单项债务看，它有偿还期；但从债务总体讲，它实际上并不存在偿还期，而是可以用借新债还旧债的办法，无限期地延续下去。或许正因为如此，通过发行新国债的办法为到期债务筹措还本资金，便成为各国政府偿还国债的基本手段。我国在1994年以前偿还债务的资金来源主要是预算列支，1994年开始采用举借新债偿还的方法。

### 4.2.3 国债的规模

国债是财政收入的补充形式，同时也是政府调控经济的重要政策工具。国债的规模是一个国家的政府举借国债的数额及其制约条件。国债规模过小，社会资金得不到充分利用，会影响当期的经济发展，而国债规模过大，则会加重后期的还本付息的负担，从而影响以后年度的经济发展。因此，确定合理的国债规模对充分发挥国债的积极作用是非常重要的。分析和评价国债规模是否合理主要包括两个方面的问题：一是国债的负担；二是国债的限度。分析国债的规模必须对这两方面进行分析，以正确确定在一定时期内，国家发行国债的数量及其与国民经济有关指标之间的关系。

**1. 国债的负担**

国债的发行和偿还会产生经济负担，这种负担最终由谁承担不仅仅涉及国债能否顺利足额偿还的问题，而且还涉及国债如何作用于和怎样作用于经济的问题。国债的负担率又称国民经济承受能力，是指债累计余额占国内生产总值（GDP）的比重。

**2. 国债的限度**

国债的限度一般指国家债务规模的最高额度或指国债的适度规模。主要包括三个方面含意：一是历年累积债务的总规模；二是当年发行的国债总额；三是当年到期需还本付息的债务总额。总的来说，国债运用的最大限度就是：应债能力等于债务负担，偿债能力等于偿债负担。

> 📖 **拓展阅读**

**英国第一次世界大战发行国债兑付完毕　19 亿英镑还了一百年**

据美国全国广播公司报道，英国在第一次世界大战中欠下巨额债务。为了维持国家运转，政府于 1917 年发放大批国债。国债利率最初定为 5%，后于 1932 年下调至 3.5%。即便如此，英国政府的债务依然堆积如山。债务管理办公室估计，英国自 1917 年发放债务以来，光利息就花出去了 55 亿英镑（约合 519 亿元人民币）。

如今，英国财政部终于决定赎回总额约为 19 亿英镑的国债，将历时近百年的债务一笔勾销。据英国《每日邮报》报道，2014 年 10 月，英国政府就已经偿还部分一战债务，金额为 2.18 亿英镑（约合 20 亿元人民币）。英国财政大臣乔治·奥斯本 2014 年年底就曾表示，现在的债券利率比过去的低，英国政府可以发行新的债券，偿还旧债务。奥斯本曾表示，偿还债务体现了英国政府良好的"财务信用"，也为当代纳税人带来实惠。

资料来源：环球网。

## 4.3　国债的流通

### 4.3.1　国债流通市场的分类与功能

**1. 国债流通市场的分类**

国债市场是指国债的交易市场，是证券市场的重要组成部分。国债市场按交易的阶段或层次可分为两个部分：国债发行市场和国债流通市场。国债发行市场又称国债一级市场，是国债交易的初始环节，一般是政府与证券承销机构如银行、金融机构和证券经纪人之间的交易。国债流通市场又称国债二级市场，是国债交易的第二阶段，是指投资者买卖、转让已经发行的国债的场所。交易市场一般具有明确的交易场所，是一种有形的市场。通常国债交易市场由场内交易或场外交易两大交易系统构成，介于证券交易所和柜台交易的还有第三市场和第四市场两种新型市场。

（1）场内交易。

场内交易是指在证券交易所进行的债券买卖，又称交易所交易。交易主体主要有证券经纪商和交易商等。经纪商代理客户买卖证券，从中赚取佣金（手续费），不承担交易风险；交易商为自己买卖证券，赚取买进价与卖出价之间的差价，承担交易风险。

（2）场外交易。

场外交易是指在证券交易所以外的市场所进行的债券交易，又称"店头交易"或

"柜台交易"。交易的证券大多数为未在交易所挂牌上市的证券,但也包括一部分上市证券。

柜台交易分为自营买卖和代理买卖两种业务,其中自营买卖所占的比重较大,代理买卖的比重较小。也就是说,柜台交易是以自营买卖为主的。自营买卖所赚价差的多少和代理买卖所收佣金的多少均由各国证券公司行业协会统一规定。

柜台交易具有以下特点:一是不固定交易场地和交易时间的无形市场;二是交易规则较灵活,手续较简便;三是采用协商议价的方式进行交易。

(3) 第三市场。

第三市场指在柜台(店头)市场上从事已在交易所挂牌上市的证券交易。近年来这类交易量大增,地位日益提高。但准确地讲,第三市场既是场外交易市场的一部分,又是证券交易所市场的一部分,它实际上是"已上市证券的场外交易市场"。

(4) 第四市场。

第四市场是指各种机构投资者和个人投资者完全绕开证券商,相互间直接进行国债的买卖交易。第四市场目前只在美国有所发展,其他一些国家正在尝试或刚刚开始。这种市场虽然也有第三方介入,但一般不直接介入交易过程,也无须向公众公开其交易情况。

**2. 国债流通市场的功能**

(1) 为短期闲置资金转化为长期建设资金提供了可能性。

有利于政府运用信用形式筹集长期资金,能有效解决投资者希望资金的短期性和发行者希望资金的长期性之间的矛盾。

(2) 实现国债的顺利发行。

从承销机构来看,其是否有足够的积极性认购国债,取决于认购的国债是否可以顺利地推销出去;从投资者来看,其是否投资国债,也要看国债的流动性的高低。因此,国债的流通是国债顺利发行的重要基础。

(3) 有利于发挥国债的筹资、投资、融资等经济职能。

国债流通性的增强,可部分代替高利率的作用,吸引投资者,因此国债市场有利于降低发行成本。在国债流通过程中,国债持有者与国债购买者之间的交易实际上是以国债券为中介的社会资金的再分配,通过这种交易,可以调剂资金余缺,使社会资金的配置趋向合理。

(4) 便于中央银行开展公开市场业务,进行金融宏观调控。

当市场货币供应量超过预定指标、物价上涨时,中央银行抛售政府债券、吸收资金,使货币市场利率上升,以收缩信用;反之,中央银行可从市场中大量购进国债放出资金,使货币市场利率下跌,以扩大信用。中央银行在开展此类业务时,要求买卖的资产具有较高的信誉和较强的流动性,符合这些条件的资产就是国债。公开市场业务是现代国家货币政策的主要手段,而中央银行的公开市场操作就是在国债流通市场上进行的。

## 4.3.2 我国国债流通市场的发展与完善

迄今为止,我国国债流通市场的发展,可以粗略地划分为三个阶段:1988~1991年,场外交易从无到有得到了快速发展;1991~1996年,场内交易快速发展和场外交易相对萎缩阶段;1997年至今,可以说是场内和场外交易共同发展阶段。2003年为止,我国国债流通市场,除了新发展的少量的银行柜台交易外,基本结构是交易所国债市场和银行间国债市场并立的格局。

我国国债流通市场的进一步发展和完善需要从以下几个方面推进。

加强市场法规建设,强化管理监督;完善资金清算与债券结算机制,尽快实现"券款对付";在培育银行柜台交易市场的同时,努力打通内交易和场外交易市场,有步骤、有计划地允许可流通国债既可在银行间市场流通转让,又可在交易所市场上市交易,最终形成批发市场与零售市场相结合、场内市场与场外市场相互沟通的全国统一的国债市场;建立集中统一的国债托管清算体系;逐步引入国债衍生品种,增强市场流动性。国际经验表明,衍生品种的多少既是市场繁荣的标志,又是促进市场发展的重要"催化剂"。今后应在严格的风险管理和统一的托管系统的支持下,依次、逐步引入"开放式回购"、期货、期权等衍生品种。

### 课外阅读

**时隔18年国债期货重装登场**

在关闭国债期货18年后,2013年9月6日,国债期货"千呼万唤始出来",以全新的面貌出现在投资者面前。证监会主席肖钢表示,上市国债期货有利于建立市场化的定价基准,完善国债发行体制,推进利率市场化改革,引导资源优化配置;有利于风险管理工具的多样化,完善金融机构创新机制,增强其服务实体经济的能力。

值得注意的是,国债期货重启之时,恰逢中国转型进入"攻坚期"之际。中国金融改革的步履正在加快。2013年7月20日,央行全面放开金融机构贷款利率管制。一个半月后,首批国债期货合约上市交易。

专家认为,重新上市国债期货适应了当前金融改革深化的需求,而且由于市场环境比较成熟,监管机构和机制完善,制度比较健全,可以有效防范市场风险。国债规模从1995年的1000亿元到如今7万亿元存量,国债交易利率从行政化到市场化,机构内部管理和控制机制从缺失到日臻完善,交易系统前端控制机制从缺失到有效,国债期货所面临的市场环境和监管环境都发生了巨大变化。如今投资者适当性制度,券商与基金交易指引等制度安排相继出台,跨部委的国债期货协调机制也已建立起来。特别是保证金的限制、持仓限额的限制等措施更是把国债期货的风险防范工作做得更扎实了。这些措施将有效防范市场风险,确保国债期货的平稳上市和安全运行。

抵御国际"热钱"的冲击,也被认为是国债期货在防范外部金融风险方面的重要功能之一。国债期货上市将帮助金融市场各部分之间建立起日益密切的联动关系,通过更加市场化的操作手段有效防范国际游资的炒作和恶意投机,从而为中国提供保障金融安全的有效工具。

资料来源:中国经济网。

## 关键术语

国债　财政赤字　国债价格　国债市场　国债功能与作用

### 学以致用

1. 简述国债的特征。
2. 简述决定国债利率高低的因素。
3. 怎样认识国债的负担?
4. 试述国债的功能。

### 案例分析

#### 财政部公布 2017 年第三季度国债发行计划

据国家财政部网站消息,财政部办公厅 2017 年 6 月 21 日公开发布了 2017 年第三季度国债发行计划的通知。通知显示,此次国债分储蓄国债、记账式贴现国债、记账式附息国债三种,期限有 182 天至 30 年多种形式。

表 4.1~表 4.3 为 2017 年第三季度国债发行计划。

表 4.1　　　　　　　　2017 年第三季度储蓄国债发行计划

| 月份 | 品种 | 期限(年) | 发行起始日 | 付息方式 |
| --- | --- | --- | --- | --- |
| 7 月 | 电子式 | 3 | 7 月 10 日 | 按年付息 |
|  |  | 5 |  |  |
| 8 月 | 电子式 | 3 | 8 月 10 日 | 按年付息 |
|  |  | 5 |  |  |
| 9 月 | 凭证式 | 3 | 9 月 10 日 | 到期一次还本付息 |
|  |  | 5 |  |  |

表 4.2　　　　　　2017 年第三季度记账式贴现国债发行计划

| 月份 | 期限（天） | 招标日期 | 付息方式 |
| --- | --- | --- | --- |
| 7月 | 91 | 7月7日 | 到期一次还本付息 |
|  | 91 | 7月14日 | 到期一次还本付息 |
|  | 182 |  | 到期一次还本付息 |
|  | 91 | 7月21日 | 到期一次还本付息 |
|  | 91 | 7月28日 | 到期一次还本付息 |
| 8月 | 91 | 8月4日 | 到期一次还本付息 |
|  | 91 | 8月11日 | 到期一次还本付息 |
|  | 182 |  | 到期一次还本付息 |
|  | 91 | 8月18日 | 到期一次还本付息 |
|  | 91 | 8月25日 | 到期一次还本付息 |
| 9月 | 91 | 9月1日 | 到期一次还本付息 |
|  | 91 | 9月8日 | 到期一次还本付息 |
|  | 182 |  | 到期一次还本付息 |
|  | 91 | 9月15日 | 到期一次还本付息 |
|  | 91 | 9月22日 | 到期一次还本付息 |

表 4.3　　　　　　2017 年第三季度记账式附息国债发行计划

| 月份 | 期限（年） | 招标日期 | 新发/续发 | 付息方式 |
| --- | --- | --- | --- | --- |
| 7月 | 1 | 7月5日 | 续发 | 按年付息 |
|  | 10 |  | 续发 | 按半年付息 |
|  | 2 | 7月12日 | 续发 | 按年付息 |
|  | 5 |  | 新发 | 按年付息 |
|  | 7 | 7月19日 | 续发 | 按年付息 |
|  | 30 | 7月29日 | 新发 | 按半年付息 |
|  | 3 | 7月26日 | 新发 | 按年付息 |
| 8月 | 1 | 8月2日 | 新发 | 按年付息 |
|  | 10 |  | 新发 | 按半年付息 |
|  | 2 | 8月9日 | 续发 | 按年付息 |
|  | 5 |  | 续发 | 按年付息 |
|  | 7 | 8月16日 | 续发 | 按年付息 |
|  | 30 | 8月18日 | 续发 | 按半年付息 |
|  | 3 | 8月23日 | 续发 | 按年付息 |

续表

| 月份 | 期限（年） | 招标日期 | 新发/续发 | 付息方式 |
|---|---|---|---|---|
| 9月 | 1 | 9月6日 | 续发 | 按年付息 |
| | 10 | | 续发 | 按半年付息 |
| | 2 | 9月13日 | 新发 | 按年付息 |
| | 5 | | 续发 | 按年付息 |
| | 30 | 9月15日 | 续发 | 按半年付息 |
| | 5 | 9月18日 | 新发 | 按年付息 |
| | 3 | 9月20日 | 续发 | 按年付息 |
| | 7 | | 新发 | 按年付息 |

资料来源：财政部网页。

**讨论题：**

1. 国家为什么要发行国债？
2. 国债的种类有哪些？

# 任务 5　财政支出

【任务驱动】

财政支出与财政收入相对应，它们相互联系、相互制约，共同构成财政分配的完整体系。财政支出是财政分配活动的第二阶段，直接体现政府活动的范围及政府的政策取向。财政支出的安排是否科学、合理，财政资金的使用是否有效，直接关系到财政职能的实现，从而影响国家政治、经济和社会职能的实现。

通过本任务的学习，了解财政支出的分类，理解财政支出的概念、规模，掌握购买性支出和转移性支出的区别、财政支出效益评价方法。

## 先行案例

### 2017年全国财政支出首超20万亿元

2018年1月25日，财政部召开新闻发布会介绍2017年财政收支情况，去年财政运行总体平稳。据统计，2017年全国一般公共预算支出首次突破20万亿元。

重点支出得到有效保障

"2017年，各级财政部门按照有保有压、突出重点的原则，积极调整优化财政支出结构，大力压减一般性支出，重点支持推进供给侧结构性改革和兜牢基本民生底线，保障国家重大发展战略实施和重点领域改革，财政资金投向更加精准高效，全国一般公共预算支出首次突破20万亿元，各项重点支出得到较好保障。"财政部预算司副司长王克冰说。

王克冰介绍，2017年增加对地方转移支付规模，促进区域均衡协调发展。据统计，2017年，中央财政对地方税收返还和转移支付65218亿元，占中央财政支出的68.6%，比上年提高0.2个百分点，其中一般性转移支付35168亿元，占全部转移支付的61.6%，比上年提高1个百分点。

"同时，中央转移支付资金重点向经济发展落后和财政困难地区倾斜，增强了落后和困难地区保工资、保运转、保基本民生的能力。其中，老少边穷地区转移支付1843亿元，增长19.7%；县级基本财力保障机制奖补资金2239亿元，增长9.5%；资源能源型和东北地区阶段性财力补助300亿元，增长50%。"王克冰说。

此外，加大重点领域投入力度，推动经济高质量发展。全国一般公共预算中，科学技术支出7286亿元，增长11%，培育壮大经济发展新动能。工业企业结构调整专项奖补资金222亿元，支持钢铁、煤炭行业化解过剩产能。

尤为引人注目的是，全国节能环保支出5672亿元，增长19.8%，主要是支持打好大气、水、土壤污染防治三大战役，加大生态系统保护力度。

同时，强化民生领域经费保障，提高保障和改善民生水平。全国一般性公共预算支出中，扶贫支出3171亿元，增长38.7%。全国教育支出30259亿元，增长7.8%。全国社会保障和就业支出24812亿元，增长16%，支持按5.5%左右的幅度提高退休人员基本养老金标准，以及提高低保补助标准，解决特困人员救助供养问题。

2017年《政府工作报告》提出，各级政府要坚持过紧日子，挤出更多资金用于减税降费，坚守节用裕民的正道。在过去一年中，这项要求落实得怎么样？

王克冰介绍，2017年大力推动预算绩效管理，在做好重点支出保障的同时，中央财政带头大力调整和压减一般性支出，继续实行"三公"经费只减不增，压减会议费、公务接待费、涉企补助等支出，改变项目支出只增不减的固化格局，确保有限的财政资金用在刀刃上。

"同时，督促指导地方财政做好压减一般性支出等工作，避免铺张浪费和大手大脚花钱，提高资金使用效益。"王克冰说。

资料来源：经济日报－中国经济网。

# 5.1　财政支出概述

## 5.1.1　财政支出的含义

财政支出也称公共财政支出，是指在市场经济条件下，政府为提供公共产品和服务，满足社会共同需要而进行的财政资金的支付。财政支出是国家各级政府的一种经济行为，是国家对集中起来的财力进行再分配的活动，它要解决的是由国家支配的那部分社会财富的价值如何安排使用的问题。财政支出又是政府施政行为选择的反映，体现着政府政策的意图，代表着政府活动的方向和范围。具体地讲，财政支出是以国家为主体，以各级政府的授权为依据所进行的财政资金的分配活动，它集中反映了政府的职能范围以及所造成的耗费。

## 5.1.2　财政支出的规模

**1. 财政支出规模的衡量指标**

衡量财政活动规模，通常可以使用两个指标：财政收入占GDP的比重和财政支出占

GDP 的比重。因为通常的情况是财政支出大于财政收入，所以财政支出占 GDP 的比重高于财政收入占 GDP 的比重。一般认为，财政支出占 GDP 的比重更能真实反映财政活动的规模。

**2. 影响财政支出规模的因素**

（1）经济性因素。

经济性因素主要指经济发展的水平、经济体制的选择和政府的经济干预政策等。经济规模决定财政支出的规模，经济发展水平提高，相应的财政支出的规模增大。经济体制对财政支出规模的影响主要表现在：实行高度集中的经济管理体制，其财政支出的规模会较大；实行市场经济国家的财政支出规模较小。在实行自由的市场经济时期，强调政府不干预经济，政府职能缩小，财政支出规模较小；在实行国家干预的市场经济时期，政府在稳定经济的过程中起着重要的作用，财政支出的规模较大。

（2）政治性因素。

政治环境主要体现在两方面：政局稳定与否和政体结构的行政效率。当一国社会出现动荡时，财政支出规模增大；反之，稳定的社会财政支出规模会缩小。当一国的行政效率低下时，经费开支也会增大。

（3）社会性因素。

社会性因素主要包括人口的结构、文化背景的提高等。当一国社会人口规模增大，文化水平提高时，财政支出规模也会不断增大。

### 5.1.3 财政支出的种类

从不同角度，可将财政支出的内容进行合理的分类，以便准确反映和科学分析支出活动的性质、结构、规模以及支出的效益和产生的时间。分类方法有下列四种。

**1. 按国家职能分类**

财政支出反映了政府的职能范围，财政支出结构和政府职能存在着密切的对应关系。政府职能一般分为经济管理职能和社会管理职能，那么财政支出也可分为经济管理支出和社会管理支出。前者主要是经济建设费，后者主要包括社会文教支出、国防费用支出、行政管理支出和其他支出四类。

**2. 按财政支出的经济性质分类**

按财政支出的经济性质分类，即按照财政支出是否能直接得到等价的补偿进行分类，可以把财政支出分为购买性支出和转移性支出。

购买性支出又称消耗性支出，是指政府购买商品和劳务，包括购买进行日常政务活动所需要的或者进行政府投资所需要的各种物品和劳务的支出，即由社会消费性支出和财政投资支出组成。它是政府的市场性再分配活动，对社会生产和就业的直接影响较大，执行资源配置的能力较强。在市场上遵循等价交换的原则，因此购买性支出体现的财政活动对政府能形成较强的效益约束，对与购买性支出发生关系的微观经济主体同样能形成较强的预算约束。

转移性支出是指政府按照一定方式，将一部分财政资金无偿地、单方面转移给居民和其他受益者，主要由社会保障支出和财政补贴组成。它是政府的非市场性再分配活动，对收入分配的直接影响较大，执行收入分配的职能较强。

**3. 按最终用途分类**

按财政支出的最终用途分类，分为补偿性支出、积累性支出与消费性支出。补偿性支出主要是对在生产过程中固定资产的耗费部分进行弥补的支出，如挖潜改造资金。积累性支出指最终用于社会扩大再生产和增加社会储备的支出，如基本建设支出、工业交通部门基金支出、企业挖潜发行支出等，这部分支出是社会扩大再生产的保证。消费性支出指用于社会福利救济费等方面的支出，这部分支出对提高整个社会的物质文化生活水平起着重大的作用。

**4. 按财政支出产生效益的时间分类**

按财政支出产生效益的时间分类，可以分为经常性支出和资本性支出。

经常性支出是维持公共部门正常运转或保障人们基本生活所必需的支出，主要包括人员经费、公用经费和社会保障支出。特点是它的消耗会使社会直接受益或当期受益，直接构成了当期公共物品的成本，按照公平原则中当期公共物品受益与当期公共物品成本相对应的原则，经常性支出的弥补方式是税收。

资本性支出是用于购买或生产使用年限在一年以上的耐久品所需的支出，它们耗费的结果将形成供一年以上的长期使用的固定资产。它的补偿方式有两种：一是税收，二是国债。

### 5.1.4 财政支出的原则

**1. 量入为出的原则**

所谓量入为出原则，是指在合理组织财政收入的基础上，根据收入安排财政支出。其基本含义是指政府根据一定时期（通常为一年）的财政总量来安排财政支出，力争做到财政收支平衡，但也不是不允许出现赤字。由于在市场经济条件下，社会对于政府的公共需求是无限的，但政府办事所能支配的财政收入又是有限的，因此，公共财政支出必须遵循量入为出的原则。

**2. 公平原则**

社会财富分配时由于各种因素的作用，会形成过大的差异，导致贫富悬殊，这种现象在一定的范围内可为社会所接受，但超越一定的界限会造成社会成员无法克服的困难，并引起一系列社会问题，并危及社会的稳定与发展。

**3. 效益原则**

政府拥有社会资源的有限性，必须要求国家财政的一切支出，都应以获得最大的社会效益为出发点和落脚点。公共支出的效益原则就是要求每笔财政支出所获得的社会效益应当超过社会成本,也就是应当超过政府通过税收方式或其他方式取得财政收入而使社会付出的代价。

**4. 统筹兼顾原则**

统筹兼顾原则是指政府公共支出结构的安排,必须从全局出发,通盘规划,区分轻重缓急与主次先后,适当照顾各个方面的需要,妥善安排和分配财力,以保证政府各项职能的实现和国民经济的协调发展。

### 5.1.5 财政支出的效益分析

**1. 财政支出效益的特殊性**

财政支出的效益与微观经济主体支出的效益相比较,有许多特殊的地方,在评价财政支出效益时,应格外加以注意。

第一,计算效益的范围不同。效益是通过对"所费"与"所得"的对比分析计算出来的。对微观经济主体来说,如企业,它只计算发生在企业自身核算范围以内的、直接的、有形的所费与所得;但政府除了要计算直接的和有形的所费与所得,还要考虑长期的间接的和无形的所费与所得。

第二,衡量效益的标准不同。微观经济主体的支出在于追求自身经济效益的最大化,只要能获得利润,即所得大于所费,都是可以选择的目标。但财政支出更重要的是追求社会效益最大化,即使某项支出从其自身看可能出现亏损,但对整个社会能取得较大的社会效益,这项支出也是必要的。

第三,效益的表现形式不同。微观经济主体支出的效益其表现形式是单一的,只采取用货币计算的价值形式来表现就可以满足决策的需要了。而财政支出的效益,其表现形式是多样的,除了可以用价值形式表现出来以外,还可以用其他形式表现出来。如对社会管理、国家安全保卫、科教文卫支出,其效益还要通过政治的、社会的、文化的等多种形式表现出来。只有这样,才能满足财政支出决策的需要。当然,这个特殊性是由以上两个特殊性派生出来的。

**2. 评价财政支出效益的方法**

由于财政支出的内容十分复杂,而且在支出性质上存在较大的差别,因此采用的评价方法也不完全相同。当前,较为流行的几种方法是:"成本—效益"分析法、最低费用选择法、"公共劳务"收费法。

(1)"成本—效益"分析法。

"成本—效益"分析是西方发达国家于20世纪40年代,把私人企业中进行投资决策的财务分析法运用到财政分配领域,成为政府进行财政支出决策,从而有效地使用财政资金的重要方法。

"成本—效益"分析的基本原理是:根据国家所确定的建设目标,提出实现该目标的各种方案,对这些可供选择的方案,用一定的方法计算出各方案的全部预期成本和全部预期效益，通过计算成本—效益的比率，来比较不同项目或方案的效益，确定优先采用的次序。这种方法，特别适用于财政支出中，有关投资性支出项目的分析。

（2）最低费用选择法。

最低费用选择法，是指对每个备选的财政支出方案进行经济分析时，只计算备选方案的有形成本，而不用货币计算备选方案支出的社会效益，并以成本最低为择优的标准。换言之，就是选择那些使用最少的费用就可以达到财政支出目的的方案。该方法主要适用于军事、政治、文化、卫生等支出项目。

最低费用选择法的操作步骤与"成本—效益"分析法大体相同，由于不计算支出的无形成本与效益，故运用起来比"成本—效益"分析法简单一些。但是需要指出，许多财政支出项目都含有政治因素、社会因素等，如果只是以费用高低来决定方案的取舍，而不考虑其他因素也是不妥当的。这就需要在综合分析、全面比较的基础上，进行择优选择。

（3）"公共劳务"收费法。

所谓"公共劳务"，是指政府为行使其职能而进行的各种工作，包括国防建设、行政工作、道路的建设与维护、城市供水与排水工作、住宅供应与公园的建设与维护等。国家向社会提供这些"公共劳务"，供社会成员所享用。在一个经济社会中，同样也要求最有效、最节约地使用，也就是要提高财政对这些方面支出的效益。为此，人们把商品经济中的价格机制引申到对"公共劳务"的提供与使用中，以借助价格、收费的作用来提高财政支出的效益。"公共劳务"收费法，就是通过制定和调整"公共劳务"的价格或收费标准，来改进"公共劳务"的使用状况，使之达到提高财政支出效益的目的。

"公共劳务"收费法和"成本—效益"分析法以及最低费用选择法的区别在于：它是通过制定合理的价格与收费标准，来达到对"公共劳务"有效地节约使用，而不是对财政支出备选方案的选择。

在上述三种较为流行的方法中，"成本—效益"分析法更为广泛地被发达国家所采用。有的国家还把"成本—效益"分析法，作为评价政府公共工程支出效果的基本方法，并通过法律把它确定下来。

## 5.2 购买性支出

购买性支出是政府购买商品和劳务的支出，包括购买进行日常政务活动所需要的支出和进行国家投资所需要的商品和劳务的支出。政府购买性支出包括政府投资性支出和政府的公共消费支出两大类，前者包括政府各部门的拨款，如对农业、基础设施的拨款等，后者包括政府各部门的事业费，如行政管理费、文教科卫支出等。

### 5.2.1 政府公共消费支出

**1. 行政管理支出**

行政管理支出是财政用于国家各级权力机关、行政管理机关、政法机关以及外交机构行使其职能所发生的费用开支。行政管理支出反映着国家性质和一定时期政治经济任务的主要方向,决定于国家政权结构及其范围。

**2. 国防支出**

国防是纯粹公共产品,也是一种经典的公共产品。国防服务是国家为所有人提供非竞争性的收益,而不考虑他们是否付钱,由于国防由私人市场供给存在严重的失灵,其供应方式只能采取政府预算供应,但其生产方式可采用公共生产和私人生产相结合的方式。国防支出在防御外敌侵犯、保卫国家安全等方面起到了不可替代的作用,所以要合理安排国防支出的规模。国防支出的增长及其占财政支出的比重变化的特点是波动较大,没有一以贯之的增长变化趋势。

**3. 文教科卫支出**

文教科卫支出是指国家用于科教文卫等事业单位的经费支出。文化、教育、科学和卫生事业的发展在现代经济发展中发挥着越来越大的决定作用,已成为现代经济发展的重要推动力和保障。各国政府无不投入大量的资金,而且支出规模越来越大。

### 5.2.2 政府投资性支出

政府投资性支出也称财政投资或公共投资,是指政府为了满足公共需要,将其从社会产品或国民收入中筹集起来的财政资金用于国民经济各部门的一种集中性、政策性投资,与私人投资相对应。

**1. 政府投资性支出的特点**

(1) 政府投资可以微利或不盈利,但能极大提高国民经济的整体效益。

由于政府处于宏观调控主体的地位,它可以从社会效益和社会成本的角度来评价和安排自己的投资。可以从事社会效益好而经济效益一般的投资,可以将自己的投资集中于那些"外部效应"较大的公共设施、能源、交通、农业、通信以及治理污染等有关国计民生的产业和领域。所以说,政府投资可以微利或不盈利,但是一定有较高的社会效益。

(2) 政府投资的资金来源可靠,多投向大型项目和长期项目。

公共投资资金主要来源于预算资金或利用政府的身份融资。政府财力雄厚,而且资金来源多半是无偿的,所以可以投资于大型项目和长期项目。

(3) 政府投资是调控经济运行的重要手段。

政府投资的侧重点要考虑到国家政策的需要,这样可以保证国民经济健康、协调、稳定的发展。

**2. 政府投资的范围**

（1）公益性项目。

公益性项目是指那些主要为社会发展服务、难以产生直接回报的非营利和具有社会效益性，属于公共产品的建设项目，主要包括公、检、法、司等政权机构，科教文卫方面，国防方面，社会保障，社会福利等方面的投资。

（2）基础性项目。

基础性项目是指那些建设期长、投资量大、经济收益较低的基础设施和基础产业项目，包括水利、能源、交通运输等基础设施和农、林、重要原材料等基础产业。

（3）扶持高新技术产业。

通过政府直接投资（如投资建设国家级实验室和工业实验室）的方式投资于高新技术项目，并通过投资补助、贷款贴息等方式引导企业和个人投资。

## 5.3 转移性支出

转移性支出是指政府按照一定方式，把一部分财政资金无偿地、单方面转移给居民和其他受益者的支出，主要有补助支出、捐赠支出和债务利息支出，它体现的是政府的非市场型再分配活动。在财政支出总额中，转移性支出所占的比重越大，财政活动对收入分配的直接影响就越大。转移性支出主要有社会保障支出和财政补贴构成。

与购买性支出相比，转移性支出的重点在于体现社会公平，对市场经济运行的影响则是间接的。在经济发达地区，市场发育程度高，社会基础设施比较完善，政府一般不直接参与经济活动，财政分配政策重点倾向于体现社会公平，因而转移支付支出比重较大。

### 5.3.1 社会保障支出

所谓"社会保障"，是指政府向丧失劳动能力、失去就业机会，收入未能达到应有的水平，以及由于其他原因而面临困难的公民，给予货币或实物形式的帮助，以保障社会成员能维持最基本的生活水平的活动。社会保障是社会发展的客观需要，是社会发展不可或缺的组成部分，也是社会发展的"安全网"和"稳定器"。在市场经济下，社会保障尤其重要。我国的社会保障制度主要包括以下几个方面内容。

**1. 社会保险**

所谓"社会保险"，是指国家通过立法手段，运用社会力量对劳动者暂时或永久丧失劳动能力，或虽有劳动能力，但因失业而丧失收入来源时给予一定的物质帮助，以维持其基本生活的一种社会保障制度。社会保险基金的收入，主要是通过对企业和私人征收的社会保险税或社会保险费来筹集。社会保险不同于商业保险，两者的区别主要有以下几个方面。

第一，社会保险的保险基金除了来自受保人或其就业单位交纳的保费以外，政府还可以给予一定的资助（例如，在我国，当养老社会保险计划出现入不敷出时，国家财政要用一般财政收入弥补社会保险的赤字）；而商业保险则完全依靠收取保费筹集保险基金。

第二，社会保险的受保人领取保险金的权利与交纳保险费的义务在数量上有一定的对应关系，但这种对应并不像商业保险那样要遵从对等的原则。

第三，社会保险是强制保险，由国家根据立法采取强制行政手段加以实施；而商业保险则一般为自愿保险。社会保险的项目在不同国家由于生产力发展水平和财力的限制而不尽相同。在我国，社会保险的主要项目有：养老保险、医疗保险、失业保险、生育保险和工伤保险。

**2. 社会救济**

它是指政府对收入在贫困线以下的公民，以及因自然灾害遭受损失或发生其他不幸事故，而暂时生活处于困难中的公民提供的货币或实物帮助。社会救济是一种公民应享受的基本权利，也是国家和社会必须认真履行的最起码的社会保障职责，其目标是克服贫困。从性质上来讲，社会救济又包括济贫与救灾两种，其财力主要依靠财政拨款，同时鼓励社会捐款和公民互助。社会救济作为社会保障的一种类型，主要具有两个特点：第一，资金全部由政府从一般财政收入中筹集，受保人不需缴纳任何费用。第二，受保人享受保障待遇需要接受一定形式的经济状况调查，国家向符合救济条件的个人或家庭提供资助。

我国的社会救济由政府部门进行管理，内容主要包括以下几个方面。

（1）城乡困难户救济。

这是指向城镇居民中无生活来源的孤、老、残、幼和收入不能维持基本生活的贫困户，以及农村中主要劳动力病残或死亡的家庭，提供定期或临时性补助。

（2）农村"五保户"救济。

这是指对农村中一部分"五保户"（即享受保吃、保穿、保住、保医、保葬的孤寡老人、残疾人）的分散供养提供定期定量资助。

（3）灾民救济。

这是向遭受严重自然灾害而遇到生活困难的城乡居民提供必要的资助。

**3. 社会福利**

对于"社会福利"概念及其内涵与外延，各界还未形成统一的认识，因而对"社会福利"概念的界定有三个不同层次的认识：一是广义上的社会福利。它指的是为全体社会成员提供生活所必需的各种设施、服务和环境，给予各种社会津贴以及采取各种保护性福利措施的这类活动与制度。二是中义上的社会福利，它包括除社会保险以外的所有社会保障活动。因此，中义上的社会福利将社会优抚、社会救助都涵盖在内。三是狭义上的社会福利，它指的是为社会中特别需要关怀的弱者群体（老人、儿童、残疾人等）提供必要的财力或物质援助，以提高他们的生活水平和自立能力。

**4. 社会优抚**

它是指对对国家和社会有功劳的特殊社会群体给予补助和褒奖的一种制度，主要包括牺牲病故抚恤、定期定量生活补助、残废抚恤、残废人员免费医疗、烈士军属疾病减免待遇等。其财力来源主要是政府预算拨款。

 知识窗

### 最低生活保障制度

最低生活保障制度是指国家对家庭人均收入低于当地政府公告的最低生活标准的人口给予一定现金资助，以保证该家庭成员基本生活所需的社会保障制度。主要特点如下。

（1）是保证基本生活的生活费用补贴。

（2）是为贫困人口提供的一种救济。

（3）具有临时性。原先享受最低生活保障的人口或家庭，如果收入有所增加，超过了规定的救济标准，则不再享受最低生活保障救济。

最低生活保障是我国的一种传统做法，但过去的含义与今日大有不同。在过去，救济对象被分成不同类型，实行差别待遇。20 世纪 80 年代以来，不少地方纷纷探索救济方式的改革。1993 年上海市在全国率先建立最低生活保障制度，至 1996 年在全国范围内展开。1999 年 9 月，《城市居民生活最低保障条例》经国务院审定并于同年 10 月 1 日在全国施行，意味着城市居民最低生活保障制度在全国范围内全面推行，也是我国社会救助工作发展的一个重要标志。

最低生活保障的确定方法。

（1）生活需求法。根据当地维持最低生活所需的物品和服务列出清单，根据市场价计算需多少现金，此金额即为最低生活保障金额。

（2）国际贫困标准法。经济合作和发展组织提出，以一个国家或地区社会中，收入或平均收入的 50%～60% 作为贫困线。

（3）生活形态法。从人们的生活方式和消费行为等生活形态入手，提出一系列有关贫困家庭生活形态的问题，选出若干剥夺指标，即被舍弃的方式行为，根据这些剥夺指标及被调查者的实际情况确定哪些人属于贫困者，再分析他们被剥夺的需求及消费收入，得出最低生活保障金额。

（4）恩格尔系数法。家庭食品消费的绝对支出/恩格尔系数得出所需消费支出，得出最低生活保障金额。

资料来源：百度百科。

### 5.3.2 财政补贴

财政补贴是政府为了某种特定的政策目标，向家庭、企业或私人提供的补助和津贴。它为世界各国政府所普遍重视，成为各国政府管理与调节社会经济的重要工具。它是政府将从纳税人手中取得的一部分收入无偿转移给企业或居民支配使用，是政府财政进行收入

再分配的一种形式。政府通过财政补贴可以调节供求关系，稳定市场价格，促进特定产业的发展，维护企业和消费者的自身利益，从而影响全社会资源配置结构及社会经济的整体发展。

**1. 价格补贴**

价格补贴主要包括国家为安定城乡人民的生活，由财政向企业或居民支付的、与人民生活必需品和农业生产资料的市场价格政策有关的补贴。价格补贴按产品的类别划分，具体包括以下几个项目：农副产品价格补贴、农业生产资料价格补贴、日用工业品价格补贴、工矿产品价格补贴。价格补贴是财政补贴的重要组成部分。

**2. 企业亏损补贴**

企业亏损补贴又称国有企业计划亏损补贴，主要是指国家为了使国有企业能按照国家计划生产、经营某些社会需要，但由于客观原因使生产经营出现亏损的产品，而向这些企业拨付的财政补贴。导致企业计划性亏损的原因，主要是产品计划价格水平偏低，不足以抵补产品的生产成本。此外，企业的技术设备落后、供销条件不利等也是造成企业计划亏损的重要因素。

**3. 财政贴息**

财政贴息是指财政对使用某些规定用途的银行贷款的企业，就其支付的贷款利息提供的补贴。它是一种比较隐蔽的财政补贴，其实质是财政代替企业向银行支付利息，是国家财政支持有关企业或项目的发展，帮助其承担市场风险的一种形式。财政贴息主要用于以下用途的贷款：促进企业联合，发展优质名牌产品；支持沿海城市和重点城市引进先进技术和设备；发展节能机电产品等。在具体做法上，财政贴息有半补贴和全补贴两种。

**4. 税式支出**

税式支出又称"税收支出"，是指根据税收制度的各种优惠规定，对于某些纳税人或课税对象给予的减税免税。它也是一种比较隐蔽的财政补贴。税式支出减少了政府财政收入，实质上是以冲减税收收入的方式发生的一笔财政支出。

财政补贴总是直接或间接与价格变动有关，不是财政补贴引起价格变动，就是价格变动导致财政补贴，因此，财政补贴会影响资源配置、需求和供给。

财政补贴具有弥补市场失效，提高资源配置效率的正效应。在市场经济条件下，资源配置是通过市场来进行的。更确切地说是通过市场价格来引导资源配置的。在市场失效的领域，价格不能有效地引导资源配置达到帕累托最优。财政补贴作为政府可控的一个政策工具，其很重要的一个功能，就是校正不合理的价格，实现资源的有效配置。

财政补贴也具有负效应。它主要表现为财政补贴改变了市场的真实比价，从而降低了资源配置的效率。在市场失效的领域，通过财政补贴，可以对不合理的价格进行校正，从而提高资源的配置效率。但在市场有效的领域，如使用财政补贴，无异于画蛇添足，会改变市场的真实比价，进而降低资源配置效率。正如征税会产生税收的超额负担一样，财政补贴也会产生补贴的超额负担——政府的补贴支出超过补贴受益人实际得到的部分。

## 课外阅读

### 兜牢底线　天津着力提升民生保障力度

1月19日，"津云"新闻记者从2018年天津市民政工作会议上获悉，2017年，天津市民政部门坚持兜牢底线，民生保障力度得到新加强。

2017年，天津市进一步提高了社会救助标准，城乡低保标准分别由每人每月780元、700元统一提高到860元，实现了低保、低收入、困难残疾人等群体保障标准城乡一体和留守儿童、困境儿童、流浪乞讨人员等群体救助帮扶和"救急难"全覆盖。建立了特困人员照料护理补贴制度，扩大了分类救助病种范围，提高了重病人员家庭收入抵扣标准和居家养老服务（护理）补贴标准，全面实施了社会救助家庭经济状况信息化核对。

同时，天津实施了农村留守儿童关爱保护专项行动，指导涉农区建立了区、乡镇（街道）、村（居）委会三级工作网络，为每名儿童建档立卡，探索开展农村留守儿童专业心理辅导。为全市707名孤儿申报了12种重大疾病公益保险。

此外，制定了救助管理工作突发事件预警与应急处置预案，开展"寒冬送温暖""夏季送清凉"专项救助活动，全年发放救助联系卡8766张，救助生活无着流动人员2627人次。

天津市民政局局长吴松林介绍，2018年，天津民政局将着力实施四大提升工程，其中首要的就是兜底保障提升工程。今年，在持续提高社会救助和残疾人"两项补贴"等保障标准的基础上，将大幅提高农村困难群众年终一次性补贴标准，进一步缩小城乡差距；完善因病支出型困难家庭救助政策，提高救助标准，扩大救助覆盖面；建立政府购买服务加强基层社会救助经办服务能力机制，引导慈善组织和爱心力量参与"救急难"工作；深化农村留守儿童关爱保护、困境儿童保障和流浪乞讨人员救助管理机制建设，研究制定儿童集中供养机构孤儿成年后安置办法；以及大力开展慈善宣传等，进一步提升民生保障力度。

资料来源：北方网。

## 关键术语

财政支出　购买支出　转移支出　社会保障

## 学以致用

1. 影响财政支出的规模有哪些？

2. 财政支出按照政府部门职能分类可分为哪几类?
3. 财政支出效益的评价方法有哪些?
4. 社会保险和商业保险相比有哪些区别?
5. 财政补贴包括哪些?

## 案例分析

### 个税递延型养老保险破题在即　商业养老险迎发展机遇

继监管层透露个税递延型养老保险具体实施办法正在走流程后,上海市政府最新发布的一份文件也明确表示,按照国家部署,尽快启动个税递延型商业养老保险试点,制定上海试点方案和实施细则。

这意味着市场期待已久的个税递延养老险有望于今年落地。多家保险机构也纷纷表示,已做好相关配套准备,包括产品设计、信息平台搭建等,只待"发令枪"鸣响。业内普遍认为,在个人税延养老保险的推动下,我国个人商业养老保险大有可为,长期来看,个人商业养老保险保费收入增长空间巨大。

多家险企已做好准备

目前我国养老金体系主要包括第一支柱基本养老保险、第二支柱企业养老保险和第三支柱个人商业养老保险。当前的现状是第一支柱为主的基本养老保障体系覆盖率较低、可持续压力巨大,而第二支柱的企业和职业养老金发展较为缓慢,第三支柱规模较小亟待发展。因此,个税递延型养老保险,具有重要的现实需求性和保障紧迫性。

个税递延型养老保险,是指投保人在税前列支保费,在领取保险金时再根据当期税率缴纳税款。由于边际税率不同,对于投保人有一定的税收优惠,从而可以有效撬动个人购买商业养老保险的积极性。

太平洋保险健康养老事业中心总经理助理夏明艳表示,"在税收的当期,在我们年轻的时期,相对我们的税赋是比较高一些的。当我们进入老年后,我们的税赋会相应低一些,通过这样的税收递延,可以使百姓有更大的意愿去做个人养老金的储备计划。"

个税递延养老险究竟能够优惠多少税收?举个例子,假设45周岁开始缴纳,如果累进税率为20%,月缴保费是1000元,那每月节税200元,按年化5%的市场收益率水平,到60岁开始领取养老金,一共可节税52964.92元。

据悉,对于个税递延养老险的政策研究在我国已经历时十余年,2018年终于有望开闸。而作为国际金融中心,市场一直将上海视为个税递延养老险的首批试点城市。

上海此次发布的文件也明确表示,开展个人税收递延型商业养老保险试点。优化涉税申报流程,实现保险行业与税务部门的信息直接交互,为投保和个税申报提供便利。督促各参与试点的商业保险机构加强队伍建设,优化业务流程,为消费者提供优质便捷的服务。加强公众宣传，推动企业和个人积极投保个人税收递延型商业养老保险。稳步提升个人税收递延型商业养老保险的覆盖面，探索可复制的先进经验。

据了解，多家保险公司已为该业务开展做好准备。夏明艳告诉记者："从2007年上海市政府启动个税递延养老险课题以来，这10余年来，太保一直在关注这一话题，从我们内部的基础工作来讲，产品信息和销售团队等都已准备就绪。"

短期将带来千亿级别增量资金

根据《中国养老金融发展报告（2017）》调查显示，将近八成的调查对象表示愿意参加个税递延型商业养老保险，中高收入群体参与意愿较高。九成以上调查对象愿意为个税递延型养老保险缴费额度在每月1000元以下。

民生证券分析师周晓萍指出，假设政策在全国范围全面展开，个人工资收入税前列支1000元用于缴纳个人商业养老保险，个税缴纳人数为3000万人。在乐观、中性、悲观情景下，参与人数为60%、50%、40%，每年带来的新增保费规模有望达到2160亿元、1800亿元和1440亿元。

华泰证券研究员沈娟也指出，结合海外经验与国内的税收优惠政策推进，个税递延养老险短期预计带来1260亿元增量资金，中长期有望打开万亿增量市场。

如此大的增量保费规模，对我国养老保障体系的发展，乃至我国资本市场的发展都具有积极意义。长江养老保险党委书记、总经理苏罡认为，个人税延商业养老保险有助于扩大长期资金来源，服务实体经济与资本市场发展。可以将目前分散在老百姓手中的短期资金集聚形成长期资金，改变资本市场以散户为主的投资者结构，为资本市场提供压舱石，为实体经济发展提供长期稳定资金。

税优激发商业养老保险新活力

从国际经验来看，商业运作和税延模式下商业养老保险产品，能够有效解决第三支柱发展难题，加快补充社会养老保险资金，完善我国社会保障体系。

苏罡表示，个人税延商业养老保险产品试点启动后，一是真正构建起第三支柱个人养老金的政策框架，实现对于目前碎片化的个人养老资金管理需求的统一管理，真正做到个人养老金资产的长期投资、安全投资，推动个人养老保障市场的健康良性发展；二是通过合理的税延政策，引导个人主动购买个人养老保险产品，有利于强化个人的养老责任，推动构建更加均衡的国家、雇主、个人责任共担的养老保障体系。

瑞士再保险公司2017年发布的报告显示，2016年我国个人商业化养老保险仅占总体养老保险的2%，而全球平均水平为5%。与发达国家横向相比，我国商业养老保险发展仍较为滞后。

"伴随人口老龄化的加剧，政策红利持续释放，商业养老保险有望迎来发展大机遇。"沈娟表示。

周晓萍也认为，个税递延型养老保险可降低个人的税务负担，并鼓励个人参与商业养老保险。推动和发展我国个税递延型养老保险，有望极大改善第三支柱的发展状态。随着个税递延型商业养老保险政策的推进，未来商业养老保险市场将迎来重大发展机遇，我国养老保障体系建设将会进入新的发展阶段。

记者　王淑娟　上海报道（责任编辑：何欣）

资料来源：经济参考报。

**讨论题：**

个税递延型养老保险在我国养老保障体系建设中起到什么样的作用？在实施过程中可能遇到哪些困难？

# 任务6 国家预算

**【任务驱动】**

预算是一种财政政策工具。预算是一国政府编制的每一财政年度内财政收入与财政支出的安排和使用计划,它是国家的基本财政计划。中央预算是主要通过年度预算的预先制定和在执行过程中的受制平衡变动,实现其调节国民经济的功能。预算政策工具主要在于提高充分就业水平、稳定价格、促进经济增长以及约束政府的不必要开支。

通过本任务的学习,了解预算外资金的特点及管理,理解国家预算的概念、组成、原则,掌握分税制预算管理体制,复式预算的概念和特点。

### 先行案例

**预算草案提2018年中国财政工作六大原则 继续减税降费居首**

中新社北京3月5日电(记者李晓喻) 5日,提请十三届全国人大一次会议审查的2018年中央和地方预算草案提出今年预算编制和财政工作的六大原则,其中继续实施减税降费居首。

草案明确,要立足于中国经济已转向高质量发展阶段这一基本特征,着重把握好以下原则:

一是继续实施减税降费。坚持把发展经济的着力点放在实体经济上,结合完善税制,适时出台新的减税降费措施,大力降低实体经济成本。

二是调整优化支出结构。提高财政支出的公共性和普惠性,严控一般性支出,确保对供给侧结构性改革、脱贫攻坚、生态环保、教育、国防等领域和重点项目的支持力度。

三是深化财税体制改革。按照加快建立现代财政制度的要求,推进中央与地方财政事权和支出责任划分改革,提高预算约束力和透明度,完善税收制度,提升财政资源配置效率。

四是促进区域协调发展。积极支持实施区域协调发展战略,发挥转移支付促进区域协调发展的作用,加快缩小地区间基本公共服务水平差距,增强困难地区和基层政府保工资、保运转、保基本民生的能力。

五是全面实施绩效管理。预算安排与绩效管理相结合,将有限的财政资金用在"刀刃"上,以绩效为导向,严格支出管理,进一步提高资金使用效益。

六是增强财政可持续性。合理安排收支预算和适当降低赤字率,为今后宏观调控拓展政策空间。坚决制止地方政府违法违规举债行为。做好民生工作,坚持尽力而为、量力而行。

资料来源:中国新闻网。

## 6.1 国家预算概述

### 6.1.1 国家预算的概念

国家预算是国家财政的收支计划。它作为一种管理工具,是任何国家政府进行财政管理所必需的,国家预算是以收支一览表形式表现的,具有法律地位的文件。财政收入反映国家支配的财力规模和来源;财政支出反映国家财力分配使用的方向和构成,从根本上决定着国家活动的范围和方向;财政收支的对比反映国家财力的平衡状况。这样,通过编制国家预算就可以有计划地组织收入和合理地安排支出,贯彻执行国家的方针政策,保证各项任务的实现。

国家预算又是国家的基本财政计划,这是从国家预算同综合财政计划以至整个国民经济计划的关系来说的。为了综合反映整个国家的财力及其活动情况,应该编制综合财政计划。综合财政计划是国民经济和社会发展计划在资金方面的综合反映,是其重要组成部分或其财力平衡表。通过编制综合财政计划可以审查与保证国民经济和社会发展中各项资金之间的平衡,资金同物资、劳动力之间的协调,从而促进国民经济持续、快速、健康发展。综合财政计划包括国家预算收支、预算外收支、银行信贷收支、现金收支、企业部门财务收支、外汇收支等计划。在综合财政计划中,国家预算处于主导地位。这是由于国民收入的相当大部分是通过国家预算集中进行分配的,而且国家预算对其他收支计划有着重大影响和制约作用,是综合财政计划的中心环节。因此,从国民经济管理角度来说,国家预算是国家的基本财政计划。

### 6.1.2 国家预算的原则

国家预算的原则是指国家确定预算形式和编制预算的指导思想与准则。国家预算原则是伴随着国家预算制度的产生、发展的。影响较大并为大多数国家所接受的主要有以下原则。

**1. 公开性原则**

公开性原则是指全部预算的形成和执行都是透明的,必须经过人代会(议会)审查批准,并向社会公布,使之置于人民监督之下。政府虽然是预算编制和执行主体,但本质上是公众的"受托人"。

**2. 完整性原则**

完整性原则是指国家预算应包括它的全部财政收支,不准少列收支、造假账、预算外另列预算。国家允许的预算外收支,也应在预算中有所反映。预算的完整性是建立规范化、法制化预算的前提条件。只有完整的政府预算才能保证政府控制、调解各类财政性资金的流向。

**3. 统一性原则**

这是指国家预算是由中央级预算和地方总预算组成的。各级政府的财政收支都要列入各级预算中,下级预算都要包括在上级预算中,各级预算都要统一在国家预算中。各级政府编制统一的预算,其中包含的预算收入、支出要按统一科目、统一口径和统一程序加以预算和全额编制。

**4. 可靠性原则**

这是指预算收支数字的依据必须可靠、计算正确、不能假定,更不能任意编造。政府预算数字的准确、真实、可靠,对于保证政府决策的正确性、社会经济发展的良性循环有重要意义。

**5. 年度性原则**

这是指国家预算必须按年度编制,要列清全年的财政收支,不允许将不属于本年度财政收支的内容列入本年度的国家预算之中。预算年度,亦称财政年度,即国家预算收支起止的有效期限,通常为一年。世界上许多国家的预算年度采用公历年制,即从公历1月1日起至12月31日止,这些国家有中国、法国、德国、西班牙等。有些国家采取跨年制,如英国、日本等国家的预算年度从当年的4月1日起至次年3月31日止;美国、泰国等国的预算年度从当年的10月1日起至次年9月30日止。

**6. 法律性原则**

这是指编制的国家预算一旦经过国家最高权力机关批准之后,就具有法律效力,必须贯彻执行。

应当指出,上述预算原则是属于一般性的原则,不是绝对的,具体到一个国家,又有其特殊性。例如,我国还强调预算应当根据国民经济和社会发展计划进行编制,应当符合国家的法律、法规和方针、政策,应当做到收支平衡,等等。一个国家的预算原则通常都体现在国家《预算法》中。

国家《预算法》是国家预算管理的法律规范,是组织和管理国家预算的法律依据。我国为使国家预算的组织和管理走向规范化,加强预算管理的民主和法制建设,于1994年3月22日经第八届全国人民代表大会第二次会议通过《中华人民共和国预算法》(以下简称《预算法》),自1995年1月1日起施行。此后,历经四次审议,第十二届全国人民代表大会常务委员会第十次会议在2014年8月31日表决通过了《全国人大常委会关于修改〈预算法〉的决定》,并决议于2015年1月1日起施行。这是一部综合性的《预算法》,共设

11 章 101 条，包括总则、预算管理职权、预算收支范围、预算编制、预算审查和批准、预算执行、预算调整、决算、监督、法律责任、附则等内容。

### 6.1.3 国家预算的类别

**1. 单式预算和复式预算**

以国家预算形式差别为依据，可将国家预算分为单式预算和复式预算。单式预算是指国家财政收支计划通过统一的一个计划表格来反映；复式预算是把预算年度内的全部财政收支，按收入来源和支出性质不同，分别编成两个或两个以上的预算，通常包括经常预算和资本预算。

复式预算是单式预算的对称。单式预算是传统的预算编制形式，它是在预算年度内，将全部财政收支统一编在一个总预算内，而不再按各类财政收支的性质分别编制预算。复式预算是在预算年度内将全部财政收支按经济性质分别编成两个或两个以上的预算，通常分为经费预算和资本预算。其中，经费预算又称经常性预算或普通预算，它是政府编制的满足国家经常性开支需要的预算，其支出是用于文教和行政、国防等方面，其收入主要是税收。资本预算又称建设性预算或投资预算，它是综合反映建设资金的来源与运用的预算，其支出主要用于经济建设，其收入主要是债务收入。

复式预算与单式预算比较，具有不同的特点和作用。从对财政活动的反映程度看，单式预算具有全面性和综合性，可以较为明确地反映财政活动的总体情况，更符合统一性和完整性的预算原则；缺点是没有按财政收支的经济性质分别编列和平衡，看不出各项收支之间的对应平衡关系，特别是不能反映经济建设工程效益的具体情况，不利于进行宏观调节与控制；复式预算正好相反，虽然总体功能较弱，但对收支结构和经济建设工程状况的反映则较为明确，可以根据财政收入的不同性质，分别进行分析与管理，有利于国家职能的分离，有利于提高财政支出的经济效益，有利于实行宏观决策和管理；从操作过程来看，单式预算简洁、清楚、全面，编制和审批也比较容易；复式预算科学、严谨，便于政府对财政活动进行分析，有利于对收支的控制。

**2. 增量预算和零基预算**

以国家预算内容差别为依据，可将国家预算分为增量预算和零基预算。

增量预算（基数法预算）是指财政收支计划指标在以前财政年度的基础上，按新的财政年度的经济发展情况加以调整之后确定；零基预算是指所有的财政收支完全不考虑以前的水平，重新以零为起点而编制的预算。

**3. 总预算、部门预算和单位预算**

以国家预算的预算单位差别为依据，可将国家预算分为总预算、部门预算和单位预算。

总预算是由汇总的本级政府预算和汇总的下一级总预算汇编而成；部门预算是政府各部门按照财政部的统一规定和标准表格，编制反映本部门所有收入和支出情况的预算；单位预算是指实行预算管理的国家机关、社会团体和其他单位，在预算年度内的收入和支出计划。

 知识窗

### 复式预算是政府调控经济的重要工具

复式预算制度是为了适应现代政府职能扩大以及政府宏观调控经济的需要而形成的。政府为促进经济的增长和稳定，必须对经济实施有效的宏观调控，因此迫切需要更加有效、适用的预算方法，复式预算就是适应这一要求而产生的，其具体形式是将一个预算年度内全部的财政收入与支出按经济性质汇集编入两个或两个以上的预算，典型的复式预算结构是把国家预算结构分成经常预算和资本预算两部分。

我国在建立社会主义经济体制的进程中把复式预算制度作为建立健全宏观经济调控体系的一个重要工具，目前我国复式制度包括政府公共预算和国有资产经营预算，作为政府调节经济的重要工具，其优点主要体现在以下几个方面。

第一，政府预算收支项目按经济性质划分，并在不同表达式中反映各自的平衡，提高了国家财政资金分配的清晰度，有利于政府加强宏观分析和控制，也有利于人大和社会公众了解、监督政府资金的运用。

第二，中央政府公共预算由于有经常性收入保证而具有真正的平衡性，国有资产经营预算具有伸缩性，这样既保证了中央政府基本行为收支平衡，又使预算不再受传统狭义平衡原则限制，而成为灵活调控经济的杠杆，促进经济的繁荣。同时，对地方政府则要求两种预算都要平衡，从而使复式预算成为中央对地方进行宏观调控的有力工具。

第三，复式预算使国家扩大投资的资金来源于国家信用即发行国债筹集资金，用于基础设施投资。这已成为我国积极财政政策的重要组成部分，我国为增加社会有效需求，采用了增加政府支出包括公共工程支出和资本性投资政策措施并以增发国债作为主要资金来源。

第四，复式预算便于明确支出性质，有利于限制非生产性的消耗支出，根据国情将有限的资金用于效益最好的项目，成为有效配置政府财力资源工具。

资料来源：龚红，黄志宇. 论进一步完善我国的预算管理制度. 钦州师范高等专科学校学报，2002（6）.

### 6.1.4 国家预算的管理与程序

**1. 预算编制**

编制国家预算是一项复杂细致的工作，并且具有重要的政治经济意义。因此，在正式编制国家预算之前，需要做好一系列准备工作。准备工作主要包括：对本年度预算执行情况的预测和分析；拟订年度预算控制指标；颁发编制国家预算草案的指示和具体规定；修

订预算科目和预算表格。

各级政府、各部门、各单位应当按照国务院规定时间编制预算草案。中央预算和地方各级政府预算，应当参考上一年预算执行情况和本年度收支预测，按照复式预算进行编制。

中央政府公共预算不列赤字。中央预算中必需的建设性投资的部分资金，可以通过举借国内和国外债务等方式筹措，但是借债应当有合理的规模和结构。地方各级预算按照量入为出、收支平衡的原则编制，不列赤字。

各级政府预算经本级人民代表大会批准后，本级政府财政部门应当及时向本级各部门批复预算，各部门应当及时向所属各单位批复预算。

**2. 预算执行**

预算经过批准以后，就进入预算的执行阶段。预算执行，是指组织预算收支任务实现的过程，包括组织预算收入率、拨付预算支出资金、动用预备费和周转金以及预算调整等内容。

各级预算由本级政府组织执行，具体工作由本级财政部门负责。预算收入征收部门，必须依法及时、足额征收应征的预算收入。有预算收入上交任务的部门和单位，必须依照法规的规定，将应上交的预算资金及时、足额地上交国库。各级财政部门必须依照法规的规定，及时、足额地拨付预算支出资金，并加强管理和监督。

预算调整是预算执行中的一项重要工作内容，是组织新的预算收支平衡的一个重要方法。所谓预算调整，是指经过批准的各级预算，在执行中因特殊情况需要增加支出或者减少收入，使原批准的收支平衡的预算的总支出超过总收入，或者使原批准的预算中举借债务的数额增加的部分变更。预算调整，应当由各级政府编制预算调整方案，并须提请各级人民代表大会常务委员会审查和批准；未经批准，不得调整预算。各部门、各单位的预算支出应当按照预算科目执行。不同预算科目间的预算资金需要调剂使用的，必须按照国务院财政部门的规定报经批准。

**3. 决算**

决算是整个预算工作程序的总结和终结。决算草案由各级政府、各部门、各单位，在每一预算年度终了后按国务院规定的时间编制，具体事项由国务院财政部门部署。决算草案的审批和预算草案的审批程序相同，各级政府决算批准后，财政部门要向本级各部门批复决算，地方各级政府还应将已批准的决算，报上一级政府备案。

## 6.2 国家预算管理体制

### 6.2.1 国家预算管理体制概论

国家预算管理体制是在中央与地方政府以及地方各级政府之间规定预算收支范围和预

算管理职权的一项根本制度。预算收支范围涉及的是国家财力在中央与地方以及地方各级之间如何分配的问题；而预算管理的职权则是各级政府在中央统一领导下，支配国家财力的责任和权限问题。预算管理体制作为一种管理制度，其根本任务就是通过正确划分各级预算的收支范围和规定预算管理职权，使各级财政的责、权、利三者密切结合起来，促进国民经济和社会的发展。

国家预算管理体制的实质，是处理预算资金分配和管理上的集权与分权、集中与分散的关系问题。所谓集权与分权，只是为了划分职权，分工负责，在中央统一领导下，照顾到地方的利益，充分发挥它们的积极性与主动性，以便更好地为社会主义现代化建设这一共同目标服务。但是，由于中央和地方所处的地位不同，考虑和处理问题时的角度不同，在根本利益一致的前提下，也还存在着各种矛盾，如国家整体利益与地方局部利益之间的矛盾，需要与可能的矛盾，集中与分散的矛盾，等等。国家预算管理体制的实质，就是要正确处理在国家财力和财权分配上的集权与分权、集中与分散的关系问题。

### 6.2.2 国家预算管理体制的类型

**1. 我国预算管理体制类型**

根据财力的集中与分散、财权的集权与分权的程度不同，可将我国预算管理体制大体上分为以下四种类型。

(1) 高度集中的预算管理体制。

这种体制的基本特点是财力与财权高度集中于中央，对地方基本上实行"统收统支"的办法，地方的财权很小，机动财力很少。我国20世纪60年代的三年经济调整时期和"文化大革命"的一些年份里，曾实行过这种类型的体制。这在当时特定的历史条件下，对集中必要的财力、恢复和调整国民经济起过积极的作用，但它不利于发挥地方各级财政部门当家理财的积极性。在正常时期，不宜采取这种体制。

(2) 以中央集权为主，适当下放财权的体制。

其特点是财力财权的相当大部分仍集中在中央，同时给地方一定的机动财力和财权，但都比较小。在1980年以前的多数年份里，实行的是这种体制。它仍不利于充分调动地方的积极性。

(3) 中央对地方实行多种形式的预算包干体制。

其特点是在中央统一领导和统一计划下，地方有较大的财权，地方财力大大增强。1980～1984年实行的"划分收支、分级包干"体制，1985～1987年实行的"划分税种、核定收支、分级包干"体制和1988～1990年各种形式的包干办法，都属于这类体制。这种体制进一步调动了地方理财的积极性，但也存在不少问题。主要是中央集中的财力过少，负担过重；中央与地方的收支之间相互挤占，关系没有理顺；地方财力虽大大增强，但财权不独立，尚不是真正相对独立的一级预算。

（4）建立在分税制基础上的分级预算体制。

这是我国预算管理体制改革的方向。其基本内容是：根据中央政府和地方政府的不同职能划分支出范围；按税种划定各级预算的固定收入来源，分别设置机构，分别征收；各级政府有独立的预算权，中央预算与地方预算彻底分开，分别编制，自求平衡；中央预算通过转移支付制度实现对地方预算的调剂和控制。

**2. 决定财力和财权程度的主要因素**

在不同的国家或一个国家的不同时期，预算管理体制的类型都不会是完全一样的，决定财力和财权的集中与分散的程度的主要因素有四个。

（1）国家政权的结构。

这里指的是一个国家的中央政权机关与地方政权机关的组织形式，是单一制的国家还是联邦制国家。一般来说，单一制国家的财力和财权的集中程度要高于联邦制国家。

（2）国家的性质与职能。

在社会主义国家，生产资料以公有制为基础，国家既是政权机构又是生产资料全民所有制的代表，具有行政管理职能和所有者职能。这就使社会主义国家的财力和财权的集中程度，通常要高于资本主义国家。

（3）国家对社会经济生活的干预。

西方资本主义国家，在1929~1933年经济大危机以前，国家对社会经济生活干预较少，财政参与国民收入分配的比重较低。与此相适应，中央政府集中的财力和财权也较低。以后，特别是第二次世界大战以来，随着资本主义国家对经济生活干预的加强，中央政府财力和财权的集中程度普遍在逐步提高。例如，美国联邦预算支出占全国预算支出总额的比重，在20世纪初为30%，1940年为54.3%，1950年为66.9%，1960年为68.3%，1970年为65.2%，1980年为69.3%。

（4）国家的经济体制。

国家预算管理体制是整个经济体制的一个重要组成部分，并受其制约。当一国的经济体制属于集中型时，必然要求财力和财权也是高度集中的；反之亦然。我国在经济体制改革以前，中央预算收支占整个国家预算收支的比重都比较高，以此来保证高度集中的计划经济体制的实现。随着各国经济体制的改革，下放财权，中央预算收支占国家预算收支的比重都有不同程度的降低，这在我国1978年以来的中央预算与地方预算的收支结构比例变化中，尤为明显。

此外，一个国家在各个时期的政治经济形势和政策的变化等因素，也会影响财力和财权的集中分散程度。总之，一国的预算管理体制的类型和变化是上述各种因素综合作用的结果。因此评价预算管理体制的优劣，不能脱离各个国家的政治经济条件，孤立地、抽象地进行研究。

> **拓展阅读**

### 穆迪：2018 年中国总体财政刺激规模将大于赤字水平

穆迪投资者服务公司测算 2018 年中国的总体财政刺激规模相当于 GDP 的 4.4%（含地方政府专项债券发行，但未计入资金转移），大致与 2017 年政府预算持平。而 2018 年政府预算赤字目标为 GDP 的 2.6%，2017 年实际赤字水平为 GDP 的 2.9%。

穆迪指出这是自 2012 年以来中国政府首次下调预算赤字目标，此举反映中国经济稳健增长为政府总体收入实现稳步增长提供支持。

穆迪称中国财政刺激总体仍将保持较大规模，以支持 GDP 增长，同时亦将导致政府债务逐步攀升。主要财政刺激手段包括企业和个人税费减征，同时增加社会福利、环保和扶贫支出。

与此同时，政府将继续收紧表外或有负债。穆迪对于中国的财政实力评估（考虑了资产负债表上的债务和表外或有负债）维持不变。

穆迪在刚刚发表的、题为《中国政府：总体财政刺激规模大于赤字水平，但公共部门支出可能收紧》（Government of China: Fiscal impulse larger than headline deficit but likely tighter spending in broader public sector）的报告中作出上述分析。

该报告以中国政府（A1/稳定）于 2018 年 3 月 5 日公布的 2018 年预算和 2017 年预算执行情况为基础。

根据最新披露的财政预算执行情况，穆迪已将 2018 年中国政府直接债务占 GDP 比例水平预测从 2017 年的 36.2% 上调至 37.3%，不过穆迪对于中国财政实力的评估仍为"极高（-）"，该评估综合了我们对中国政府直接债务和或有负债的考量。

穆迪指出近期公布的政府预算更为明确地划分了中央和地方政府的财政事权和支出责任，并拟订了相关改革框架。

但同时相关改革并未明确时间表。中国政府今年的主要任务之一是房地产税的立法工作。房地产税今后将成为地方政府收入来源之一。未来房地产税的征收将扩大地方政府的收入基础，同时有助于缓解地方政府通过表外渠道举借债务的压力，并由此控制主权潜在或有负债的规模。

资料来源：新浪网站。

## 6.3 预算外资金

### 6.3.1 预算外资金的含义、内容和特点

预算外资金，通常是指根据国家财政制度规定不纳入国家预算，由地方财政部门和国

有企事业单位及其主管部门自收自支的资金。

**1. 预算外资金的内容**

根据我国现行规定,预算外资金包括以下内容。

(1) 地方财政部门管理的预算外资金。

主要包括各项附加收入(如农牧业税附加、城市公用事业费附加等)、集中的企业资金、统管的事业收入和其他杂项收入等。主要用于城市维护、农村公益事业、企业挖潜、革新和改造等支出。

(2) 行政事业单位管理的预算外资金。

主要包括工交商事业收入,农林水气事业收入,文教科卫事业收入,城市公用事业收入,工商管理收入和公、检、法等行政机关收入,及其他事业收入等。上述收入分别用于相应事业的需要。

(3) 国有企业及其主管部门管理的各种专项基金。

主要包括折旧基金、大修理基金、固定资产变价收入、由企业留利建立的几种专项基金(生产发展基金、新产品试制基金、后备基金、职工福利基金和职工奖励基金等)、企业单项留利、主管部门集中的各项基金等。

上述预算外资金包括的范围,是以全民所有制为界限的,即这些资金的性质都属于以国家为代表的全民所有,从历史的渊源上看是随着经济体制的改革而逐渐从预算内资金中分离出来的,因而仍属于财政性资金,只是不纳入预算管理罢了。但是,上述三类预算外资金,其性质是各不相同的,严格地讲,属于财政资金性质的预算外资金仅应包括地方财政部门掌握的自收自支的资金和行政事业单位管理的预算外资金。至于国有企业及其主管部门掌握的预算外资金,虽然它属于全民所有制内部的资金,但在商品经济条件下,由于企业是相对独立的商品生产者,实行自主经营,自负盈亏,因而这部分资金就不再具有财政资金的性质。鉴于此,从 1994 年起,预算外资金不再包括这部分资金。

**2. 预算外资金的特点**

预算外资金同预算内资金相比具有不同的特点。

(1) 自主性。

这是指预算外资金作为地方财政,国有企事业单位及其主管部门自收自支的资金,其支配权和使用权属于上述单位,由它们自主支配和使用。这与由国家财政部门按法定程序纳入预算的资金的支配和使用权是不同的。

(2) 专用性。

这是指预算外资金一般都有专门用途,应该专款专用,不能任意混用,如折旧基金是用于固定资产更新改造的、养路费是用于公路维护保养等,而国家预算资金,则由国家统一安排使用,通常资金的使用方向与收入来源之间没有直接联系。

(3) 分散性。

这是指预算外资金属于非集中性资金,其来源项目繁多,并分散由各地区、部门、企业和事业单位掌握使用,资金的支出有多种用途。这与国家财政中分配的预算内资金,在资金来源、使用方向和支配单位等方面，都是有区别的。

(4) 灵活性。

这是指预算外资金的使用和管理比较灵活，可以由各单位根据国家的有关制度规定，自行安排使用，而不必像预算内资金那样，经过繁琐的审批手续，管理方法也可以多种多样，以适应预算外资金的活动特点。

### 6.3.2 加强预算外资金管理

由于预算外资金增长迅速，规模巨大，已成为国家的"第二预算"，其作用愈来愈大，需要加强对预算外资金的管理。另外，近几年来预算外资金管理中存在的大量问题，进一步表明加强管理的必要性和迫切性。这些问题在收入方面，主要表现在一些单位任意扩大预算外资金范围，截留或挤占本应上交国家的财政收入，以及乱收费、乱摊派、乱罚款的"三乱"问题十分严重，增加了群众和企业负担，干扰了财政的正常分配。在支出方面，表现在乱发奖金和津贴，化大公为小公、化公为私，以及乱上项目，扩大基本建设规模，搞重复建设。因此，预算外资金的迅速增长已成为投资膨胀和消费基金膨胀的重要原因。加强对预算外资金的管理，势在必行。

根据预算外资金的性质和特点，在管理上应坚持以下原则：

严格划清预算内和预算外的界限，并实行分别管理。预算外资金的项目和范围，必须按照国家的规定执行，不得任意增设项目，扩大预算外资金范围，也不能将应由预算外开支的费用挤用预算内资金支付，更不能将国有企业转为预算外经营管理。

坚持预算外资金的支配权不变，维护预算外资金的自主性，由各地方、各部门、各单位自行安排使用，原则上，不得以任何名义平调预算外资金。

坚持专款专用，即预算外资金必须按照国家规定的用途使用，原则上不得流通。

实行计划管理政策引导。这主要是指要把预算外资金收支计划纳入综合财政计划，进行综合平衡，以便控制和调节预算外资金的规模和使用方向。

### 课外阅读

#### 新《预算法》实现五大突破

2014年8月31日，十二届全国人大常委会第十次会议通过了《全国人民代表大会常务委员会关于修改〈中华人民共和国预算法〉的决定》（以下简称《决定》），并重新颁布修订后的《预算法》，《决定》自2015年1月1日起施行。新《预算法》在预算管理制度、预算控制方式、地方债务风险、转移支付制度、预算支出约束等五个方面实现了重大突破。

一、新《预算法》完善了政府预算体系，健全透明预算制度

原《预算法》涉及的，基本上是公共财政预算的内容。新《预算法》明确规定"政

府的全部收入和支出都应当纳入预算"，实行全口径预算管理。新《预算法》明确预算包括一般公共预算、政府性基金预算、国有资本经营预算、社会保险基金预算。新《预算法》增加规定，除涉及国家秘密的事项外，经本级人大或其常委会批准，预算、预算调整、决算、预算执行情况的报告及报表，应当在批准后20日内由政府财政部门向社会公开，并对本级政府财政转移支付的安排、执行情况以及举借债务的情况等重要事项作出说明。

二、新《预算法》改进了预算控制方式，建立跨年度预算平衡机制

原《预算法》规定预算审查的重点是收支平衡，同时要求预算收入征收部门完成上缴任务。新《预算法》明确规定"各级政府应当建立跨年度预算平衡机制"，新《预算法》规定，各级一般公共预算按照国务院的规定可以设置预算稳定调节基金，用于弥补以后年度预算资金的不足，作为实现跨年度预算平衡、调节年度资金丰歉的重要工具。也就是说，一个预算年度内财政收入短收了，要通过预算稳定调节基金来弥补；超收了也不能"突击花钱"，只能用于冲减赤字或者补充预算稳定调节基金。

三、新《预算法》规范了地方政府债务管理，严控债务风险

原《预算法》规定，"地方各级预算按照量入为出、收支平衡的原则编制，不列赤字"。新《预算法》从五个方面对地方政府举借债务作出限制性规定：一是限制主体，经国务院批准的省级政府可以举借债务；二是限制用途，举借债务只能用于公益性资本支出；三是限制规模，举借债务的规模，由国务院报全国人大或者全国人大常委会批准，省级政府在国务院下达的限额内举借的债务，报本级人大常委会批准；四是限制方式，举借债务只能采取发行地方政府债券的方式，不得采取其他方式筹措；五是控制风险，举借债务应当有偿还计划和稳定的偿还资金来源，国务院建立地方政府债务风险评估和预警机制、应急处置机制以及责任追究制度。

四、新《预算法》完善了转移支付制度，推进基本公共服务均等化

为进一步规范和完善转移支付制度，新《预算法》增加规定：财政转移支付以均衡地区间基本财力、由下级政府统筹安排使用的一般性转移支付为主体。建立健全专项转移支付定期评估和退出机制。市场竞争机制能够有效调节的事项不得设立专项转移支付。除按照国务院规定应当由上下级政府共同承担的事项外，上级政府在安排专项转移支付时不得要求下级政府承担配套资金。上级政府应当提前下达转移支付预计数，地方各级政府应当将上级提前下达的预计数编入本级预算。

这些规定有利于优化转移支付结构，提高转移支付资金分配的科学性、公平性和公开性，有利于减少"跑部钱进"现象和中央部门对地方事权的不适当干预。

五、新《预算法》坚持厉行节约，硬化预算支出约束

针对现实中存在的奢侈浪费问题，新《预算法》坚持贯彻勤俭节约的原则，严格控制各部门、各单位的机关运行经费和楼堂馆所等基本建设支出。对各级政府、各部门、各单位在预算之外或者超预算标准建设楼堂馆所的，责令改正，并对负有直接责任的主管人员和其他直接责任人员给予撤职、开除处分。

现代预算管理的灵魂,是硬化预算对政府支出的约束,而硬化预算支出约束的关键在于不能随意开财政收支的口子。为此,新《预算法》增加规定:在预算执行中,各级政府一般不制定新的增加财政收入或者支出的政策和措施,也不制定减少财政收入的政策和措施。

资料来源:新浪网。

# 关键术语

国家预算  分税制  预算外资金

## 学以致用

思考题
1. 简述国家预算的原则。
2. 什么是分税制?如何评价我国现行的分税制?
3. 我国预算外资金的特点、内容及改革方向。
4. 政府预算管理体制的含义。

## 案例分析

### 内蒙古自治区着力打造阳光财政　预决算公开工作取得明显成效

自2015年新《预算法》实施以来,按照财政部统一部署,内蒙古自治区财政厅联合财政部驻内蒙古自治区财政监察专员办事处连续三年在全区范围内组织开展预决算公开情况专项检查。检查覆盖自治区本级、盟市、旗县三级所有负责编制政府或部门预决算信息的部门和单位(涉密部门除外)。检查内容包括预决算公开的及时性、完整性、细化程度和预决算信息真实性。通过检查,有力推动了自治区预决算公开工作,为深化财税体制改革作出了积极贡献。

一、预决算公开工作取得明显成效

自治区各级党委、政府高度重视预决算公开工作,有要求、有部署,为自治区各地预决算公开工作提供了基本遵循。检查结果显示,自治区各级财政部门以检查为契机,进一步修改完善制度,提高公开标准化水平,加强公开平台建设,预决算公开工作在覆盖面、及时性、完整性、细化程度及公开形式方面均有明显提升。一是覆盖面进一步拓展。公开部门总数由2015年的10435个,增至2017年的11371个,净增936个。其中,市级部门净增358个,县级部门净增578个。二是及时公开预决算比例明显提升。2015年盟市旗县两级政府预算及时公开的比例分别为60%和63%,政府决算及时公开的比例分别为80%

和 68%，2017 年自治区各级政府预算决算公开及时性均达到 100%。2017 年市级部门预算决算及时公开的比例分别为 99.36% 和 99.84%，较 2015 年分别提升 48.73% 和 27.56%。2017 年县级部门预算决算及时公开的比例分别为 99.88% 和 99.89%，较 2015 年分别提升 40.9% 和 23.13%。三是公开内容完整性进一步提升。排除因检查指标差异性导致的不可比因素，核心报表公开比例均在 99% 以上。四是公开细化程度进一步提高。以"三公"经费增减变化原因说明这一指标为例，2017 年市级部门预决算公开的比例分别为 95.89% 和 99.11%，较 2015 年分别提升 43.84% 和 43.81%。2017 年县级部门预决算公开的比例分别为 95.83% 和 98.74%，较 2015 年分别提升 41.22% 和 37.5%。五是公开形式和公开平台进一步规范。多数盟市旗县在政府或财政部门网站集中统一公开预决算信息，部分地区和预算单位在推动预决算信息公开标准化方面做了有益的尝试。绝大多数盟市建立了预决算公开信息的定期汇总上报制度。

二、多措并举促公开

(一) 强化制度建设，明确公开要求

一是自治区按照"方向明确、过程可控、结果可查、易于监督"的原则，要求各部门、单位制定预决算公开工作方案，落实责任分工，明确工作目标，抓好工作落实。二是自治区财政厅比照财政部做法，结合自治区实际，加强对盟市旗县预决算公开工作的指导和督促。转发《地方预决算操作规程》明确预决算公开职责、公开主体、公开时间、公开方式、政府和部门预决算公开内容以及涉密事项管理和相关保障措施。三是督促各级财政部门建立定期统计和汇总上报制度，动态掌握预决算公开情况，及时向上级财政部门报告。四是健全预决算公开工作考核制度。要求结合本地区、本部门实际情况，建立健全预决算公开工作考核指标体系，将预决算公开情况纳入盟市以下财政和部门工作绩效考核范围，强化职能部门和相关人员责任。五是加大财政宣传力度，营造良好工作氛围。利用各种媒体宣传预决算公开工作的原则、要求和意义，强化各主体主动公开预决算的意识，并积极向党委、人大、政府汇报工作，争取支持。

(二) 细化公开内容，明确公开时间

一是统一公开内容。要求自治区各级财政部门应当公开一般公共预算、政府性基金预算、国有资本经营预算、社会保险基金预算四本预算 14 张表格（涉及国家秘密的除外）。公开政府预决算时，应当对财政转移支付安排、举借政府债务、预算绩效工作开展情况等重要事项进行解释、说明。一般公共预算基本支出应当公开到经济性质分类款级科目，专项转移支付应当分地区、分项目公开。二是细化部门公开内容。部门预决算公开的内容为自治区各级财政部门批复的部门预决算及 8 张报表，包括部门收支总体情况和财政拨款收支情况（涉及国家秘密的除外）。自治区各部门公开预决算的同时，应当一并公开本部门的职责、机构设置情况、预决算收支增减变化、机关运行经费安排以及政府采购等情况的说明，并对专业性较强的名词进行解释。三是统一公开时间。自治区各地区、各部门将细化的政府和部门预决算在批复后 20 日内集中一天向社会公开，原则上预算公开每年 5 月 31 日前完成，决算公开每年 9 月 13 日前完成。

（三）注重平台建设，统一公开渠道

按照财政部的要求并根据实际情况，要求自治区各地建立了预决算公开统一平台，在现有公开渠道的基础上，进一步拓宽了公开渠道，改进公开方式，从2017年起，将自治区各级政府预决算、部门预决算在平台上集中公开，极大地方便社会公众查阅和监督。

（四）严肃问题整改，提升通报层次

为了推动预决算公开工作，采取通报和追究责任的措施，进一步强化预决算公开意识。一是坚决纠正检查发现的问题。对预决算公开专项检查中发现公开不够细化、时间滞后、公开渠道不规范等问题，自治区各级财政部门认真对照《预算法》和中央有关文件规定，逐一甄别，依法应当公开的督促部门立即公开，公开要素不全的督促部门补充公开，公开形式不规范的督促部门采用规范形式公开，确保逐个落实，没有遗漏。二是认真落实责任追究制度。针对主动公开意识不强，主体责任履行不力等问题，及时向党委政府报告。对不依法履行公开义务、不按规定公开预决算的，建议监察机关依照《预算法》《政府信息公开条例》规定，追究直接负责的主管人员和其他直接责任人员的责任。目前，下发处理决定和整改问题60份，建议追究有关部门和相关责任人责任问题14个。

三、预决算公开工作存在的不足

在财政部公布的2016年度地方预决算公开度排行榜中，内蒙古自治区预决算公开度由2015年的48.67提升至85.398，在全国省（区、市）整体排名中上升三个位次，但与上海、山东等地区相比，仍有较大差距。2017年检查结果显示，全区仍有个别部门未公开预决算，部分市县政府存在未公开政府性基金决算、国有资本经营预决算情况，部分预算单位未对"三公"经费增减变化原因等进行说明，业务接待批次、接待人数或公务用车保有量公开不全，少数单位公开的及时性有待加强，公开的收支决算信息不真实。

四、措施打算

公开透明是现代财政制度的重要准则和基本特征。建立全面规范、公开透明的预算制度，是推进国家治理体系和治理能力现代化、发挥财政在国家治理中基础和重要支柱作用的关键举措。地方预算信息公开，是接受社会和广大人民群众对政府经济行为监督最有效的方式，也是全面深化改革的一项关键举措。自治区各级财政部门要从提升政府治理能力和治理水平的高度充分认识预决算公开工作的重要性和紧迫性，进一步做好这项工作。一是加大《预算法》等关于预决算公开有关规定的宣传力度，进一步明确部门和单位责任。利用各类媒体宣传营造预决算公开工作氛围，通过完善政策规定等多种手段转变各部门观念，明确各部门在预决算公开中的主体责任，增强预决算公开的主动性和自觉性。二是研究出台预决算信息公开的实施细则，进一步强化财政部门的监督职责，以此增强预决算公开可操作性。三是继续加大投入，不断提升平台建设水平，做到直观、完善、细化，便于浏览。四是以专项检查为抓手，深入推进政府预决算、部门预决算、专项转移支付、基层民生支出、地方政府债务、政府采购信息、预算绩效信息、财税政策和规章制度公开，将预决算公开工作不断引向深入，着力打造阳光财政。

资料来源：搜狐网。

**讨论题：**

1. 预决算公开起到什么样的作用？
2. 如何能让国家的钱花的物有所值？

# 任务 7　技能训练

## 7.1　财政导论

**一、单项选择题**（共 10 题，每题的备选项中，只有一个最符合题意）

1. 政府从事财政收入活动的首要目的是（　　）。
   A. 获取财政资金　　　　　　　　B. 进行收入再分配
   C. 改善资源配置　　　　　　　　D. 稳定经济

2. 混合产品的供给，应该由（　　）来提供。
   A. 政府部门
   B. 市场
   C. 社会成员
   D. 既可以由政府部门提供，也可以由私人部门通过市场来提供

3. 由于公共物品具有非排他性和非竞争性的特征，它的需要或消费是公共的或集合的，如果由市场提供，每个消费者都不会自愿掏钱去购买，而是等着他人去购买而自己顺便享用它所带来的利益，这就是经济学称其为（　　）现象。
   A. "搭便车"　　B. "免费乘车"　　C. "免费租车"　　D. "免费开车"

4. 纯公共物品是由（　　）。
   A. 公共生产　　B. 私人生产　　C. 公共提供　　D. 私人提供

5. 工资是否成为财政收入的征收对象，关键是看其中的（　　）含量。
   A. 必要劳动　　B. 剩余劳动　　C. 物化劳动　　D. 活劳动

6. 财政是随着（　　）产生而产生。
   A. 国家　　　　　　　　　　　　B. 资本主义生产方式
   C. 封建制度　　　　　　　　　　D. 社会化生产方式

7. 财政职能以政府与（　　）的关系为基本立足点。
   A. 居民　　B. 市场　　C. 社会　　D. 税收

8. 判断资源配置优劣的标准是（　　）。
   A. 福利最大化　　B. 利润最大化　　C. 帕累托最优　　D. GDP 最大化

9. 在以下各类产品中，明显具有公共产品特征的产品是（　　）。

A. 面包　　　　B. 航标灯　　　　C. 衣服　　　　D. 电视
10. 具有外部正效应的典型社会经济现象是（　　）。
  A. 农业科研　　B. 应用研究　　　C. 假冒伪劣　　D. 污染工业

二、多项选择题（共 5 题，每题的备选项中，有两个或两个以上符合题意）
1. 能作为混合产品的社会产品通常是（　　）。
  A. 具有拥挤性的公共产品　　　　B. 公共产品与私人产品
  C. 所有的公共产品　　　　　　　D. 在价格上不排他的私人产品
  E. 在价格上排他的公共产品
2. 经济稳定包括（　　）。
  A. 充分就业　　B. 物价稳定　　　C. 经济持续增长　　D. 国际收支平衡
3. 财政职能主要有（　　）。
  A. 资源配置　　B. 收入分配　　　C. 经济稳定　　　　D. 财政监督
4. 财政资源配置职能的范围包括（　　）。
  A. 外交和国防　B. 行政管理　　　C. 教育和卫生　　　D. 大型公共设施
5. 财政分配与其他分配范畴的主要区别是（　　）。
  A. 财政分配的主体是国家
  B. 财政分配的对象是社会产品
  C. 财政分配的目的是为了保证国家行驶其职能的物质需要
  D. 财政分配的集中性、强制性和无偿性

三、判断并改错
1. 财政是一种分配，但并不等于说分配就是财政。（　　）
2. 财政是人类社会发展到一定阶段的产物，财政产生后，国家也就随之出现了。（　　）
3. 公共产品一般由政府或社会团体提供。（　　）
4. 国家的产生是财政从一般分配中独立出来的原因。（　　）
5. 财政分配的主动权和支配权在国家，即国家是财政分配活动的决定者和组织者。
（　　）
6. 无论在什么社会形态下，财政分配都是国家居支配地位。（　　）
7. 无论在什么社会形态下，财政分配的目的都是满足人民的需要。（　　）
8. 劳动人民的需要和利益，必须服从财政的分配。（　　）
9. 历史上财政收支都是货币形式。（　　）
10. 国家财政分配是对产品价值的分配。（　　）

四、案例分析

## 守护好扎根农村的"健康卫士"
## 易露茜委员建议加强农村卫生人才队伍建设

2018 年 2 月 4 日，中央一号文件《中共中央　国务院关于实施乡村振兴战略的意见》

正式公布，其中提出要推进健康乡村建设。党的十八大以来，党中央、国务院高度重视农村卫生工作，农村卫生事业得以长足发展。然而，当前农村卫生技术人员仍然存在数量不足、质量不高、人才难留等问题，难以满足广大农民群众日益增长的健康服务需求。

"农民健康与乡村振兴密切相关，离开了农民健康，农业无从发展，农村无从建设，乡村振兴战略将无从实施。"全国政协委员、农工党湖南省委副主委、湖南省卫计委副主任易露茜建议，在现行政策基础上进一步加强农村卫生人才队伍建设，保障广大农民群众的健康服务需求，守护好扎根农村的"健康卫士"。

"农村卫生人才工作涉及多层次、多部门，有赖于明确和发挥各级党委政府的关键作用，要提高政治站位，立足健康扶贫全局统筹谋划、落实责任和强化监督。"推进健康乡村建设要从顶层设计上"下功夫"，易露茜建议切实健全农村卫生人才工作机制。可参照计划生育工作模式建立相关部门综合治理的机制，通过目标管理责任制考核予以推进，以确保健康乡村建设的人才支撑。同时，要精准设置农村卫生人才培养专项。一方面，针对美丽乡村建设中的疾控、养老、扶残等难点问题，支持地方高等学校、职业院校综合利用教育资源分级分类和定点定向培养一批公卫、康复、护理等专业类别的实用型专业化人才，助力卫生服务能力。另一方面，要强化乡镇卫生院现有在职在岗人员以全科医学知识与技能为重点的继续医学教育，以不断更新知识结构、着力保障服务质量。机制"通畅"了，还要确保人才留住。"随着医改的深化和民生服务优化，现行标准核定人员编制已难以满足农村医疗的业务需求，而编外人员在待遇上无财政保障、在履职上无责任保障、在培养上无机制保障，严重制约了农村卫生事业的发展。"为此，易露茜呼吁由编制部门牵头，卫生计生和财政部门参与进行广泛调研，科学核定农村卫生机构人员编制。同时要特事特办，加速为乡村医生群体建立全国"一盘棋"的特别养老保障制度，不仅能妥善解决历史遗留问题，还能长远激励健康乡村建设。

资料来源：人民政协网。

**讨论题：**

1. 出现上述现象的原因是什么？农村卫生事业是否属于公共产品的范围？
2. 了解当地近几年建立新型农村合作医疗制度的情况，看看政府为农村卫生事业做了哪些事情？

## 7.2 财政收入

**一、单项选择题**（共 10 题，每题的备选项中，只有一个最符合题意）

1. 政府从事财政收入活动的首要目的是（    ）。

    A. 获取财政资金　　　　　　　B. 进行收入再分配

    C. 改善资源配置　　　　　　　D. 稳定经济

2. 工资是否成为财政收入的征收对象，关键是看其中的（    ）含量。

A. 必要劳动　　　　B. 剩余劳动　　　　C. 物化劳动　　　　D. 活劳动
3. 按受益原则征收财政收入可以使社会成员的（　　）降至最低。
   A. 效率水平　　　　B. 效率损失　　　　C. 福利水平　　　　D. 福利损失
4. 垄断性经营的国有企业，其产品的价格通常是由（　　）来制定的。
   A. 政府　　　　　　B. 企业　　　　　　C. 市场　　　　　　D. 消费
5. 国家对国有企业实现利润征收所得税是凭借（　　）。
   A. 社会行政管理权　　　　　　　　　　B. 所有权
   C. 法人财产权　　　　　　　　　　　　D. 经营权
6. 罚款是政府的一种（　　）收费。
   A. 专项筹集性　　　B. 事业服务性　　　C. 行政管理性　　　D. 行为特许性
7. 增加财政收入的根本途径是（　　）。
   A. 增加生产　　　　　　　　　　　　　B. 提高税率
   C. 厉行节约，降低成本　　　　　　　　D. 增加企业纯收入
8. 政府收费中最主要的是（　　）。
   A. 证照费　　　　　B. 租金　　　　　　C. 特定估价　　　　D. 使用费
9. 财政收入的规模受以下因素制约（　　）。
   A. 发展水平　　　　B. 政府职能强弱　　C. 体制　　　　　　D. 价格上涨水平
10. 从公共产品的特点来看，政府为提供公共产品而进行筹资的最佳财政收入手段是（　　）。
    A. 政府债务　　　　B. 国家税收　　　　C. 企业利润　　　　D. 政府收费

二、多项选择题（共 10 题，每题的备选项中，有两个或两个以上符合题意）

1. 从合理分担政府活动成本的角度来考虑，筹集财政收入的基本原则有（　　）。
   A. 公平原则　　　　B. 受益原则　　　　C. 效率原则
   D. 稳定原则　　　　E. 支付能力原则
2. 财政收入按形式分类可分为（　　）等主要形式。
   A. 税收收入　　　　B. 债务收入　　　　C. 国有经济收入
   D. 一般经济收入　　E. 政府收费收入
3. 政府对财政收入形式的选择将受到（　　）等因素的影响。
   A. 社会经济制度　　　　　　　　　　　B. 公共品供给的特殊性
   C. 调节社会经济的需要　　　　　　　　D. 政府的主观愿望
   E. 短期融资的需要
4. 财政收入的来源结构分析包括了财政收入的（　　）等方面的内容。
   A. 所有制构成　　　B. 价值构成　　　　C. 产业部门构成
   D. 政府部门构成　　E. 社会成员构成
5. 影响财政收入规模的因素有（　　）。
   A. 经济发展水平　　　　　　　　　　　B. 基本社会经济制度的选择

  C. 价格           D. 特殊情况

  E. 管理水平

6. 政府收费作为一种特殊的财政收入，其作用有（　　）。

  A. 进行特殊管理        B. 筹集财政收入

  C. 抑制准公共物品的过度消费    D. 增进社会福利

  E. 提高服务效率

7. 政府来自国有资产的收入形式主要有（　　）。

  A. 上缴利润    B. 股息红利    C. 承包费

  D. 租赁费     E. 折旧费

8. 目前，我国经营性国有资产收益的形式主要有（　　）。

  A. 利润      B. 租金      C. 股利

  D. 所得税     E. 资产占用费

9. 政府收费可以分为（　　）。

  A. 证照费     B. 租金      C. 特定估价

  D. 资产占用费   E. 使用费

10. 影响我国财政收入规模的主要因素，除了经济发展水平外，还有（　　）。

  A. 生产技术水平       B. 经济结构

  C. 分配制度和分配政策     D. 政府管理级次

  E. 价格总水平

### 三、判断并改错

1. 我国中央财政收入占 GDP 的比重较低，在处理中央和地方两级利益时，要以坚持中央利益为基本原则。（　　）
2. 国家凭借国有资产的所有权可以取得一定的资产收益，通常的基本形式是税收。（　　）
3. 国家凭借所有权对国有企业实现利润征收所得税。（　　）
4. 森林采伐权收益属于国有资产产权转让收入。（　　）
5. 国有资产经营收益的一部分构成国有资产收入而不是全部构成财政收入。（　　）
6. 政府收费的受益与支付之间存在直接联系，而一般性税收没有这种直接联系。（　　）
7. 财政收入既是一个过程，又是一定数量的资金。（　　）
8. 税收是我国最主要的财政收入，占全部财政收入的 90% 左右。（　　）
9. 国有资产收入是指国家作为政府机构，凭借政治权力参与国有企业经营收入的分配而取得的财政收入。（　　）
10. 经济发展水平和规模对财政收入起着制约作用。（　　）

### 四、案例分析

**前两月全国财政收入破 3.6 万亿元，增速创 6 年新高**

  如同其他大部分经济数据超市场预期，财政数据也表现抢眼，折射出 2018 年中国经济起步向好。

财政部公布的数据显示，1~2月累计，全国一般公共预算收入36553亿元，同比增长15.8%，创下2012年以来前两月收入增速的新高。其中更能反映今年经济状况的税收收入增速更是高达18.4%。

经济是税收增长的基础，今年以来经济运行显现向好态势，工业生产运行加快，服务业持续增长，企业盈利情况继续改善，居民消费水平稳定增长，这带动了相关税收增收。比如今年前两个月，全国规模以上工业增加值同比实际增长7.2%，增速比上年同期加快0.9个百分点。服务业也持续增长，消费市场也较为活跃，前两个月社会消费品零售总额比上年同期加快0.2个百分点。受此影响，第一大税种国内增值税前两月收入达到12952亿元，同比增长高达22.3%。国内消费税增速也高达29.5%。

增速超过20%的税种还有进口货物增值税、消费税、优惠政策到期的车辆购置税、包括股票交易的印花税，和转型为按价计征的资源税等。

企业利润的稳定增长，让第二大税种企业所得税收入保持稳定，前两月企业所得税收入达到7468亿元，同比增长14.8%。

部分与土地和房地产相关的税收依然表现抢眼。比如，前两月契税同比增长28.4%，房产税同比增长17.5%。

不过前两月一般公共预算收入中，税收保持高速增长外，非税收入仍维持负增长（-3.5%），这与去年实施大规模降费政策的翘尾因素相关。

除了一般公共预算收入之外，政府另一块重要收入来源政府性基金收入也非常抢眼。1~2月累计，全国政府性基金预算收入9671亿元，同比增长33.3%。其中地方政府国有土地使用权出让收入8499亿元，同比增长38.9%。

今年我国继续实施积极财政政策，财政支出也维持较高增速。1~2月累计，全国一般公共预算支出29062亿元，同比增长16.7%。

财政支出继续倾向民生，前两月教育支出、社保和就业支出、医疗卫生支出合计达1.2万亿元。

基础设施领域支出发力，增速较高。前两月交通运输支出同比增长55.7%，农林水支出同比增长35.9%，城乡社区支出同比增长23.7%，三项支出增速均高于一般公共预算支出中增速。

财政部称，1~2月一般公共预算收支相关项目增幅波动较大，主要是1、2月财政收支历来受春节放假等因素影响较大，有一定的特殊性，财政收支运行态势还有待后期进一步分析。

未来影响财政收入除了经济走势外，今年1万亿元的减税降费举措也将带来财政短收，但这正体现了积极财政政策，用短期政府收入的"减法"来换取企业效益的"加法"。

资料来源：新浪财经。

**讨论题：**

通过以上资料分析我国财政收入规模大小、财政收入增长速度的快慢以及所受的影响因素有哪些？

## 7.3 税　　收

**一、单项选择题（共 10 题，每题的备选项中，只有一个最符合题意）**

1. 税收的形式特征即税收的外部特征不包括（　　）。

    A. 强制性　　　　B. 无偿性　　　　C. 固定性　　　　D. 非罚性

2. 税收的本质特征是指（　　）。

    A. 国家凭借政治权力强制地、无偿地参与社会产品分配而形成的特殊分配关系

    B. 税收体现一个阶级对另一个阶级的掠夺关系

    C. 税收体现劳动人民整体利益同纳税人的局部利益的分配关系

    D. 税收是政府机器的经济基础

3. 根据征税对象的性质和特点不同，可以将税收分为（　　）。

    A. 流转税、所得税、财产税、行为税、资源税

    B. 直接税、间接税

    C. 中央税、地方税、中央地方共享税

    D. 从价税、从量税

4. 随课税数额增大而提高的税率是（　　）。

    A. 累进税率　　　B. 定额税率　　　C. 比例税率　　　D. 固定税率

5. 增值税的征税对象（　　）。

    A. 法定增值额　　　　　　　　　　B. 商品销售余额

    C. 法定商品销售余额　　　　　　　D. 商品价值余额

6. 我国采用的增值税的类型是（　　）。

    A. 消费型　　　　B. 收入型　　　　C. 生产型　　　　D. 经营型

7. 消费税的一般计税公式（　　）。

    A. 从价定律计征消费品的应纳税额＝应税消费品销售额×适用税率

    B. 从价定律计征消费品的应纳税额＝应税消费品销售额÷适用税率

    C. 从价定律计征消费品的应纳税额＝应税消费品销售数量×适用税率

    D. 从价定律计征消费品的应纳税额＝应税消费品销售数量÷适用税率

8. 根据个人所得税法律制度的规定，下列各项中，不属于个人所得税应税项目的是（　　）。

    A. 劳动报酬所得　B. 稿酬所得　　　C. 保险赔款　　　D. 彩票中彩所得

9. 根据房产税法律制度的规定，下列各项中，不属于房产税纳税人的是（　　）。

    A. 城区房产使用人　　　　　　　　B. 城区房产代管人

    C. 城区房屋所有人　　　　　　　　D. 城区房屋出典人

10. 土地增值税税率实行（　　）。

A. 超额累进　　　B. 超率累进　　　C. 从价计税　　　D. 从量计税

## 二、多项选择题（共 5 题，每题的备选项中，有两个或两个以上符合题意）

1. 增值税的特点（　　）。
   A. 只对商品在生产流通过程中的增殖额征收，具有税不重征的特点
   B. 具有普遍征收的特点
   C. 计算采用购进扣税法，出口环节实行零税率
   D. 具有较强的经济适应性

2. 我国增值税的征收范围为销售货物、进口货物和提供加工、修理修配劳务，具体有（　　）。
   A. 销售货物，不包括不动产和无形资产
   B. 有偿提供加工、修理修配劳务
   C. 进口货物
   D. 混合销售行为——销售行为既涉及货物又涉及应缴营业税的劳务

3. 列入消费税征税范围的消费品有（　　）。
   A. 过度消费会对人类健康、社会秩序、生态环境等方面造成危害的特殊消费品
   B. 奢侈品和非生活必需品
   C. 高能耗及高档消费品
   D. 不能再生和替代的石油类消费品

4. 企业所得税法的纳税对象是指（　　）。
   A. 企业生产经营所得，社会团体事业单位开展多种经营和有偿服务活动取得的经营所得
   B. 企业生产经营所得之外的股息、利息、租金、转让各类资产收益
   C. 特许权使用费以及营业外收益所得
   D. 纳税人来源于境外的未缴税的所得

5. 根据《增值税暂行条例》的规定，下列各项中，视同销售货物计算缴纳增值税的有（　　）。
   A. 销售代销货物　　　　　　　　B. 将货物交付他人代销
   C. 将自产货物分配给股东　　　　D. 将自产货物用于集体福利

## 三、判断并改错

1. 税收的财政原则强调，一国税收制度的建立和变革，都必须有利于保证国家的财政收入，亦即保证国家各方面支出的需要。（　　）
2. 从主要税类看，一般来说，所得税容易转嫁，而流转税难以转嫁。（　　）
3. 按照课税对象的性质分类，可将我国现行税分为流转课税、所得课税、资源课税、财产课税和行为课税五大类。（　　）
4. 按税负能否转嫁，可分为直接税与间接税。凡是税负不能转嫁的税种，属于直接税。凡是税负能够转嫁的税种，属于间接税。（　　）

5. 兼营行为是指一项销售行为既涉及货物，又涉及非应税劳务的行为。（　　）
6. 增值税一般纳税人将自产的货物无偿赠送他人，不征收增值税。（　　）
7. 增值税纳税人兼营应税劳务与非应税劳务的，如果不分别核算或者不能准确核算其各自销售额的，其非应税劳务应与应税劳务一并缴纳增值税。（　　）
8. 从事运输业务的纳税人，发生销售货物并负责运输所售货物的混合销售行为，应缴纳营业税。（　　）
9. 某大型商场经营自行车销售业务，同时附设了自行车修理修配门市部。该商场进行增值税纳税申报时，应将该门市部提供的劳务收入计入应税销售额。（　　）
10. A市甲企业委托B市乙企业加工一批应税消费品，该批消费品应缴税款应由乙企业向B市税务机关解缴。（　　）

### 四、案例分析

**水资源税的征收**　　　　　　　　　单位：元/立方米

| 省（区、市） | 地表水最低平均税额 | 地下水最低平均税额 |
| --- | --- | --- |
| 北京 | 1.6 | 4 |
| 天津 | 0.8 | 4 |
| 山西 | 0.5 | 2 |
| 内蒙古 | 0.5 | 2 |
| 山东 | 0.4 | 1.5 |
| 河南 | 0.4 | 1.5 |
| 四川 | 0.1 | 0.2 |
| 陕西 | 0.3 | 0.7 |
| 宁夏 | 0.3 | 0.7 |

**要求**：根据提供的试点省份水资源税最低平均税额，按下列序号回答问题：
1. 讨论上述省份水资源现况；
2. 结合生活实际，讨论水资源税的征收会对哪些行业造成影响。

## 7.4 国　　债

### 一、单项选择题（共10题，每题的备选项中，只有一个最符合题意）

1. 我国国债分为可流通国债和不可流通国债，不可流通国债是指（　　）。
   A. 凭证式国债　　B. 记账式国债　　C. 有纸国债　　D. 企业债券
2. 之所以说"国债是一个特殊的财政范畴"，原因在于国债是政府为了弥补财力的不足而通过信用方式筹集的（　　）财政收入。

A. 经常性　　　　　B. 补充性　　　　　C. 偿还性　　　　　D. 强制性
3. 政府在发行国债时，规定各种号码国债的不同偿还期限，由认购者自由选择，这种国债偿还法称为（　　）。
  A. 买销偿还法　　　B. 比例偿还法　　　C. 抽签偿还法　　　D. 轮次偿还法
4. 按照有关规定，我国国债的回购券种是（　　）。
  A. 财政债券　　　　B. 国库券　　　　　C. 定向国债　　　　D. 重点建设债券
5. 在我国的国债流通市场上，目前未被允许开展的流通方式为（　　）。
  A. 国债贴现　　　　B. 国债现货交易　　C. 国债期货交易　　D. 国债回购
6. 为了满足不同的筹资需要，我国发行了不同期限的国债，至今为止，我国发行的国债中期限最短的为（　　）。
  A. 1个月　　　　　B. 3个月　　　　　C. 6个月　　　　　D. 9个月
7. 国债回购属于一种（　　）活动。
  A. 借贷　　　　　　B. 交易　　　　　　C. 信托　　　　　　D. 融资
8. 国债偿债率是指年度国债还本付息额与（　　）的比率。
  A. 年度GNP　　　　B. 年度GDP　　　　C. 年度财政收入　　D. 年度财政支出
9. 国债作为特殊的财政范畴，其基本功能是（　　）。
  A. 筹集建设资金　　B. 弥补财政赤字　　C. 调节收入分配　　D. 调节经济活动
10. 我国目前偿债资金主要来源于（　　）。
  A. 预算直接拨款　　B. 预算盈余　　　　C. 偿债基金　　　　D. 发新债还旧债

二、多项选择题（共10题，每题的备选项中，有两个或两个以上符合题意）
1. 国债负担是指发行国债给企业、家庭和个人增加的负担，其表现形式有（　　）。
  A. 税收负担　　　　B. 贷款负担　　　　C. 下代人负担
  D. 挤出性负担　　　E. 汲水性负担
2. 当前我国偿还国债的资金来源于（　　）。
  A. 经常性预算收入　　　　　　　　　B. 建设性预算收入
  C. 预算盈余　　　　　　　　　　　　D. 国家银行借款
  E. 发新债还旧债
3. 当前我国国债的发行主要采取（　　）方式。
  A. 行政性摊派　　　B. 柜台交易　　　　C. 承购包销
  D. 招标发行　　　　E. 定向募集
4. 国债发行的方法很多，（　　）不通过银行系统进行。
  A. 公募法　　　　　B. 包销法　　　　　C. 交付法
  D. 公卖法　　　　　E. 摊派法
5. 决定举债规模适度与否的因素主要有（　　）。
  A. 国家的偿债能力　　　　　　　　　B. 国家的基建规模
  C. 国债的使用效益　　　　　　　　　D. 认购人的应债能力

E. 发行人的发债能力

6. 国债流通转让的方式主要有（　　）。
   A. 国债贴现　　　　B. 国债现货交易　　　C. 国债期货交易
   D. 国债回购　　　　E. 国债抵押

7. 国债的性质表现为（　　）。
   A. 国债是一个特殊的财政范畴　　　B. 国债是一个普通的信用形式
   C. 国债是一种经济杠杆　　　　　　D. 国债是一种收入来源
   E. 国债是一个特殊的债务范畴

8. 只向银行和金融机构发行的债种有（　　）。
   A. 国库券　　　　　B. 重点建设债券　　　C. 财政债券
   D. 专项国债　　　　E. 定向国债

9. 在国债结构中，对经济影响较大的是对（　　）的选择与确定。
   A. 国债期限结构　　B. 国债数量结构　　　C. 国债持有者结构
   D. 国债地域结构　　E. 国债使用结构

10. 包销法与间接公募法的区别在于（　　）。
    A. 采用包销法，银行承担发行风险
    B. 采用间接公募法，银行承担发行风险
    C. 采用包销法，发行数额、发行价格、发行费用等条件由政府与金融机构协商
    D. 采用间接公募法，银行只代理发行权和发行事务
    E. 采用间接公募法，国债收入可提前入库

### 三、判断并改错

1. 国债和税收都属于财政范畴。　　　　　　　　　　　　　　　　　（　　）
2. 国债和内债之间不存在很大的差别。　　　　　　　　　　　　　　（　　）
3. 货币国债和折实国债与自然经济有密切关系。　　　　　　　　　　（　　）
4. 国债的利率是随市场物价变动幅度而浮动的。　　　　　　　　　　（　　）
5. 折价发行就是指国债的发行价格高于国债的票面名义价值，但国债到期后仍要按
   票面价值偿还本金。　　　　　　　　　　　　　　　　　　　　　（　　）
6. 国债利息率是指国债利息与本金的比率。　　　　　　　　　　　　（　　）
7. 实行公募法，国债的发行价格是由证券市场的供求行市决定的，并且不断波动。
   　　　　　　　　　　　　　　　　　　　　　　　　　　　　　　（　　）
8. 出卖法是政府委托推销机构利用金融市场直接售出国债。　　　　　（　　）
9. 发行纸币不是政府偿债资金的一种来源。　　　　　　　　　　　　（　　）
10. 国债不存在社会负担问题。　　　　　　　　　　　　　　　　　　（　　）

### 四、案例分析

#### 中国持有美国国债量下降至六个月低点

中国持有的美国国债金额降至去年7月以来最低水平，投资者在今年初对美国固定收

益证券和美元兴趣降温。

根据美国财政部周四公布的数据，中国1月的美国国债和国库券持仓总额下跌至1.17万亿美元，低于此前一个月的1.18万亿美元。中国仍然是美国最大的外国债权国，其次是日本，其国债持有量出现自去年7月以来首次增加，从1.06万亿美元增至1.07万亿美元。

总体而言，外国人的美国国债持有量在1月连续第三个月下降，降至在6.26万亿美元，去年10月曾创下6.32万亿美元的历史新高。

全球规模最大的美国债券市场在今年1月遭遇自2009年以来历年表现最糟糕的1月走势，因投资者担心通胀可能会迫使美联储更加积极地加息。最近的工资和消费价格数据减轻了上述担忧。彭博美元现货指数在1月份下跌了3.4%。

特朗普的贸易举措和威胁引发人们担忧中国可能将美债用作报复手段。中国官员在1月曾表示，作为外汇评估的一部分，政府正在考虑放缓或停止购买美国国债，因为相对于其他资产而言，美债的吸引力不足。

资料来源：金融界。

**讨论题：**

1. 国债的分类？
2. 中国为什么要减持美国国债？

## 7.5　财政支出

**一、单项选择题**（共10题，每题的备选项中，只有一个最符合题意）

1. 用于社会保障的资金应该主要来自（　　）。
   A. 接受捐赠　　　　　　　　B. 行政收费
   C. 强制征税　　　　　　　　D. 社会成员自愿交纳
2. 教育需求是（　　）。
   A. 私人需求　　B. 团体需求　　C. 纯公共需求　　D. 准公共需求
3. 行政管理费和国防费作为无偿性的财政支出，属于（　　）。
   A. 社会消费支出　B. 投资性支出　C. 社会保障支出　D. 转移性支出
4. 将基础设施视为"公共物品"，其原因在于（　　）。
   A. 它主要是政府进行投资的　　　　B. 社会发展离不了它
   C. 它为社会发展提供共同条件　　　D. 它需要的投资额很大
5. 在一般情况下，随着社会经济的不断发展，财政支出规模的发展趋势表现为（　　）。
   A. 不断扩大　　B. 日渐萎缩　　C. 基本不变　　D. 无规则波动
6. 能够较准确真实地反映财政活动规模大小的指标是（　　）。
   A. 财政收入占GDP的比重　　　　B. 财政支出占GDP的比重

　　　　C. 财政收入占财政支出的比重　　　　D. 中央财政收入占整个财政收入的比重
7. 所谓"搭便车"现象是指（　　）。
　　　　A. 个体行为给他人带来的损害　　　　B. 个体或单位无偿享有公共利益
　　　　C. 通过各种手段获取利益最大化　　　　D. 凭借权力获得好处
8. 纯公共物品只能由（　　）来提供。
　　　　A. 市场　　　　B. 政府　　　　C. 企业　　　　D. 社会组织
9. 政府转移性支出是实现财政的（　　）职能的主要方式。
　　　　A. 调节收入分配　　B. 配置资源　　C. 稳定经济　　D. 监督管理
10. 政府投资不应参与的领域是（　　）。
　　　　A. 社会公益项目　　　　　　　　　B. 经济基础类项目
　　　　C. 竞争类项目投资　　　　　　　　D. 农业投资项目

二、多项选择题（共 5 题，每题的备选项中，有两个或两个以上符合题意）
1. 按财政支出的经济性质分类，财政支出可分为（　　）。
　　　　A. 购买性支出　　B. 转移性支出　　C. 经济建设支出
　　　　D. 行政管理支出　　E. 社会保障性支出
2. 购买性支出的主要内容包括（　　）。
　　　　A. 国防费　　　　B. 行政管理费　　C. 文教科卫支出
　　　　D. 经济建设支出　　E. 社会救济费
3. 我国的财政补贴的主要内容包括（　　）。
　　　　A. 价格补贴　　　B. 政策性亏损补贴　　C. 福利补贴
　　　　D. 财政贴息　　　E. 税式支出
4. 完善的社会保障体系主要包括（　　）。
　　　　A. 社会保险　　　B. 财政贴息　　　C. 社会福利
　　　　D. 社会救济　　　E. 社会优抚
5. 财政支出效益评价方法有（　　）。
　　　　A. "成本—效益"分析法　　　　　　B. 最低费用选择法
　　　　C. 利润法　　　　　　　　　　　　D. 公共劳务收费法

三、判断并改错
1. 衡量财政活动规模，通常可以使用两个指标：财政收入占 GDP 的比重和财政支出占 GDP 的比重。　　　　　　　　　　　　　　　　　　　　　　　　　　（　　）
2. 按财政支出的经济性质分类，分为补偿性支出、积累性支出与消费性支出。（　　）
3. 转移性支出是指政府按照一定方式，把一部分财政资金无偿地、单方面转移给居民和其他受益者的支出，主要有补助支出、捐赠支出和债务利息支出，它体现的是政府的非市场型再分配活动。　　　　　　　　　　　　　　　　　　（　　）
4. 财政补贴是政府为了某种特定的政策目标，向家庭、企业或私人提供的补助和津贴。　　　　　　　　　　　　　　　　　　　　　　　　　　　　　　　（　　）

5. 购买性支出的主要内容包括价格补贴、政策性亏损补贴、福利补贴、财政贴息。
（   ）
6. 纯公共物品可以由企业来提供。（   ）
7. 一般来讲，绝对量指标在对一国财政支出变化进行纵向对比时有实际意义，而相对量指标在对一国财政支出与其他国家财政支出进行横向比较，以及对本国财政支出变化进行纵向比较时均有参考意义。（   ）
8. 影响财政支出规模的因素有经济性因素、政治性因素、社会性因素。（   ）
9. 按财政支出的最终用途分类，分为购买性支出和转移性支出。（   ）
10. 所谓量入为出原则，是指在合理组织财政收入的基础上，根据收入安排财政支出。
（   ）

## 四、案例分析

### 李文海委员：加大对边远农村教育投入 让"冰花男孩"都有学上

在关于教育的"公平"与"质量"的话题中，李文海委员认为，教育的本质是立德树人，教育的"公平"与"质量"并不矛盾。我们国家一直非常重视教育，《国家中长期教育改革和发展规划纲要（2012—2020）》《关于深化教育机制体制改革的意见》等文件的出台，都是把教育的"公平"与"质量"作为主线提出来的。

"教育的公平首先要保证人人有学上，在这个兜底的条件满足之下，我们才能再谈教育质量。"李文海委员认为，教育分高等教育、职业教育、高中教育、义务教育、学前教育这样几个层级。近年来，我国在不同层面的教育改革方面都取得了丰硕的成果。从学校硬件设施的提升到师资的配备，从课程改革到学生减负，这一系列的举措都是为了实现提高质量，保证公平的目的。但是地区差异、校际差异的存在，仍然需要进一步提高教育质量来平衡这些差异。

谈到边远地区、农村孩子的教育问题时，李文海委员提到了前段时间红遍朋友圈的"冰花男孩"。他表示，边远地区的孩子因为自然条件等因素制约，上学难的问题时有发生，这就需要国家给予更大关注与投入。

以天津的经验为例，李文海委员说："天津对口帮扶新疆和田地区，在当地建设了天津高级中学，集中了全市优质师资力量，把骨干教师派往新疆和田去，通过'传帮带'，提高当地教学水平。那里的孩子实行寄宿制，解决了上学路途远的难题，也提高了孩子们的学习生活质量。"

他介绍，除了政府层面的支持以外，天津社会各界同样非常关注边远地区孩子们的教育问题。如志愿者通过互联网远程教学支教；又如民建组织天津贵州两地教师互访培训等。经过综合施策，共同努力，我们可以让边远地区的教育做得更好，真正实现知识改变命运，教育改变人生的目的。

在津云新媒体和北方网征集的网友提问中，有关于"农村留守儿童受教育"的问题。有网友提出"我是一名志愿者，在与农村留守儿童的相处中发现，很多孩子在教育问题上缺乏家庭的有效监管。"对此,李文海委员认为,孩子的成长是由家庭、学校、社会三方面共同努力来完成的。缩短城乡打工距离、加强学校监管、增加家庭成员间交流、志愿者义工参与心理疏导等多措并举,可以为留守儿童创造更好的成长空间。

资料来源:北方网。

**讨论题:**

1. 结合上述例子,应该如何看待教育公平与财政投入的关系?
2. 关于农村留守儿童教育问题,财政应从哪些方面投入?

## 7.6 国家预算

**一、单项选择题(共 10 题,每题的备选项中,只有一个最符合题意)**

1. 以下四种预算政策最早出现的是(    )。
   A. 平衡预算政策              B. 功能财政预算政策
   C. 周期平衡预算政策          D. 充分就业预算平衡政策

2. 根据我国《预算法》规定,预算编制的领导机关是(    )。
   A. 各级政府隶属部门、隶属单位    B. 各级政府
   C. 各级政府财政部门              D. 各级人大

3. 狭义的财政管理体制是指(    )。
   A. 税收管理体制          B. 预算管理体制
   C. 公共部门财务管理体制  D. 国家国库管理体制

4. 国家行政机关、司法机关在执行公务活动中,按照国家法律、法规和财政制度收取的是(    )。
   A. 行政性收费    B. 事业性收费    C. 专项基金    D. 附加费收入

5. 预算外资金与预算内资金相比较,不具有的特点是(    )。
   A. 分散性    B. 固定性    C. 灵活性    D. 专用性

6. 我国国家预算管理级次分为(    )。
   A. 中央和地方两级预算          B. 中央、省、市三级预算
   C. 中央、省、市、县四级预算    D. 中央、省、市、县、乡五级预算

7. 预算管理的主体是(    )。
   A. 金融机构    B. 国家    C. 行政单位    D. 事业单位

8. 预算管理的中心环节是(    )。
   A. 编制预算    B. 调整预算    C. 执行预算    D. 编制决算

9. 国家预算收入的执行机关主要是(    )。
   A. 税务机关    B. 建设银行    C. 海关    D. 财政机关

10. 我国预算支出的主要形式是(    )。

A. 有偿贷款　　　B. 无偿拨款　　　C. 转移支出　　　D. 亏损补贴

## 二、多项选择题（共 5 题，每题的备选项中，有两个或两个以上符合题意）

1. 政府预算草案的编制，一般由部门预算编起，具体程序为（　　）。
   A. 上报预算建议数　　　　　B. 财政部门下达预算收支控制指标
   C. 上报预算草案　　　　　　D. 下达政府预算
2. 从横向分，政府预算管理体制的组成体系可分（　　）。
   A. 总预算　　B. 区域预算　　C. 部门预算　　D. 单位预算
3. 分税制主要包括哪几方面内容（　　）。
   A. 分税　　B. 分权　　C. 分事　　D. 分管
4. 预算外资金的范围主要包括（　　）。
   A. 地方财政部门掌握的预算外资金
   B. 各主管部门、事业单位掌握的预算外资金
   C. 国有企业税后留用资金
   D. 事业单位和社会团体通过市场取得的不体现政府职能的经营服务性收入
5. 国家预算的原则包括（　　）。
   A. 公开性原则　　B. 完整性原则　　C. 统一性原则　　D. 可靠性原则

## 三、判断并改错

1. 国家预算是以收支一览表形式表现的、具有法律地位的文件。（　　）
2. 编制国家预算时，要列清全年的财政收支，可以将不属于本年度财政收支的内容列入本年度的国家预算之中。（　　）
3. 以国家预算形式差别为依据，可将国家预算分为单式预算和复式预算。（　　）
4. 复式预算是传统的预算编制形式，它是在预算年度内，将全部财政收支统一编在一个总预算内，而不再按各类财政收支的性质分别编制预算。（　　）
5. 分税制是分税制预算（财政）管理体制的简称，是在划分中央与地方政府事权的基础上，按税种划分各级政府财政收入的一种预算管理体制。（　　）
6. 国家预算是国家财政的收支计划。它作为一种管理工具，是任何国家政府经行财政管理所必需的，国家预算是以收支一览表形式表现的、具有法律地位的文件。
   （　　）
7. 以国家预算的预算单位差别为依据，可将国家预算分为增量预算和零基预算。
   （　　）
8. 广义的财政管理体制是规定各级政府之间以及国家同企业、事业单位之间在财政资金分配和管理职权方面的制度。（　　）
9. 预算外资金，通常是指根据国家财政制度规定不纳入国家预算，由地方财政部门和国有企事业单位及其主管部门自收自支的资金。（　　）
10. 国家预算的原则中的年度性原则是指编制的国家预算一旦经过国家最高权力机关批准之后，就具有法律效力，必须贯彻执行。（　　）

### 四、案例分析

#### 扎紧制度的口子，堵住公务消费的漏洞

四川省广安市安监局插入地图原党组成员、市矿山救护大队原大队长、市安全生产宣教培训中心原法人代表仲维华把单位当成了自家的"摇钱树"：从私家车路桥费、维修费，到私家车加油；从在单位食堂吃饭3元钱不打卡，到一家人吃一顿火锅108元回单位报销；从买手机，到直接套取几万元私吞；从到美容院消费，到与家人在国内公款旅游，等等。目前，仲维华受到开除党籍、开除公职处分，其违纪所得也被追缴，涉嫌犯罪的问题线索及涉案款物被移送司法机关依法处理（2017年7月11日澎湃新闻网）。

自中央八项规定、六条禁令出台以来，公款消费在很大程度上得到了遏制。然而，仍有一些领导们已经习惯了公款消费，认为自己是公务员，是国家的人，当然要国家的钱养活，不然怎么显示公务员与普通群众或领导与普通员工的区别？更有个别领导干部认为"有权不用、过期作废"，在他们眼里，公款消费的多少成了权力、地位的象征。就如在仲维华看来，作为单位的一把手，花公家的钱理所当然，吃点用点不算啥。于是，各种穿着各种"马甲"的公款消费的行为也悄然而生。

2012～2014年，仲维华在某美容院进行个人消费，从美容院索要金额共21100元的发票以接待费、工作用餐等名义报销；2015年6月，仲维华购买了564元的面和盐皮蛋送给女儿的老师，也在单位以购买茶叶的名义予以报销……用公款为个人消费买单，除了一些公务人员认识上的模糊外，也暴露了现行公务消费体制漏洞多、隐患多。什么情况属于公务消费或接待范围，什么情况下适用什么标准，公务消费和报销遵循什么程序，在现实中往往标准不明，监督不力，则在一定程度上促成了腐败的发生。

如何才能堵住公款消费的漏洞？首先要加大干部队伍教育，加强干部自身修养，形成正确的人生观、价值观和权力观，提高干部廉洁自律的自觉性，从思想意识上与不正当的公款消费划清界限。要扎紧制度的口子，明确和细化公款消费及接待的范围和标准，防止权力被滥用，让那些习惯了公款消费的人，没有空子可钻。要将公务消费纳入政府信息公开的范围，切实向社会公开每一笔公费开支，发挥社会监督力量，使各种"打包""夹私"行为在阳光下无所遁形。

同时，对以公务接待等为名乱花公款和假公挟私行为，要发现一起严惩一起，绝不姑息。如此，做到思想教育到位、制度措施到位，惩治力度到位，公务消费中的腐败行为岂有不治之理？

资料来源：长江网。

**讨论题：**

现行财政管理体制还存在哪些缺陷？

# 下 篇 金融篇

金融即资金融通,是货币流通和信用活动以及与之相关的经济活动的总和。日常生活中,每个人、每个企业以及各级政府机关几乎每天都要接触金融活动。企业需要通过金融活动获得其生产经营所需的资金;我们个人需要金融活动为我们理财,为我们提供消费信用;政府部门需要金融活动达到调节经济的目的。金融与我们如此息息相关,因此有必要学习相关的金融知识。

此外,宏观调控是政府的主要职责。政府常用的宏观调控手段有很多,其中财政政策与货币政策是最常用的。政府实施何种宏观调控政策,通常被投资者和企业所关注。因为这直接关系到下一步我国经济的发展趋势,决定着企业下一步应采取的投资和经营决策,所以我们有必要学习一些有关财政政策与货币政策的相关知识。

本篇重点讲述了货币的概念、职能,介绍了主要的信用工具和主要的金融机构,探讨了金融市场的相关问题以及通货膨胀与通货紧缩的问题,此外,还介绍了国际金融方面的问题,讲述了财政政策与货币政策的目标与政策手段,详细介绍了两种政策的适用条件以及相互配合。通过本篇的学习,使学生能掌握相关的金融基础理论知识,并能利用所学的理论进行联系实际的综合分析,提高学生的综合分析能力,使学生具备从事财经管理工作所必需的业务知识和工作能力。

# 任务 8　金融导论

**【任务驱动】**

货币是商品经济发展的产物。商品交换经历了物物交换和以货币为交换媒介的发展过程。在现实经济生活中，人们实际上是把货币的范围不断扩大到了金融资产。货币形式迅速从现金、活期存款，扩大到大额存单、储蓄存款和部分定期存款。

金融法规的健全，使债券、股票等有价证券的变现或贴现能力也大大加强。在货币形式日趋多元化的情况下，信用货币制度打破了人们传统的货币观念，无论货币本身是否有价值，只要能在流通中发挥交易媒介和支付手段的作用，就能被普遍接受。

信用是在商品经济条件下产生的，是以偿还和付息为条件的借贷行为。随着商品经济的发展，与货币支付手段相联系的信用关系，不仅仅表现为商品的赊销赊购，还日益表现为货币的借贷。

通过本任务的学习，了解金融的含义，货币制度的分类，理解金融系统内容，掌握货币的本质和职能，信用的含义及其特征，利息的概念及计算。

## 先行案例

### 2017 年金融工作会议点评：服务实体经济是金融的本分

过去二十多年，我国金融体系得到了长足发展，无论从市场规模、产品种类还是开放程度来看，都已经成为全球金融市场不可忽略的中坚力量。然而，2007~2008 年全球金融危机以来的金融发展为我国的金融监管带来了新的挑战，市场化、创新化、网络化、数字化和国际化程度不断提升。国务院金融稳定发展委员会在设立伊始应重点关注以下几个问题。

首先，从源头遏制金融加杠杆，资金在金融体系内空转的问题。在保障实体经济发展所需资金的前提下实现金融去杠杆，优化资本结构，是未来一段时间内金融工作的重点。其次，引导金融行业从综合混业经营向专项分业经营有序转变。不受约束的混业经营在一定程度上导致了美国 20 世纪 30 年代的大萧条，最近一次全球金融危机的爆发也难辞其咎。"聚焦主业，做精专业"应成为我国金融行业未来一段时间的发展方向。再次，妥善对待互联网金融野蛮生长问题，提出行之有效的监管方针。互联网金融本质上是基于信息技术发展起来的平台化金融服务，已有模式难以对其进行监管。面对技术创新要有相应的制度创新，通过加强功能监管与行为监管适应现代金融科技进步，才能促进我国金融体系的持续健康发展。现有制度在很多方面难以实现有效监管，监管创新势在必行。

资料来源：光明网。

## 8.1 金融概述

### 8.1.1 金融的含义

金融，概括地说，是指货币资金的融通。这里融通的主要对象是货币和货币资金，融通的方式是有借有还的信用方式，而组织这种融通的机构则为银行及其他金融机构。因此，金融涉及货币、信用和银行等诸范畴以及它们间相互联系的内在关系。具体地说，凡是货币和货币资金的借贷、票据的买卖、债券和股票的发行和转让以及外汇的买卖等，都属于金融活动。

从历史发展的过程看，随着商品流通的出现，相应产生货币和货币收付活动。商品货币关系的进一步发展，各种借贷活动随即产生，并出现组织借贷活动的金融机构。特别是现代银行的形成，经济中使用的货币（现钞和存款）都是银行的信用凭证，并通过银行完成收付。这样，货币的收付日益与信用资金收支、银行资金收支相互渗透、相互结合，构成密不可分的统一活动过程，由此形成金融概念，它正是用以概括货币收付与信用资金收支的总称。

为了更确切理解和掌握金融的内容及其运行，需要从认识现代银行业入手。

📖 拓展阅读

### 2017 年中国金融十大事件

1. 支付机构客户备付金集中存管通知出台
2. 证监会连出重拳整顿资本市场
3. 第五次全国金融工作会议指明金融发展新方向
4. 监管亮剑叫停 ICO
5. 央行定向降准助推普惠金融发展
6. 资管新规现端倪　固有逻辑被打破
7. 银行业开放程度进一步扩大
8. "三三四十"——揭开了银行业严监管风暴的序幕

9. 银监会重磅罚单透视出监管新态度

10. 现金贷严整顿,回归理性普惠

资料来源:搜狐财经。

### 8.1.2 现代银行业的演变与发展

无论是货币收付或借贷活动,在其活动规模和范围不断扩展的情况下,就需要有一种专门机构来办理,即金融机构。历史上最早的金融机构是货币经营业。在商品流通范围扩大以后,国与国之间、地区与地区之间的贸易往来越来越频繁,从而要求进行不同铸币的兑换。为适应这种需要,逐渐从商人中分化出一部分人专门从事铸币兑换业务,出现货币经营业。最早的货币经营业只是单纯办理与铸币兑换、保管和汇兑有关的货币收付的技术性业务,成为商人之间的支付中介。

随着货币保管和汇兑业务的扩大,货币经营业者手中有大量货币,他们便将这些货币暂时借给需要货币的人。这样,货币收付便与信用活动结合起来,货币经营业便从单纯的支付中介发展为兼办贷款,逐步转化为早期的银行业,其贷款活动多数带有高利贷性质。现代银行业的出现,是在西方国家资本主义经济发展过程中形成的。我国的现代银行出现在清代后期。

在现代银行出现以后,流通中的货币一般是由银行发行的,社会各单位的货币收付也大多通过银行划转存款,因而货币的收付、信用的收支与银行存贷收支更加密切交织在一起。所以,人们常用"金融"这一概念,来概括货币、信用和银行等金融机构三者间内在的、相互交织的统一活动。

### 8.1.3 我国经济生活中的金融

如以上简要介绍,金融的基础是商品经济的产生和发展。在我国,金融的存在和发展的依据依然是商品经济发展。由于各个时期的经济体制不同,商品经济的地位和作用在程度上有差异,因而金融发展的状况相应受到制约。

1948年,随着人民解放战争的顺利进行,分散的各解放区迅速连成一片,为适应形势的发展,亟须一种统一的货币替代原来种类庞杂、折算不便的各解放区货币。为此,1948年12月1日,在河北省石家庄市成立中国人民银行,同日开始发行统一的人民币。

随着1953年转入有计划建设时期,逐步形成集中计划管理体制,经济的运行和调节主要是通过对实物生产和分配的指令性计划。这就在客观上限制了金融活动的范围和规模,而且货币和货币资金(包括信用资金)的收付在很大程度上是保证实物分配的实现,钱(货币)是随着物资走的,其运动处于附属地位。

1979年实行经济体制改革以后,国家逐步缩小指令性计划的范围和数量,扩大市场调节机制。同时,国有企业逐步转变为自主经营、自负盈亏的经济实体,农户则实行联产经营承包制。适应这些需要,要扩大货币发行和供应,以满足经济交易的货币需求;要增加融资形式和数量,以最灵活地调剂资金需求;要增设银行等金融机构,为企业单位提供更好的金融服务,因而金融活动对经济的影响力大为增强。

## 8.2 货币与货币制度

### 8.2.1 货币的产生与发展

**1. 货币的产生**

货币是商品交换发展的产物。最早的商品交换是一种物物交换形式,即 W—W。随着商品生产和交换的发展,参与交换的商品越来越多,物物交换形式在时间和空间上限制了交换的发展。为克服这种困难,在商品交换过程中商品世界自发分化为两极:一极是众多的普通商品;另一极则是衡量和表现其他一切商品价值的某种特殊商品——货币。货币在这里发挥着一般等价物的作用:用来衡量和表现其他一切商品价值的手段,并且具有购买其他一切商品的能力,因而商品交换就表现为先与货币交换,再用货币去购买其他商品,即商品流通(W—G—W)。可见,货币是商品交换发展的产物,并成为交换的媒介。货币发挥一般等价物作用,具体体现在其执行的几种职能上:价值尺度、流通手段、支付手段、贮藏手段和世界货币职能。

**2. 货币的发展**

货币是商品价值形式发展的结果。所谓价值形式,是指用一种商品的价值来表示另一种商品的价值,就是价值表现形式,简称价值形式。

货币的产生经历了以下四个发展形式。

(1) 简单的或偶然的价值形式:1 只绵羊 = 2 把石斧。

(2) 扩大的价值形式:

$$1 \text{ 只绵羊} = \begin{cases} 2 \text{ 把石斧} \\ 25 \text{ 公斤米} \\ 20 \text{ 尺布} \\ 0.5 \text{ 克黄金} \end{cases}$$

在扩大的价值形式中,绵羊的价值真正表现为无差别的人类劳动的凝结。但商品价值未能获得共同的、统一的表现形式。

(3) 一般价值形式。

在这个阶段,出现了一般等价物。所谓一般等价物,就是指从大量的商品中分离出来,成为表现其他各种商品价值的材料。这种一般等价物在不同地区、不同时期是不一样的。在欧洲,最早充当一般等价物的商品是绵羊。一般价值形式表现为:

$$
\left.\begin{array}{r}
2\text{ 把石斧 }= \\
25\text{ 公斤米 }= \\
20\text{ 尺布 }= \\
0.5\text{ 克黄金 }=
\end{array}\right\} 1\text{ 只绵羊}
$$

虽然从等式来看，一般价值形式与扩大的价值形式相比，只是等式两边的移位，其实这是一个质的变化。

（4）货币形式。

一般等价物在不同的地区、不同的时期是不同的。例如，在欧洲，最早的一般等价物是绵羊，在我国，最早的一般等价物是贝壳。许多充当一般等价物的商品本身存在着难以克服的缺点：难以分割、价值不统一、不便于携带、难以保存等。人们要选择一种价值含量高、价值统一、便于分割、便于携带、便于保存的商品固定充当一般等价物。

在第二次社会大分工后，人们终于找到了这种最适宜充当一般等价物的商品——贵金属。贵金属有四个自然属性：一是具有同一性，贵金属质地均匀；二是具有可分性：贵金属可以根据需要加以分割而不丧失价值；三是具有便利性，贵金属体积小，价值高，便于携带；四是具有永恒性，贵金属不变质，适宜保存，作为财富储藏。当人们选择贵金属作为一般等价物时，一般等价物就相对稳定了，货币也就产生了。

## 8.2.2　货币的职能

马克思认为货币具有五个职能，它们的表述和排列顺序是：价值尺度、流通手段、贮藏手段、支付手段和世界货币。由于马克思生活的年代主要是金币流通，因此马克思是在假定以金币为唯一货币的前提下做的分析。

**1. 价值尺度**

货币是一种尺度，可以用来衡量所有商品的价值。或者说当用货币来衡量其他商品的价值时，货币发挥的就是价值尺度职能。

把商品价值表现为货币，这就是价格。当人们说商品的价格时，货币的作用就是价值尺度。虽然价格是价值的货币表现，但价格并不总是和价值保持一致，而是围绕价值上下波动，这取决于商品的供求关系，商品供大于求价格会低于价值，供小于求时价格高于价值，价格是由价值决定的，在供求关系的影响下形成。

货币在发挥价值尺度职能时不需要现实的货币，单凭想象中的货币就可以。也就是说，在给商品标价时，不需要在商品上摆上若干真正的货币，只要在标价牌上写上数量符号即可。

**2. 流通手段**

当货币在商品交换中起媒介作用时，就是流通手段。充当流通手段的货币和价值尺度的货币不一样，不能是想象的或观念的货币，而必须是真实的货币。用货币作流通手段必须是实实在在地用货币和对方的商品进行交换。

执行流通手段职能的货币不能是想象的货币,但可以是不足值的货币,甚至是货币符号。因为货币在交换中转瞬即逝,货币只是交换的手段并不是目的,所以只要能代表足够的价值就可以作为流通手段。货币符号包括不足值铸币和纸币。但货币符号代替足值货币充当交易媒介后,货币与商品价格的关系发生了深刻的变化,在足值货币流通时,是商品价格决定流通手段——货币的数量,而在货币符号流通的情况下,则是流通中的货币数量决定商品价格。

**3. 贮藏手段**

当货币退出流通,暂时处于静止状态时执行贮藏手段职能。由于货币是价值尺度,是价值的代表,流通手段又使货币被人们普遍接受,因此货币也成为社会财富的一般代表,具有了贮藏职能。

**4. 支付手段**

当货币不是作为交换媒介,而是作为价值的独立运动形式进行单方面转移时就执行的是支付手段职能。支付手段是由赊销引起的,在赊销中,因为商品的让渡和货币的收入并不是同时进行的,在货币用于偿还赊销款时,已不是流通手段职能,而是不同于交换的一个独立环节,在货币付出的同时并没有相应价值商品的流入。没有商品在同时、同地与之相向运动,这是货币支付手段职能的特征。

**5. 世界货币**

当商品流通越出国境,在世界市场上发挥一般等价物作用时,就会在国际范围内发挥价值尺度、流通手段、贮藏手段、支付手段的职能,这就是世界货币职能。马克思认为在贵金属流通条件下,作为世界货币要求其本身要以金银的原始条块形式并按重量发挥职能,不能采用国内流通的铸币或纸币形式,因为它们一旦越出国境,就丧失了原定的法定意义。

随着贵金属铸币退出流通,黄金在世界范围内非货币化,世界货币问题就成为国际货币制度中研究的重要课题了。虽然人们普遍认为像美元、英镑、欧元、日元等在国际贸易和国际金融交易中普遍使用的货币也是世界货币,但这与马克思说的无条件的世界货币是明显不同的。

### 8.2.3 货币的类型

在商品经济中,货币的形式随着生产和交换的发展不断演变,从币材角度看,主要经历了以下四个阶段。

**1. 实物货币**

用商品来充当交易媒介的货币称实物货币,也称商品货币。实物货币是最原始的货币形态。

在人类历史上,贝壳、烟草、可可豆、牛、羊、大米等许许多多的商品都充当过货币。在商品交换中,实物货币基本保持原来的自然形态,其局限性也显而易见:体积大、质量不一、不易分割、不便储藏等，因此实物货币很难作为理想的一般等价物。

**2. 金属货币**

由金属充当币材的货币即金属货币。金属具有价值比较稳定、易于分割、易于保存、便于携带等优点，在人类历史上，金属货币使用时间最长。

充当货币的金属主要是铜、金、银。金属货币在流通的早期是以条块形式出现，以自然重量为计量标准，称为称量货币；后来逐渐演变为具有一定形状、重量和成色的，并标明面额的金属货币，称为铸币。如铜铸币、银币、金币。

金属尤其贵金属的数量是有限的，随着商品经济的发展，金属货币的数量越来越难以满足商品交易对货币的需求，且在大宗交易中，使用大量的金属货币极为不便，这些阻碍了商品经济的发展，因此在实践中人们继续寻找更加合适的货币。

**3. 纸制的货币**

纸制的货币经历了两个发展阶段，代用货币和信用货币。

（1）代用货币。

代用货币是在贵金属货币流通条件下，代替贵金属货币流通的纸质凭证。代用货币的发行必须有足量的贵金属准备，保证它随时能够向其发行机构，兑换成它所代表的贵金属或贵金属货币，所以代用货币也称可兑现的纸币。早期的银行券是典型代用货币。代用货币具有印制成本低、易于运输、便于携带、节约流通费用等优点，但是由于它本身与金属有着千丝万缕的联系，受发行准备数量的限制，因此为适应经济发展的需要，代用货币逐渐脱离了贵金属，演化成了不可兑现的纸币——信用货币。

（2）信用货币。

信用货币是以信用作为保证，由银行发行和创造的信用流通工具。我们使用的 10 元、50 元、100 元的人民币都是信用货币。信用货币有辅币、纸币、存款货币三种形态。

①辅币。主要充当小额或零星交易的媒介，一般由贱金属铸造，铸造权由政府垄断。

②纸币。主要充当人们日常生活用品的购买手段，发行权由政府所有，发行机关大多为中央银行。

③存款货币。是指能发挥货币作用的银行存款，主要指能通过签发支票办理转账结算的活期存款。目前在整个商品交易中，存款货币支付的比重占绝大部分。

**4. 电子货币**

电子货币是信用货币的表现形式之一，是以金融电子化网络为基础，以商用电子化机具和各类交易卡为媒介，以电子计算机技术和通信技术为手段，以电子数据形式存储在银行的计算机系统中，并通过计算机网络系统以电子信息传递形式实现流通和支付功能的货币。电子货币的流通不借助任何有形实体，如支票，而是通过电、光波传递，比借助支票存款更具优越性。

电子货币的出现方便了人们外出购物和消费，成为家庭和个人广泛使用的支付工具。目前，我国流行的电子货币主要有储值卡型电子货币、信用卡应用型电子货币、存款利用型电子货币、现金模拟型电子货币。

### 8.2.4 货币制度的构成

货币制度又称"币制"或"货币本位制",是指一个国家或地区以法律形式确定的货币流通结构及其组织形式。为了有效地发挥货币的作用,就需要对货币流通的结构和组织形式进行规范。在资本主义制度建立以后,资产阶级政府通过立法将货币流通的结构和组织形式确定下来,这就产生了货币制度。货币制度的构成要素主要有以下几个方面。

**1. 确定货币材料**

确定货币材料即国家规定用哪种材料来充当货币。确定不同的货币材料就构成不同的货币本位,如确定用银充当货币材料就构成银本位制,用黄金充当货币材料则构成金本位制。但是,在普遍使用信用货币制度的今天,币材的确定已经不是一个重要因素了。

**2. 规定货币单位**

对货币单位的规定包括两个方面:一是货币单位的名称;二是货币单位的值,即包含多少货币金属。例如,英国的货币单位名称是"镑",据 1816 年 5 月金币本位法案规定,1 英镑含成色为 11/12 的黄金 7.97 克;美国的货币单位名称是"元",据 1934 年 1 月的法令规定,其含金量为 0.888671 克纯金。中国 1914 年的"国币条例"中规定货币单位名称为"圆",每圆含纯银 6 钱 4 分 8 厘(合 23.977 克)。

**3. 通货的铸造、发行与流通**

一个国家的通货一般分为本位币和辅币,它们各有不同的铸造、发行与流通程序。

(1) 本位币。

本位币也叫主币,是一个国家流通中的基本货币,是法定的计价与结算货币。在金属铸币时期,本位币是按国家规定的货币金属和货币单位铸造而成的足值铸币。本位币可以自由铸造,自由融化,具有无限法偿能力。

(2) 辅币。

辅币是本位币以下的小额货币,供日常小额交易和找零用。可以按固定比例与本位币自由兑换。辅币一般用贱金属铸造,如铜、镍、铝等,其实际价值低于名义价值,为不足值货币。因此,辅币由国家垄断铸造,不能自由铸造。辅币是有限法偿货币,国家对辅币规定了有限的支付能力,即在每一次支付中,使用辅币的数量超过限额的部分,收款人有权拒绝接受。

(3) 纸币的发行和流通。

流通中的货币,除了铸币形式的本位币和辅币外,还有银行券、不兑现的纸币和信用货币。银行券和纸币都是没有内在价值的纸制货币符号;但是由于它们的产生和性质各不相同,所以其发行和流通程序也不同。可兑换的银行券由银行通过信用渠道发行,其流通靠银行的信誉和可兑换的承诺。不可兑现的纸币又称信用货币,是由国家发行并依靠国家权力强制流通的货币符号。

**4. 建立准备制度**

为稳定货币，各国的货币制度中都包含准备制度的内容。在金属货币制度下，货币发行的准备为金准备又称黄金储备，它是一国集中于中央银行或国库的金块和金币的总额，是一国经济实力的标志，也是货币稳定的基础。金准备的作用主要有：

（1）调节国内金属货币流通；

（2）保证存款支付和银行券的兑换；

（3）用于国际支付。

在不兑现信用货币制度下，各国的准备制度不太一致。一般说来，作为发行准备金的有黄金、外汇、商业票据、政府债券等。

### 8.2.5 货币制度的演变

根据本位币的不同，货币制度先后经历了银本位制、金银复本位制、金本位制和现行的不兑现的信用货币制度。

**1. 银本位制**

银本位制是以白银为本位币的一种金属货币制度。在银本位制下，银币可以自由铸造、自由融化，并具有无限法偿能力，白银和银币可以自由输出输入。银本位制是最早实行的货币制度之一，而且持续时间也比较长。

**2. 金银复本位制**

是指以金、银两种货币同时作为本位币，均可以自由铸造、自由输出输入国境，同时具有无限法偿能力的货币制度。主要包括平行本位制、双本位制、跛行本位制三种类型。实行金银复本位制后，大量金、银铸币进入流通，满足了经济发展的需要，但也暴露了这种货币制度的不稳定性。

**3. 金本位制**

又称金单本位制，是以黄金作为本位币的货币制度。包括金币本位制、金块本位制和金汇本位制三种形式。其中，金币本位制是典型的金本位制，它是一种相对稳定的、实行时间最长的金属货币制度。

**4. 不兑现的信用货币制度**

信用货币制度，是指国家用法律规定以不兑现的纸币为本位币的货币制度，是 20 世纪 30 年代以来世界各国普遍实行的一种货币制度。其基本特点是：

（1）不兑现的纸币一般由国家授权中央银行发行，并由国家法律赋予无限法偿能力。

（2）货币不代表任何贵金属，不能兑换黄金等贵金属，其发行不受金银数量的限制。

（3）货币是通过信用程序投入到流通领域，货币流通是通过银行信用活动调节的，银行信用扩张意味着货币流通量增加；反之，则减少。货币流通的调节是国家宏观调控的重要手段。

（4）不兑现的信用货币制度是一种管理货币制度，国家对通货的管理成为经济正常运行的必要条件。

## 知识窗

## 人民币版本

**第一套人民币（12 枚）**

1948 年，随着人民解放战争的顺利进行，分散的各解放区迅速连成一片，为适应形势的发展，亟须一种统一的货币替代原来种类庞杂、折算不便的各解放区货币。为此，1948 年 12 月 1 日，在河北省石家庄市成立中国人民银行，同日开始发行统一的人民币。至 1951 年年底，人民币成为中国唯一合法货币，在除台湾、西藏以外的全国范围流通。

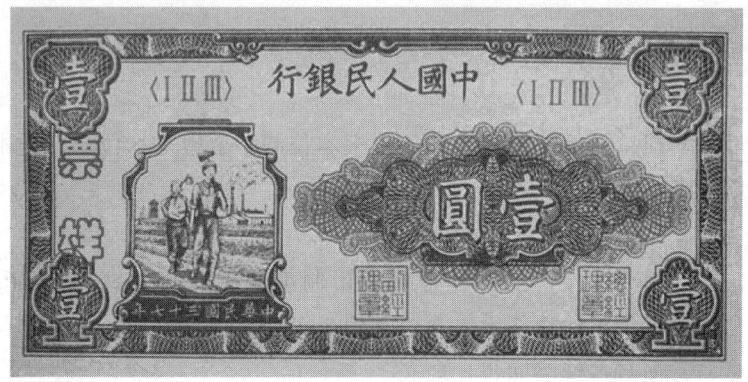

图 8.1　第一套人民币一元样

**第二套人民币（16 枚）**

为了改变第一套人民币面额过大等不足，提高印制质量，进一步健全我国货币制度，中国人民银行自 1955 年 3 月 1 日起发行第二套人民币，收回第一套人民币。第二套人民币和第一套人民币折合比率为：1 元等于 1 万元。

第二套人民币成为我国第一套完整、精致的货币，对健全我国货币制度，促进社会主义经济建设发挥了重要作用。

图 8.2　第二套人民币一元样

**第三套人民币（13 枚）**

为了促进工农业生产发展和商品流通，方便群众使用，中国人民银行于 1962 年 4 月 20 日开始发行第三套人民币。第三套人民币和第二套人民币比价为 1∶1，并在市场上混合流通。

图 8.3　第三套人民币一元样

**第四套人民币（11 枚）**

为了适应经济发展的需要，进一步健全我国的货币制度，方便流通使用和交易核算，中国人民银行自 1987 年 4 月 27 日起，采取"一次公布，分次发行"的办法，陆续发行第四套人民币。

图 8.4　第四套人民币一元样

**第五套人民币（6 枚）**

现行流通的第五套人民币是 1999 年 10 月 1 日一次公布、陆续发行的，各面额纸币年版号均为"1999 年"。因此，通常称为 1999 年版第五套人民币。与第四套人民币相比，第五套人民币的防伪技能由十几种增加到二十多种，主景人像、水印、面额数字均较以前放大，便于群众识别。2005 年 8 月 31 日，中国人民银行开始发行 2005 年版第五套人民币，保持了 1999 年版第五套人民币主图案、主色调、规格不变，从构成货币的基本要素来说，不是发行一套新的人民币。但由于在印制生产工艺、防伪措施方面进行了改进和提高，并将年版号改为"2005 年"。所以把改进印制生产工艺、技术后的第五套人民币称为

2005 年版第五套人民币。

图 8.5　第五套人民币一元样

资料来源：中国人民银行网站。

# 8.3　信　用

## 8.3.1　信用的产生

信用是指经济上的一种借贷行为，它是以偿还和付息为条件的价值单方面让渡。信用可以是实物借贷，但在商品货币经济中，借贷主要采取货币借贷形式，货币成为契约上的一般商品：一方面在某些人手中积累有货币，需要寻找运用的场所；另一方面，有些人则急需货币，因而要求通过借贷形式融通货币的余缺。融通资金之所以需要采取信用形式，是因为货币借贷是货币价值的单方面让渡，直接涉及借贷双方的所有权和经济利益。货币所有者贷出货币，处于债权人地位，有权按期索回贷出的货币，并要求对方支付使用货币的代价——利息；借入货币的一方处于债务人地位，可以暂时支配使用借来的货币，但同时有责任按期偿还本金，并按规定加付一定的利息。

## 8.3.2　信用的形式

**1. 商业信用**

在社会再生产过程中，一些企业生产出商品等待销售，而需要购买商品的企业又暂时没有现款，因为这些企业只有在售出自己的产品后，才能获得足够的现款。商业信用通过赊销商品、延期付款的方式解决了买卖双方暂时的矛盾。商业信用是一种常见的信用形式，是指企业之间相互提供的、与商品交易直接相联系的信用形式。

商业信用与商品生产和流通有着直接联系，有利于促进商品销售。在商品交易中，往往产生一方要出售商品,另一方也急于购买但没有现款,这就需要借助商品赊销方式。所以商业信用对加速资本的循环和周转,最大限度地利用产业资本和节约商业资本,促进生产和流通的发展,具有重要的推动作用。

但商业信用也有其局限性:

(1) 规模和数量上的局限性。

信用的规模受商品交易量的限制,生产企业不可能超出自己所拥有的商品量向对方提供商业信用。

(2) 方向上的局限性。

企业只能与同自己的经济业务有联系的企业发生信用关系,只能由卖方提供给买方,而且只能用于限定的商品交易。

(3) 信用能力上的局限性。

在相互不甚了解信用能力的企业之间不容易发生商业信用。

(4) 信用期限的局限性。

期限较短,受企业生产周转时间的限制,所以商业信用只能解决短期资金融通的需要。

**2. 银行信用**

银行信用是由商业银行或其他金融机构授给企业或消费者个人的信用。在产品赊销过程中,银行等金融机构为买方提供融资支持,并帮助卖方扩大销售。商业银行等金融机构以货币方式授予企业信用,贷款和还贷方式的确定以企业信用水平为依据。商业银行对不符合其信用标准的企业会要求提供抵押、质押作为保证,或者由担保公司为这些企业作出担保。后一种情况实质上是担保公司向申请贷款的企业提供了信用,是信用的特殊形式。

银行信用与商业信用相比具有以下特点:

(1) 银行信用的规模巨大。这就在规模和数量上克服了商业信用的局限性。

(2) 银行信用的投放方向不受限制。银行信用以货币形态提供,货币具有一般的购买力,谁拥有它,谁就拥有选择任何商品的权利。

(3) 银行信用的期限长短均可。这就克服了商业信用在期限上的局限性。

(4) 银行信用的能力和作用范围大大提高和扩大。

在我国,银行信用曾一直是最基本的信用形式,其他信用形式较少采用。1979年经济体制改革以来,信用形式从单一的银行信用趋于多样化,不过,银行信用仍然是主体信用形式。

**3. 国家信用**

国家信用是以国家为主体进行的一种信用活动。国家按照信用原则以发行债券等方式,从国内外货币持有者手中借入货币资金,其主要形式就是由政府发行债券以筹措资金。作为国家信用的工具就是公债和国库券。政府发行债券有两种情况:一种是发行短期国库券,期限在一年之内,目的是解决财政先支后收的矛盾;另一情况是发行长期公债,以筹措资金弥补当年财政收支赤字或进行长期投资。

**4. 消费信用**

消费信用是由商业企业、商业银行以及其他授信机构以商品形态向消费者个人提供的信用。目的是解决消费者支付能力不足的困难，重要用于耐用消费品、支付劳务费用和购买住宅等方面的需要。

消费信用有两种类型：一是类似商业信用，由企业以赊销或分期付款方式将消费品提供给消费者；二是属于银行信用，由银行等金融机构向消费者以抵押贷款方式提供资金。消费信用的作用，主要是有助于疏通商品流通，引导居民消费。

在西方资本主义国家，消费信用相当流行，与人们日常生活密切相关。我国的消费信用市场有待进一步发展，下面介绍几种消费信用。

（1）银行卡。

银行卡是指由商业银行（含邮政金融机构）向社会发行的具有消费信用、转账结算、存取现金等全部或部分功能的信用支付工具。银行卡按是否具备透支功能分为：信用卡和借记卡。借记卡不具备透支功能。

（2）分期付款。

1993年11月，上海银信服务公司成立，它是我国首家办理个人消费品分期付款业务的消费信用服务公司。

（3）消费信贷。

①个人住房贷款，是银行向借款人发放的用于购买自用普通住房的贷款。贷款对象为具有完全民事行为的自然人，贷款期限最长不超过30年。

②耐用消费品贷款，银行提供的支付借款人用于购买家用电器、汽车、家具用具等的贷款。期限一般为3~5年。

**5. 民间信用**

在我国民间个人之间一向也存在着借贷往来，习惯上称为个人信用或民间信用。这种借贷过去主要用以解决生活困难。近年来个体经济和民营经济有所发展，民间借贷常作为其发展生产和从事经营活动筹措营运资金的渠道，资金使用方向有了重大变化。可见，民间信用形式是对银行信用的一种补充。特别是能适应家庭经济和小型合作经济分散经营的特点，满足其融资的需要。

**6. 国际信用**

国际信用是指一个国家的政府、银行及其他自然人或法人对别国的政府、银行及其他自然人或法人所提供的信用。包括以赊销商品形式提供的国际商业信用、以银行贷款形式提供的国际信用以及政府间相互提供的信用。

国际商业信用是由出口商以商品形式提供的信用，有来料加工和补偿贸易等形式。来料加工是指由出口国企业提供原材料、设备零部件或部分设备，利用进口国的厂房、劳动力等在进口国企业加工，成品归出口国企业所有，进口国企业获得加工费收入。有些加工合同会规定，合同期满后出口商将设备留在加工生产国，并保证原材料供应与生产。补偿贸易是指由出口国企业向进口国企业提供机器设备、技术力量、专利、各种人员培训等，联合发展生产和科研，待项目完成或竣工投产后，进口国企业可将该项目的产品或以双方商定的其他办法偿还出口国企业的投资。

### 8.3.3 信用工具

**1. 信用工具的概念**

信用工具是证明债权、债务关系的合法书面凭证。信用工具的产生和发展克服了口头信用和记账的缺点，使信用活动更加顺畅，更加规范化，而且通过信用工具的流通转让形成了金融市场。在现代经济中，人们融通资金往往要借助于信用工具，因此信用工具又被称为金融工具。金融工具对其买进或持有者来说就是金融资产。

**2. 信用工具的特征**

（1）偿还性。

偿还性是指信用工具的债务人按期还本付息的特征。信用工具一般都注明期限，债务人到期必须偿还信用凭证上记载的应付债务。

（2）收益性。

收益性是指信用工具（特别是有价证券）定期或不定期给持有者带来收益。信用工具的收益有三种：一是固定收益，是投资者按事先规定好的利息率获得的收益，如债券和存单在到期时，投资者即可领取约定利息。固定收益在一定程度上就是名义收益，是信用工具票面收益与本金的比例。二是当期收益，就是按市场价格出卖时所获得的收益，如股票买卖价格之差即为一种当期收益。三是实际收益，指名义收益或当期收益扣除因物价变动而引起的货币购买力下降后的真实收益。在现实生活中，实际收益并不真实存在，而必须通过再计算。投资者所能接触到的是名义收益和当期收益。

（3）风险性。

风险性是指投入的本金和预期收益遭受损失的可能性。风险主要来自两个方面：一是违约风险，指债务人不能按时履行契约，支付利息和偿还本金的风险；二是市场风险，是指市场上信用工具价格下降可能带来的风险。

（4）流动性。

流动性是指信用工具在短时间内转变为现金而在价值上又不受损失的能力，又称变现能力。金融工具可以买卖和交易，可以换得货币，此即为具有变现力或流通性。在短期内，在不遭受损失的情况下，能迅速卖出并换回货币，称为流动性强，反之则称为流动性差。

**3. 信用工具的种类**

随着信用活动在现代经济生活中不断深化和扩展，信用工具的种类越来越多，信用工具的种类可以从不同角度来划分。

（1）按信用形式划分。

可分为商业信用工具，如各种商业票据等；银行信用工具，如银行券和银行票据等；

国家信用工具，如国库券等各种政府债券；证券投资信用工具，如债券、股票等。

（2）从发行者的地位来划分。

可分为直接信用工具和间接信用工具。直接信用工具是指那些不需金融机构作中介，由企业、个人或政府所发行和签发，债权人和债务人直接在金融市场进行借贷和交易的工具，如商业票据、公司债券、政府债券等。间接信用工具是指由金融机构所发行的银行券、存单、各种银行票据、人寿保险单等，借贷双方借助于这些信用工具实现资金的转移。

（3）按期限划分。

可分为长期、短期和不定期信用工具。长期与短期的划分没有一个绝对的标准，一般以一年为界，一年以上的为长期，一年以下则为短期。短期信用工具主要是指国库券、各种商业票据，包括汇票、本票、支票等。西方国家一般把短期信用工具称为"准货币"，这是由于其偿还期短，流动性强，随时可以变现，近似于货币。长期信用工具也称为资本市场信用工具，通常是指有价证券，主要有债券和股票。不定期信用工具是指银行券和多数的民间借贷凭证。

**4. 常用的信用工具**

随着信用制度的不断发展和完善，特别是金融创新的蓬勃兴起，信用工具的种类日益增多。

（1）票据。

票据是具有一定格式，载明金额和日期，到期由付款人对持票人或指定人无条件支付一定款项的信用凭证。票据的含义有广义和狭义之分。广义的票据包括各种有价证券和商业凭证，如股票、股息单、国库券、发票、提单和仓单等。狭义的票据仅指汇票、本票和支票。票据的一般行为有出票、背书、承兑、保证、贴现等。

①汇票。汇票是由出票人签发，付款人见票后或到期时，对收款人无条件支付款项的信用凭证。按照不同的标准，汇票可以分为不同的种类。汇票上是否记载收款人的名称，可以分为记名式汇票、指定式汇票和不记名式汇票。按汇票到期日不同，可以分为即期汇票和远期汇票。即期汇票是见票即付的汇票，一般票面上记载"见票即付"的字样；远期汇票是指在一定的期限内到期的汇票。按出票人不同，可以分为商业汇票和银行汇票。商业汇票是企事业单位等签发的，委托付款人在付款日期无条件支付确定金额给收款人或持票人的一种汇票。银行汇票是银行受汇款人的请求，在汇款人按规定交付保证金后，签发给汇款人由其交付收款人的一种汇票。

②本票。本票是出票人承诺于到期日或见票时，由自己无条件支付一定金额给收款人或持票人的票据。依据不同的标准，本票可以有以下不同的分类，根据本票上是否记载收款人名称，可以分为记名式本票、指定式本票和不记名本票。根据本票的到期期限，可以分为远期本票和即期本票。根据出票人来划分，可以分为商业本票和银行本票。在我国现行的票据制度中只规定有银行本票。

③支票。支票是银行活期存款人通知银行从其账户上无条件支付一定金额给票面指定

人或持票人的信用凭证。支票按照不同的分类标准,可以分为不同的种类。

按照是否提取现金,可分为现金支票和转账支票。现金支票可以用来支取现金,也可以办理转账结算。转账支票只能用于转账,不能提取现金。因常常在票面上用两条平行线来表示,又称为划线支票。

按照记载收款人的方式,可以分为记名支票、无记名支票和指示支票。记名支票是明确记载收款人名称的支票;无记名支票是不记载收款人名称的支票;指示支票是记载特定人或其指示人为收款人的支票。

(2) 债券。

债券是政府、金融机构、工商企业等机构直接向社会借债筹措资金时,向投资者发行,承诺按一定利率支付利息并按约定条件偿还本金的债权债务凭证。债券的本质是债的证明书,具有法律效力。债券购买者与发行者之间是一种债权债务关系,债券发行人即债务人,投资者(或债券持有人)即债权人。

债券的分类方法很多,按发行方式,可分为公募债券和私募债券;按券面的形式,可分为记名债券和不记名债券;按有无担保,可分为信用担保债券、实物担保债券和无担保债券;按债券的期限,可分为短期融资券、中期债券和长期债券;按债券的利率,可分为固定利率债券、浮动利率债券、累进利率债券;按债券发行和流通的区域,可分为国内债券和国际债券等。

(3) 股票。

股票是一种有价证券,是股份有限公司在筹集资本时向出资人公开发行的,用以证明出资人的股东身份和权利,并根据股票持有人所持有的股份数享有权益和承担义务的可转证的书面凭证。股票代表其持有人(即股东)对股份公司的所有权,每一股股票所代表的公司所有权是相等的,即我们通常所说的"同股同权"。股票可以分为普通股票和优先股票两种。

(4) 大额可转让定期存单。

大额可转让定期存单是国际上广泛使用的一种信用工具。20 世纪 60 年代首先由美国纽约花旗银行开办。我国于 1987 年开办这种业务。中国人民银行规定,大额可转让定期存单可在存期内委托经营证券的柜台交易金融机构进行转让。

(5) 信用卡。

信用卡是一种非现金交易付款的方式,是简单的信贷服务。由银行或信用卡公司依照用户的信用度与财力发给持卡人,持卡人持信用卡消费时无须支付现金,待结账日时再行还款。

信用卡还款,一般有账单日和还款日两个时间。账单日,是发卡银行每月定期对持卡人的信用卡账户当期发生的各项交易、费用等进行汇总结算,并结计利息、计算持卡人当期应还款项的日期。简单来说,账单日就是银行统计账单周期所有消费的日子。还款日,是持卡人在到期偿还全部应还款额的日期,其应还款中在账单日(含)前一个月内发生的消费交易款项享受自银行记账日至还款日期间的免息待遇。

假如以 5 日为账单日，25 日为还款日。那么每月 5 日的时候，将统计上月 6 日到本月 5 日所有的消费，并在账单日的次日将这一统计以账单的形式发送给你，于本月 25 日还款。举例，若 4 月 3 日消费 10000 元，且该笔消费款于当日记入账户，则银行记账日为 4 月 3 日，因账单日为 4 月 5 日，到期还款日为账单日后 20 天为 4 月 25 日，该笔消费最长可享受免息期为 23 天；若 4 月 6 日消费 10000 元，且该笔消费款于当日记入账户，则银行记账日 4 月 6 日，由于该笔消费款应于 5 月 5 日账单日出账，因此距到期还款日 5 月 25 日有 50 天，则该笔消费最长可享受免息期为 50 天。

## 8.4 利息与利息率

### 8.4.1 利息的含义与本质

利息是与信用相伴随的一个经济范畴，是货币所有者因贷出货币而从借款人那里获得的报酬。

利息来源于劳动者所创造出的价值的一部分。在我国社会主义市场经济中，利息是从企业利润中分割出的一部分，是劳动者为社会所创造的新价值的一部分。银行等金融机构对企业、单位的贷款要收取利息，对它们的存款也要支付利息，对居民储蓄存款也要支付利息。利息也是银行等金融机构费用开支和利润的来源。银行利用贷款所得利息，支付存款利息及经营活动的费用，这两项的差额便构成其利润。银行等金融机构将利润的一部分上交财政部门，其余留作本身的信贷基金。由此可见，利息体现了国民收入的再分配，涉及国家、集体单位和个人之间的经济利益，需要正确处理。

### 8.4.2 利率及其种类

利率可从不同角度加以分类，其中经常应用的主要有以下几种。

**1. 固定利率和浮动利率**

固定利率是指在整个借款期间利率不变，不因市场利率的波动而改变。其最大特点是简便易行，便于计算和掌握借款成本。在借款期限较短或市场利率变化不大的条件下，一般用固定利率。浮动利率是指随市场利率变化而定期调整的利率。至于调整期限和调整时依据何种市场利率为基础，由借贷双方在借款时议定。当借款期较长或市场利率变化较快时，借贷双方常愿使用浮动利率。采用浮动利率时，借款人在计算借款成本时要复杂些，利息负担有可能重些，但是，借贷双方承担的利率风险较小。因此，一般中长期贷款都选用浮动利率。

国家对同一种类、同一期限的存款和贷款，规定统一的利率，各金融机构据以执行。同时，中国人民银行按照国家授权，允许某些金融机构在国家规定的统一利率基础上，可在一定幅度内将贷款利率上下浮动。

**2. 名义利率和实际利率**

名义利率是以名义货币表示的利息率,而不考虑货币值本身的变化。实际利率则是以名义利率剔除通货膨胀因素后的真实利率,用公式可表示为:

$$实际利率 = 名义利率 - 物价上涨率$$

例如,当名义利率为10%,物价上涨率为6%时,则实际利率仅为4%。

判断利率水平高低,不能只看名义利率,还须注意实际利率。有时也可能出现实际利率为负的情况。

**3. 市场利率和公定利率**

这是从利率由谁来决定的角度划分的。市场利率是指在资金市场上由资金供求关系自发形成的利率,受影响市场资金供给和需求的各种因素制约。

公定利率则是指一国政府通过中央银行而确定的各种利率。有的由银行同业公会出面制定各会员银行必须遵守的利率。

市场利率与公定利率有着密切联系,政府在确定公定利率时,要考虑到市场利率的动态以及影响市场资金供求因素的变化,并且通过调整公定利率引导市场利率的变动,以求达到调节经济的目的。

我国利率水平及其调整,由中国人民银行颁布并组织实施,但在已开放的金融市场上,如拆借市场、民间借贷市场都允许借贷双方在政策范围内议定。

### 8.4.3 利息的计算

**1. 利率的表示方法**

按照计算利息的时间不同,利率通常表示为年利率、月利率和日利率,分别用本金的百分比(%)、千分比(‰)、万分比(‱)来表示。年利率与月利率及日利率之间可以换算,换算公式为:

$$年利率 = 月利率 \times 12 = 日利率 \times 360$$

在中国,利率习惯上用厘来表示。年利率称年息几厘,月利率称月息几厘,日利率称日息几厘。如年息6厘,是指年利率为6%,代表100元借款一年的利息为6元;月息6厘,是指月利率为0.6%;日息6厘,是指日利率为0.06%。

**2. 利息的计算方法**

计算利息有两种最基本的方法:单利计息和复利计息。

(1)单利计息法。

单利计息法是指上一期的利息收入,不作为下一期计算利息的基础,即所得的利息不再加入本金重复计算利息。计算公式为:利息 = 本金 × 利率 × 期限,通常表示为:$I = P \times i \times n$。其中,$I$ = 利息;$i$ = 利息率;$P$ = 本金;$n$ = 计息期。

**(2) 复利计息法。**

复利计息法是指上一期的利息额加入本金,作为计算下一期利息的基础,即本金生出来的利息也要计算利息。俗称"利滚利"。计算公式为:

$$利息 = 本金 \times [(1+利率)^{期限} - 1]$$

通常表示为:$I = P \times [(1+i)^n - 1]$。

其中,$I$ = 利息;$i$ = 利息率;$P$ = 本金;$n$ = 计息期。

### 8.4.4 决定和影响利率的因素

**1. 利润率的平均水平**

在市场经济中,利息是平均利润的一部分,因而利息率也是由平均利润率决定的。利率的变动范围在零到平均利润率之间。利率的总水平要适应大多数企业的负担能力。也就是说,利率总水平不能太高,太高了大多数企业承受不了;相反,利率总水平也不能太低,太低了不能发挥利率的杠杆作用。

**2. 资金的供求状况**

在某一具体时期的具体市场中,利息率是由借贷资本市场上借贷资本的供求状况决定的。当借贷资本供大于求时,竞争的结果必然导致利率下降;当供小于求时,借贷双方的竞争结果将促进利率上升。在我国市场经济条件下,由于作为金融市场上的商品的"价格"——利率,与其他商品的价格一样受供求规律的制约,因而资金的供求状况对利率水平的高低仍然有决定性作用。

**3. 物价变动的幅度**

由于价格具有刚性,变动的趋势一般是上涨,因而怎样使自己持有的货币不贬值,或遭受贬值后如何取得补偿,是人们普遍关心的问题。这种关心使从事经营货币资金的银行必须使吸收存款的名义利率适应物价上涨的幅度,否则难以吸收存款;同时也必须使贷款的名义利率适应物价上涨的幅度,否则难以获得投资收益。所以名义利率水平与物价水平具有同步发展的趋势,物价变动的幅度制约着名义利率水平的高低。

**4. 国际经济的环境**

改革开放以后,我国与其他国家的经济联系日益密切。在这种情况下,利率也不可避免地受国际经济因素的影响,表现在以下几个方面:(1) 国际间资金的流动,通过改变我国的资金供给量影响我国的利率水平。(2) 我国的利率水平还要受国际间商品竞争的影响。(3) 我国的利率水平,还受国家的外汇储备量的多少和利用外资政策的影响。

**5. 政策性因素**

自 1949 年以来,我国的利率基本上属于管制利率类型,利率由国务院统一制定,由中国人民银行统一管理,在利率水平的制定与执行中,要受到政策性因素的影响。例如,新中国成立后至"文化大革命"期间,我国长期实行低利率政策,以稳定物价、稳定市场。1978年以来，对一些部门、企业实行差别利率，体现出政策性的引导或政策性的限制。可见，我国社会主义市场经济中，利率不是完全随着信贷资金的供求状况自由波动，它还取决于国家调节经济的需要，并受国家的控制和调节。

改革开放后，我国开始逐步实现利率市场化改革。所谓利率市场化是指金融机构在货币市场经营融资的利率水平由市场供求来决定。也就是说，把利率的决策权交给金融机构，由金融机构自己根据资金状况和对金融市场动向的判断来自主调节利率水平。早在2003年前，银行贷款定价权浮动范围只限30%以内，2004年贷款上浮范围扩大到基准利率的1.7倍。2004年10月，贷款上浮取消封顶；下浮的幅度为基准利率的0.9倍。与此同时，允许银行的存款利率都可以下浮，下不设底。2013年7月，取消贷款利率下限，利率市场化再进一步。中国人民银行决定自2013年7月20日起全面放开金融机构贷款利率管制，其中涉及贷款利率下限等取消。在两年后，央行也放开了存款利率浮动上限。中国人民银行决定，自2015年10月24日起，对商业银行和农村合作金融机构等不再设置存款利率浮动上限。放开存款利率上限，标志着我国历经近20年的利率市场化改革基本完成。

## 课外阅读

### "劣币驱逐良币"现象

"劣币驱逐良币"是经济学中一个古老的原理，它说的是铸币流通时代，在银和金同为本位货币的情况下，一国要为金币和银币之间规定价值比率，并按照这一比率无限制地自由买卖金银，金币和银币可以同时流通。由于金和银本身的价值是变动的，这种金属货币本身价值的变动与两者兑换比率相对保持不变产生了"劣币驱逐良币"的现象，使复本位制无法实现。例如，当金和银的兑换比率是1:15，当银由于银的开采成本降低而最后其价值降低时，人们就按上述比率用银兑换金，将其贮藏，最后使银充斥于货币流通，排斥了金。如果相反即银的价值上升而金的价值降低，人们就会用金按上述比例兑换银，将银贮藏，流通中就只会是金币。这就是说，实际价值较高的"良币"渐渐为人们所贮存离开流通市场，使得实际价值较低的"劣币"充斥市场。这一现象最早被英国的财政大臣格雷欣（1533~1603年）所发现，故称为"格雷欣法则"。

"劣币驱逐良币"的现象不仅在铸币流通时代存在，在纸币流通中也有。大家都会把肮脏、破损的纸币或者不方便存放的镍币尽快花出去，而留下整齐、干净的货币。这种现象在现实生活中也比比皆是。譬如说，平日乘公共汽车或地铁上下班，规矩排队者总是被挤得东倒西歪，几趟车也上不去，而不守秩序的人倒常常能捷足先登，争得座位或抢得时间。最后遵守秩序排队上车的人越来越少，车辆一来，众人都争先恐后，搞得每次乘车如同打仗，苦不堪言。再如，在有些大锅饭盛行的单位，无论水平高低、努力与否、业绩如何，所获得的待遇和奖励没什么差别，于是，年纪轻、能力强、水平高的就都另谋高就去了，剩下的则是老弱残兵、平庸之辈，敷衍了事。这也是"劣币驱逐良币"。

资料来源：百度百科。

## 关键术语

货币流通　信用　利率

### 学以致用

1. 简述对货币本质的理解。
2. 比较商业信用和银行信用的特点。
3. 从不同角度分类，利率有哪些种类？
4. 什么是单利？什么是复利？各自的计算方法？
5. 简述货币的基本职能有哪些。

### 案例分析

#### 战俘营里的货币

第二次世界大战期间，在纳粹的战俘集中营中流通着一种特殊的商品货币：香烟。当时的红十字会设法向战俘营提供了各种人道主义物品，如食物、衣服、香烟等。由于数量有限，这些物品只能根据某种平均主义的原则在战俘之间进行分配，而无法顾及每个战俘的特定偏好。但是人与人之间的偏好显然是会有所不同的，有人喜欢巧克力，有人喜欢奶酪，还有人则可能更想得到一包香烟。因此这种分配显然是缺乏效率的，战俘们有进行交换的需要。

但是即便在战俘营这样一个狭小的范围内，物物交换也显得非常不方便，因为它要求交易双方恰巧都想要对方的东西，也就是所谓的需求的双重巧合。为了使交换能更加顺利地进行，需要有一种充当交易媒介的商品，即货币。那么，在战俘营中，究竟哪一种物品适合做交易媒介呢？许多战俘营都不约而同地选择香烟来扮演这一角色。战俘们用香烟来进行计价和交易，如一根香肠值10根香烟，一件衬衣值80根香烟，替别人洗一件衣服则可以换得两根香烟。有了这样一种记账单位和交易媒介之后，战俘之间的交换就方便多了。

讨论题：

1. 战俘营中为什么香烟会成为货币？
2. 香烟在战俘营中实现了哪些货币职能？

# 任务9　金融机构体系与金融业务

【任务驱动】

　　金融机构是指以货币资金为经营对象,从事货币信用、资金融通、金融交易以及相关业务的组织机构。

　　中央银行是国家管理货币金融的主要机构,在金融体系中居于核心地位,其主要业务有负债业务、资产业务和清算业务。商业银行是以经营存款、贷款、办理结算为主要业务,以盈利为主要经营目标的金融企业,其主要业务有负债、资产、中间业务。政策性银行是政府出资或参股设立,以贯彻国家产业政策、区域发展政策为目标的,在特定的业务领域内从事融资活动的金融机构。我国的政策性银行包括国家开发银行、中国进出口银行和中国农业发展银行。非银行金融机构是我国金融组织体系中的一个重要组成部分,主要有信托投资公司、租赁公司和保险公司等。

　　通过本任务的学习,使学生了解金融机构的构成;熟悉各种金融机构的职能;掌握各种金融机构的具体业务。

 先行案例

### 我们为什么需要金融机构

　　如果你想对国际商用机器公司或通用汽车公司提供一笔贷款,你不会直接去见公司经理并将贷款交给他们,你将通过诸如商业银行、储蓄信贷协会、互助储蓄银行、养老基金和金融公司之类从储蓄者手中借入资金,再通过向其他人提供贷款的金融中介机构间接地向上述公司提供贷款。

　　当一个人需要一笔贷款去购买住宅或汽车时,他通常从当地银行得到这些贷款。大多数美国人以银行支票账户、储蓄账户或其他种类银行存款的方式保有他们大部分的金融财富。

　　金融中介是经济中的一项重要活动,因为它提供了一条通道,使资金由那些原本不会将其投入生产性用途的人们手中转到了那些会这样做的人们手中。通过这项活动,金融中介机构可以促进经济发展,使之更有效率,更具活力。

　　资料来源:根据相关资料整理。

## 9.1 金融机构体系概述

### 9.1.1 金融机构体系的概念

金融机构体系是指各国金融机构因其组织结构、职能分工的不同而形成的相互联系的有机整体。现代市场经济的货币运动、信用关系和金融市场活动都离不开各种专门从事金融服务的金融机构,这些金融机构相互联系,构成具有整体功能的金融机构体系。

现代金融机构体系的特点主要体现在以下几个方面。

**1. 利率水平合理化**

由于市场竞争的充分展开,金融机构迅速增加,金融机构的利率水平日趋合理化,高利贷信用逐渐被淘汰。利率总体水平降至社会平均水平之下,从而成为职能资本家筹措资金的主要来源。

**2. 信用业务多样化**

现代金融机构为社会经济组织提供全方位的信用服务,信用业务日趋多样化。除经营存贷款业务外,还开办保险、信托、租赁、汇兑、信用证、有价证券投资等多种信用业务。

**3. 具备信用创造能力**

信用创造是指现代金融机构所具有的创造货币,并用以扩大贷款和投资的能力,这一功能直接影响货币供应量,进而影响货币流通量的稳定。现代社会中,银行垄断了货币发行权,并通过银行存贷业务扩大货币流通量。因而,金融机构业务活动具有信用创造功能。一般认为,这一功能由金融机构体系中的中央银行与商业银行配合实现。非银行金融机构则不具备这种功能。

### 9.1.2 金融机构体系的构成

当今,世界各国金融机构体系一般由两个层次、四个环节构成。两个层次分别是金融管理、监督机构和金融业务经营机构。四个环节是指四种不同的金融机构:一是中央银行和金融监管机构;二是商业银行;三是政策性金融机构;四是非银行金融机构。

**1. 中央银行**

中央银行是一种特殊的银行组织,是货币信用制度和国家职能相结合的产物。中央银行代表国家对金融活动进行监测管理,制定和执行货币政策。其职责是进行金融管理,向政府及各种金融机构开展金融业务,而并不直接面向社会企事业单位和个人办理具体的信贷、货币业务。中央银行是现代金融机构体系的核心。

**2. 金融监管机构**

金融监管是金融监督管理的简称，一般是指国家授权的监管当局，为了防范金融风险、维护金融秩序，对金融机构、金融市场、金融业务进行监督、约束、管制，使其稳定运行的监督管理行为。而金融监管机构是专门依法对银行业、证券业、保险业、信托业的金融活动进行监管的机构。

**3. 商业银行**

商业银行是以盈利为主要目标，直接面向企事业单位和居民个人办理诸如吸收存款、发放贷款等信用、货币业务的金融企业。商业银行是现代金融机构体系的主体。

**4. 政策性金融机构**

政策性金融机构是由政府出资建立，专门从事政策性金融活动，支持政府发展经济，促进社会全面进步，配合宏观经济调控的金融机构。与商业银行和非银行金融机构一样，政策性金融机构也从事各类信用业务，但在经营目标、资金来源及运用上，政策性银行有不同于商业银行及非银行金融机构的特点。

**5. 非银行金融机构**

非银行金融机构是指除银行以外的办理具体金融业务的机构。非银行金融机构是金融机构体系的重要组成部分。非银行金融机构主要包括证券公司、保险公司、信托投资公司、信用合作社、消费信用机构、融资租赁公司、企业集团财务公司等。

### 9.1.3 金融机构体系的功能

金融机构体系有以下五方面功能：

（1）在市场上筹资从而获得货币资金。

将其改变并构建成不同种类的更易接受的金融资产，这类业务形成金融机构的负债和资产。这是金融机构的基本功能，行使这一功能的金融机构是最重要的金融机构类型。

（2）代表客户交易金融资产，提供金融交易的结算服务。

（3）自营交易金融资产，满足客户对不同金融资产的需求。

（4）帮助客户创造金融资产，并把这些金融资产出售给其他市场参与者。

（5）为客户提供投资建议，保管金融资产，管理客户的投资组合。

上述第一种服务涉及金融机构接受存款的功能；第二和第三种服务是金融机构的经纪和交易功能；第四种服务被称为承销功能，提供承销的金融机构一般也提供经纪或交易服务；第五种服务则属于咨询和信托功能。

### 9.1.4 我国的金融机构体系

目前，我国的金融机构是以中央银行为核心，以商业银行和政策性银行为主体，多种金融机构并存，分业经营，相互协作的格局。

**1. 中国人民银行**

中国人民银行是我国的中央银行，于 1983 年 9 月剥离工商信贷业务，专门行使中央银行职能。我国的现行的《中国人民银行法》，就中国人民银行的设立、职能等以立法形式作出了界定。1997 年以前，中央银行按照中央、省（市）、地（市）、县（市）四级分别设置总分行，省市及以下的分支行管理实行条块结合。1997 年下半年，中央银行体制进行重大改革，撤销省级分行、设置大区分行，实行总行、大区分行、中心支行和县市支行四级管理体制。

**2. 中国银行保险监督管理委员会**

中国银行业监督管理委员会，是根据党的十六大精神，经第十届全国人民代表大会第一次会议批准设立的国务院银行业监督管理机构。2003 年 4 月 26 日，十届全国人大常委会第二次会议通过决议，授权银监会履行原由中国人民银行履行的监督管理职责。

中华人民共和国保险监督委员会成立于 1998 年 11 月 18 日，是国务院直属正部级事业单位，根据国务院授权履行行政管理职能，依照法律、法规统一监督管理全国保险市场，维护保险业的合法、稳健运行。确立了央行宏观监管和保监会微观监管的新型保险业监督体系。

2018 年 4 月 8 日上午，中国银行保险监督管理委员会正式挂牌，中国银行业监督管理委员会和中国保险监督管理委员会成为历史。

**3. 中国证券监督管理委员会**

中国证券监督管理委员会成立于 1992 年 10 月，其基本职能是：建立统一的证券期货监管体系，按规定对证券期货监管机构实行垂直管理；加强对证券期货业的监管，强化对证券期货交易所、上市公司、证券期货经营机构、证券投资基金管理公司、证券期货投资咨询机构和从事证券期货中介业务的其他机构的监管，提高信息披露质量；加强对证券期货市场金融风险的防范和化解工作；负责组织拟订有关证券市场的法律、法规草案，研究制定有关证券市场的方针、政策和规章；制订证券市场发展规划和年度计划；指导、协调、监督和检查各地区、各有关部门与证券市场有关的事项；对期货市场试点工作进行指导、规划和协调；统一监管证券业。

**4. 商业银行**

我国商业银行有全国性国有独资（现都改制成股份制）、股份制与地区性商业银行三大类，此外，还有众多的外资银行也是我国商业银行体系的一个组成部分。在我国众多的商业银行中，工、中、建、农四大国有商业银行是主体，它们吸收的存款和发放的贷款，占全国金融机构吸收存款和发放贷款总额的很大比例。

《中华人民共和国商业银行法》就商业银行的性质、职能等通过立法形式作了界定。根据这一法律规定，商业银行在境内"不得从事信托投资和股票业务""不得投资于非自用不动产""不得向非银行金融机构和企业投资"。这说明我国商业银行业务与信托、证券等投资银行业务必须实行分业经营，不能交叉。

国有独资商业银行主要有：中国工商银行、中国农业银行、中国银行、中国建设银行。工行、建行、中行、农行都已完成了股份制改造，已不是一般意义上的国有独资银行。

此外，中国的股份制商业银行还包括：中国交通银行、中信实业银行、深圳发展银行、中国光大银行、招商银行等。此外，还有兴业银行、中国民生银行、浦东发展银行、华夏银行、恒丰银行以及各个地区的城市商业银行，如烟台银行、青岛银行、齐鲁银行等。

**5. 政策性银行**

政策性银行是指以贯彻国家产业政策、区域发展政策为目标的金融机构。它主要承担社会效益很好而经济效益却不大，难以承受正常贷款利息的项目贷款和一些贷款资金需求量大、期限长、商业银行不愿承担的贷款。我国于1994年先后组建三家政策性银行，即国家开发银行、中国进出口银行、中国农业发展银行。

**6. 非银行金融机构**

非银行金融机构是指在商业银行之外设立，经办专门金融业务和服务的信用机构。主要包括保险公司、信托投资公司、证券公司、财务公司、金融租赁公司等，它是我国金融体系中重要的组成部分。

（1）保险公司。

保险公司是指依法经营商业保险业务的组织机构。商业保险是按自愿原则，根据保险合同，向投保人收取保险费，并实现损失补偿或人身给付的一种经济保障活动。我国保险公司经营的险种按保险范围可划分为财产保险、责任保险、保证保险和人身保险四大类。1988年以前，我国的保险业一直由中国人民保险公司独家经营。1988年开始，我国保险市场经营主体逐步向多元化方向发展，陆续设立了多家全国性保险公司。中国人民保险公司也几经演变，现改组成中国人民保险公司（财产险）、中国人寿保险公司和中国再保险公司三家全国性保险公司，同时，为适应改革开放的需要，外资保险公司也逐步在中国市场登陆。

（2）信托投资公司。

信托是指受人之托，代人理财。我国的信托投资公司就是经营信托业务的金融机构，其突出特点是以受托人的身份开展业务。按照有关规定，我国信托投资公司的业务领域主要有资金和财产委托，代理财产保管、金融租赁、经济咨询、投资等。我国的信托投资机构大体上有两种类型：一类是直属地方政府的综合性信托投资公司；另一类是各经济主体设立的专门信托投资公司。其中，规模比较大的有中国国投公司、中国新技术创业投资公司，此外地方政府也会经办信托投资公司。

（3）证券公司。

证券公司是指专门经营证券业务，具有独立企业法人的金融企业。它包括证券交易所、证券公司、证券投资基金管理公司、证券投资咨询公司、证券评估机构等，它们在证券市场上扮演不同角色，从事不同的业务，起的作用也不同，共同构成一个统一的整体。证券交易所一般分为公司制和会员制两种，证券公司又称证券商，是专门经营证券业务的非银行机构。证券公司的业务主要包括证券承销、证券经纪、证券咨询以及经国家证券监管机构核定的其他业务。证券投资基金是指一种利益共享、风险共担的集合式基金，即通过发行基金单位，集中投资者的资金，由基金托管，由基金管理人管理和运作资金，从事股票、债券等投资。

（4）信用合作组织。

信用合作金融组织是为了解决小规模的商品生产者生产经营中的资金困难，为其提供融资服务，按照平等、互利、自愿的原则组织起来的信用机构。基本特点是：由社员入股组成，实行社员民主管理，并为社员提供信用服务。我国的信用合作金融组织包括农村信用合作社和城市信用合作社。

（5）财务公司。

财务公司是指为企业集团及其内部各成员单位办理相互之间资金融通业务的金融机构。我国的财务公司是自主经营、自负盈亏、自担风险、自求平衡、独立核算、按章纳税的企业法人，其资本金一般由企业集团内部各成员单位入股而成。财务公司在行政上隶属于企业集团，在业务上接受中国人民银行的领导、管理、监督和稽核。

（6）租赁公司。

租赁公司是专门经营租赁业务的公司，是租赁设备的物主，通过提供租赁设备而定期向承租人收取租金。租赁公司的主要业务：设备及工厂和资本货物的租赁、转租赁；租赁期限在1年以上的标的物的购买业务；出租物残值的销售处理业务；与融资租赁有关的经济、技术咨询业务；经国家外汇管理局批准的外汇业务；经中国人民银行批准的人民币债券发行业务；与租赁项目有关的人民币担保业务；经中国人民银行批准的其他业务。

### 拓展阅读

## "现金贷"的是是非非

"现金贷"，是小额现金贷款业务的简称，是针对申请人发放的消费类贷款业务，具有方便灵活的借款与还款方式，以及实时审批、快速到账的特性。从2015年开始，"现金贷"作为消费金融一个重要的分支在中国开始强势崛起。以一二线城市以线上为主，三四线城市以线下为主。

"现金贷"一经推出，便得到了快速发展，也的确能够解消费者燃眉之急，但是也滋生出许多乱象。尤其遭人诟病的是"现金贷"暗藏畸高利率。虽说有些放贷机构宣称"低利息"甚至"零利息"，可名目繁多的服务费、运营费、逾期费、滞纳金等折算下来，利率水平往往可达400%甚至600%。此外，粗放经营模式下坏账率居高不下，对借款人突破法律底线的暴力催收，都搅扰着正常的金融秩序，给社会安定造成了不良影响。

2017年12月1日晚，在暂停增发网络小贷牌照和多次放风之后，《关于规范整顿"现金贷"业务的通知》（以下简称《通知》）如约而至。《通知》由央行互联网金融风险专项整治工作领导小组办公室和银监会P2P网贷风险专项整治工作领导小组办公室联合下发，对"现金贷"的界定，业务开展原则，链条上的网络小贷公司、银行业和 P2P 网贷平台们的业务运行做了详细且严格的规定。

通知明确了开展"现金贷"业务需把握的原则：依法接受准入管理，未依法取得经营放贷业务资质的任何组织和个人不得经营放贷业务；借款人综合资金成本应符合最高人民法院关于民间借贷利率的规定；不得以任何方式诱致借款人过度举债，陷入债务陷阱；不得通过暴力、恐吓、侮辱、诽谤、骚扰等方式催收贷款；不得以"大数据"为名窃取、滥用客户隐私信息等。

资料来源：根据相关资料整理而得。

## 9.2 中央银行

### 9.2.1 中央银行的产生与发展的条件

中央银行的产生与发展是与商业银行的信用活动，以及社会经济发展的客观要求紧密相关的。

（1）银行券的发行问题。随着商业银行业务的发展，商品生产与交换的扩大，商业银行发行的银行券越来越多。在经济危机中，商业银行往往无法兑换自己发行的银行券，引起社会混乱，同时商业银行基于资金、信用和分支机构等问题，银行券流通的范围有限，使生产和流通受到限制，在客观上要求有一个实力雄厚、权威的银行统一、广泛的发行货币。

（2）票据交换与业务清算问题。随着银行业务的不断扩大，各商业银行的债权债务关系复杂化，由各银行自行轧差清算已成了问题，不仅异地结算，即便是同城结算也很困难，客观上要求有一个统一的交换票据和清算债权债务的机构，建立全国统一的、权威的、公正的清算中心已成为金融业的一个必然趋势。

（3）最后贷款人问题。随着社会经济的发展，对贷款的要求日益扩大，商业银行仅以自己吸收的存款发放贷款，往往受到地区和信用的限制，以及偿付能力的限制。经常会发生由于能力不足而导致的挤兑和破产的情况。因此，客观上要求有一个权威的金融机构，能适当集中各家银行的一部分现金准备，在某家银行发生支付困难时，给予必要的贷款支持。

（4）金融管理问题。随着银行事业的发展，特别是世界性经济危机的爆发，使人们充分认识到金融业务对国民经济的影响，保证金融稳定、经济稳定、加强金融监督管理已成为经济发展的迫切需要。同时，管理经济理论的出现，为政府干预、管理经济提供了理论依据，政府对金融活动进行必要的管理已成为公认的事实。当然，政府对金融事业的管理，必须依靠专门的机构进行，这就要求建立一个专职机构代替政府执行金融监督管理职能。

（5）政府融资问题。随着国家政府的不断加强、自然灾害的发生和战争的频繁爆发，一方面减少了国家收入，另一方面则增加了开支。为增加开支或弥补财政赤字，国家政府逐渐成为银行的客户，并需要建立能够为其解决融资问题的专业金融机构，成为政府的银行，为政府服务。

### 9.2.2 中央银行的性质与职能

中央银行是代表政府管理各种金融机构及货币金融业务的金融机构，具有国家管理机关的性质。中央银行是唯一代表国家进行金融控制和金融管理的机构。当代各国的中央银行不论其资本构成如何，都是通过调节控制货币和信用活动，影响经济生活和经济关系，以保证经济正常稳定地发展，是政府干预经济生活不可缺少的重要工具。

中央银行是特殊的金融机构。中央银行在执行职能时主要是依靠银行业务，通过货币信用手段来实现。因此，既不同于一般的国家机关，又不同于一般的银行。其职能主要体现在以下方面。

**1. 发行的银行**

发行的银行是指中央银行是拥有垄断货币发行权的银行，是全国唯一的货币发行机关。在现代信用货币制度下，世界绝大多数国家的货币发行权掌握在中央银行手中，中央银行是唯一有权在全国范围内发行货币的机构，其他金融机构均无此权力。

一般辅币的铸造、发行，有的国家由中央银行经管，有的国家则由财政部发行，发行收入归财政，然后由中央银行投入流通。

**2. 政府的银行**

政府的银行是指中央银行既作为政府管理金融的机关，又为政府服务。中央银行从产生之初就与政府密不可分，它通过办理信用业务为政府服务，如代理国库业务、在法律规定的条件下向政府提供信用、代理政府证券业务等，从而在业务方面满足政府的要求。更重要的是，中央银行在国家授权下，制定统一的金融方针、政策、法令并监督各金融机构贯彻执行。依照银行法的规定，中央银行对国内金融机构的设置、营业范围、经营状况及对货币政策的执行情况等进行审批、监督和检查，并以经济的、法律的手段以及必要的行政手段对金融及经济活动进行调控和管理，以保证金融秩序的稳定和经济健康发展。同时，中央银行作为政府的金融代理人，代理政府保存和管理国家的黄金和外汇储备，在金融市场上为政府买卖黄金和外汇。可见，中央银行是政府干预经济的重要职能部门，是为政府管理金融和调节经济的银行。

**3. 银行的银行**

银行的银行是指中央银行是商业银行和其他金融机构的最后贷款者，是金融票据交换中心，是全国银行的清算中心和存款准备金的管理者。中央银行作为银行的银行，它不直接与工商企业发生业务联系，只与商业银行、其他金融机构进行业务往来。中央银行集中保管商业银行的存款准备金，统一调度以备急用，商业银行在资金周转困难时，可向中央银行融通资金。因此，中央银行是商业银行的最后贷款者。此外，中央银行还主持全国的票据交换与清算，为金融机构提供服务并依法对其进行管理和监督。由于中央银行在金融体系中的特殊地位，使其成为银行的银行。

具体来讲，中央银行作为银行的银行，主要为商业银行提供下列服务。

(1) 集中存款准备金。

商业银行从社会吸收来的存款不能全部用于发放贷款，必须按照规定的比例留下一部分，以备存款人随时提取存款。这部分资金称为存款准备金。这部分资金如果放在商业银行自己手中，不仅没有利息收入，还要向存款户支付利息。所以商业银行将这笔存款准备金存入中央银行，以保证其有一定的利息收入。

(2) 为商业银行提供贷款。

在商业银行由于社会生产规模扩大或自身经营上的时间差等因素影响而出现信贷资金不足的情况下，中央银行通过再贴现、再抵押或直接贷款等方式向商业银行提供贷款。中央银行是商业银行的"最终贷款人"。

(3) 办理商业银行等金融机构间的清算业务。

各金融机构在中央银行设有存款账户，商业银行之间的资金往来活动，其应收款项和应付款项的差额，可通过中央银行从各金融机构的存款账户上进行划拨。中央银行是全国票据的清算中心。

(4) 监督和管理全国的金融机构，防止各金融机构在经营过程中的不法行为，维持整个金融秩序的稳定。

### 9.2.3 中央银行的主要业务

**1. 负债业务**

负债业务即中央银行取得资金来源的业务，主要包括以下几项。

(1) 货币发行业务。

集中垄断货币发行是中央银行制度形成的基本原因，发行业务是中央银行独有的最主要的负债业务。中央银行的货币发行是通过再贴现、再贷款、购买证购金银和外汇等方式投入市场，从而形成流通中的货币，国民经济发展对流通手段和支付手段的需要，促进商品生展和商品流通的扩大。但每张货币投入市场，都是中央银行对公众的负债，而现代中央银行对所发行的货币并不承担义务。在现代的纸币制度下，其货币发行客观上要受国民经济发展水平制约。货币要贯彻经济发行原则。为了保持币值的稳定，还应建立相应的货币发行准备制度，如以黄金、白银、外汇或证券作准备，不可凭空发行。

(2) 代理国库业务。

中央银行作为政府的银行，一般都由政府赋予代理国库的职能，财政收支均由中央银行代理，同时，那些依靠国家经费的行政事业单位的存款，也由中央银行办埋。国库存款、行政事业单位经费存款在其未拨付和支出以前在中央银行，成为中央银行的重要资金来源。

(3) 集中存款准备金业务。

中央银行吸收的商业银行存款准备金包括法定存款准备金和超额存款准备金。这样，中央银行便可将集中起来的各商业银行的存款准备金调剂使用，以满足某一商业银行因资金周转不灵而发生的临时支付不足的需要，同时，法定存款准备金制可以使各商业银行将现金准备降低到最低限度。集中存款准备金业务成为中央银行重要的资金来源。

(4) 其他负债业务。

中央银行除上述三项主要负债业务外，还有国际金融机构存款负债、国内金融机构往来等。

**2. 资产业务**

资产业务是指中央银行运用其货币资金的业务，主要包括以下几项。

(1) 再贴现业务和再贷款业务。

再贴现是指中央银行买进商业银行已贴现的票据。即商业银行在经营资金周转不灵时，将其已向客户贴现所取得的票据，请求中央银行予以贴现的经济行为，也称重贴现。再贴现业务的实质是中央银行允许商业银行用贴现过的商业票据作抵押进行短期融资的一种再贷款。它与再贷款的区别在于再贷款是先贷款后收利息，而再贴现是先扣收利息。

再贷款是中央银行向商业银行或政府提供的贷款。中央银行向政府提供贷款的主要形式包括：一是向政府进行直接透支；二是购买政府债券。前者在我国已不允许。中央银行向商业银行的再贷款主要有：一是信用放款；二是再抵押贷款。

中央银行办理再贴现和再贷款业务，要注意这种资产业务的流动性和安全性，注意期限的长短，以保证资金的灵活周转。

(2) 金银外汇储备业务。

黄金、白银与外汇是国际储备的重要组成部分，是中央银行稳定货币币值、调控汇率和平衡国际收支的重要手段。各国中央银行从国家利益考虑，都要保留一定数量的黄金、白银和外汇储备。中央银行可根据经济发展的需要，依照法律规定，增加或减少金银外汇储备。

(3) 证券买卖业务。

证券买卖业务，亦称公开市场业务，主要是指中央银行在证券市场上从事有价证券买卖业务，以调节资金供求。当紧缩银根，减少市场货币供给量时，则卖出有价证券；反之，当扩张信贷，增加市场货币供给量时，则买进有价证券。

(4) 其他资产业务。

除上述几项主要资产业务外，各国中央银行大多根据情况经营若干其他资产业务，如国际金融机构资产等。

**3. 其他业务**

(1) 资产清算业务。

中央银行一般都执行清算银行的职能。所谓清算是避免现金支付的麻烦，而以转账方式了结债权债务关系中的资金清算业务。资金结算业务有三类：第一，集中票据交换，各商业银行所有的应付票据参加交换；第二，各银行之间清算差额，可用中央银行的账户结算；第三，组织异地之间资金转移，地区不同的商业银行之间的资金转移，需要通过中央银行。

（2）会计统计业务。

会计统计业务主要是指中央银行对金融体系进行财务决算、经济数据调查与统计工作。主要包括中央银行资产与负债业务的会计决算、信贷资金、货币发放经营管理、资金清算的统计工作。

（3）跨国清算。

跨国清算指由于国际贸易、国际投资及其他方面所发生的国际间债权债务，借助一定的结算工具和支付系统进行清算，实现资金跨国转移的行为。跨国清算通常是通过各国的指定银行分别向本国的中央银行办理。由两国中央银行集中两国之间的债权债务直接加以抵消，完成清算工作。

## 中国人民银行简介

中国人民银行是 1948 年 12 月 1 日在华北银行、北海银行、西北农民银行的基础上合并组成的。1983 年 9 月，国务院决定中国人民银行专门行使国家中央银行职能。1995 年 3 月 18 日，第八届全国人民代表大会第三次会议通过了《中华人民共和国中国人民银行法》，至此，中国人民银行作为中央银行以法律形式被确定下来。

根据第十届全国人民代表大会审议通过的国务院机构改革方案的规定，将中国人民银行对银行、金融资产管理公司、信托投资公司及其他存款类金融机构的监管职能分离出来，并和中央金融工委的相关职能进行整合，成立中国银行业监督管理委员会。

随着社会主义市场经济体制的不断完善，中国人民银行作为中央银行在宏观调控体系中的作用将更加突出。根据 2003 年 12 月 27 日第十届全国人民代表大会常务委员会第六次会议修正后的《中华人民共和国中国人民银行法》规定，中国人民银行的主要职责为：

（1）发布与履行职责有关的命令和规章；

（2）依法制定和执行货币政策；

（3）发行人民币，管理人民币流通；

（4）监督管理银行间同业拆借市场和银行间债券市场；

（5）实施外汇管理，监督管理银行间外汇市场；

（6）监督管理黄金市场；

（7）持有、管理、经营国家外汇储备、黄金储备；

（8）经理国库；

（9）维护支付、清算系统的正常运行；

(10) 指导、部署金融业反洗钱工作，负责反洗钱的资金监测职责；

(11) 负责金融业的统计、调查、分析和预测；

(12) 作为国家的中央银行，从事有关的国际金融活动；

(13) 国务院规定的其他职责。

资料来源：中国人民银行网站。

## 9.3 商业银行

### 9.3.1 商业银行的性质

商业银行与一般工商企业一样，是以盈利为目的的企业。它也具有从事业务经营所需要的自有资本，依法经营，照章纳税，自负盈亏，与其他企业一样，它以利润为目标。商业银行又是不同于一般工商企业的特殊企业。其特殊性具体表现于经营对象的差异。工商企业经营的是具有一定使用价值的商品，从事商品生产和流通；而商业银行是以金融资产和金融负债为经营对象，经营的是特殊商品——货币和货币资本。经营内容包括货币收付、借贷以及各种与货币运动有关的或者与之相联系的金融服务。从社会再生产过程看，商业银行的经营，是工商企业经营的条件。同一般工商企业的区别，使商业银行成为一种特殊的企业——金融企业。

### 9.3.2 商业银行的职能

**1. 充当信用中介**

充当信用中介是商业银行最基本也是最能表现其经营特征的职能。商业银行动员和集中社会上各方面的闲置资金，通过贷款把这些集中起来的资金投向需要资金的企业和个人，在借贷双方之间起到了牵线搭桥的作用。商业银行信用中介职能的发挥，克服了企业及个人之间进行直接信用的各种局限性和困难，大大提高了整个社会资金的使用效率。

**2. 变货币收入为货币资本**

商业银行通过各种存款方式，将社会各主体的闲散货币收入集中起来，然后将这些资金贷放给企业进行生产投资，从而将零散的货币资金转化为货币资本，扩大了社会资本总量。商业银行的这一职能保证了社会再生产对资金的需要，促进了社会化大生产的顺利进行。

**3. 充当支付中介**

现代社会，几乎所有的企业、部门均与商业银行存在一定的业务往来关系。商业银行在代替客户办理货币收付，以及与资本运动有关的技术性业务时，就执行了支付中介职能。商业银行扮演的是社会经济组织的"账房"和"出纳"的角色。支付中介职能的行使,大大加快了社会资金在各经济组织之间的流转速度,提高了资金的使用效率。

**4. 创造存款和信用流通工具**

商业银行在信用中介职能的基础上,通过存贷业务的开展,可以扩大流通领域中的货币流通量。另外,商业银行还可以通过发行支票、本票、大额存款单,为货币流通提供先进、便捷的流通工具,可以减少现金流通量,节约现金流通费用,降低货币流通成本。

**5. 金融服务职能**

随着经济的发展,工商企业的业务经营环境日益复杂化,银行间的业务竞争也日益剧烈化,银行由于联系面广,信息比较灵通,特别是电子计算机在银行业务中的广泛应用,使其具备了为客户提供信息服务的条件,咨询服务,对企业"决策支援"等服务应运而生,工商企业生产和流通专业化的发展,又要求把许多原来属于企业自身的货币业务转交给银行代为办理,如发放工资,代理支付其他费用等。个人消费也由原来的单纯钱物交易,发展为转账结算。现代化的社会生活,从多方面给商业银行提出了金融服务的要求。在强烈的业务竞争下,各商业银行也不断开拓服务领域,通过金融服务业务的发展,进一步促进资产负债业务的扩大,并把资产负债业务与金融服务结合起来,开拓新的业务领域。在现代经济生活中,金融服务已成为商业银行的重要职能。

### 9.3.3 商业银行的经营原则

商业银行的经营原则一般有三条,即盈利性、流动性、安全性。其中,盈利性是商业银行经营目标的要求,占有核心地位;流动性是清偿力问题,即银行能随时满足客户提款等方面的要求的能力;安全性是指银行管理经营风险,保证资金安全的要求。这三条要求既有统一性又有矛盾,如流动性强、安全性高但盈利能力弱。只能从现实出发,统一协调寻求最佳的均衡点。我国在《银行法》中明确规定商业银行是以效益性、安全性、流动性为经营原则,实行自主经营、自担风险、自负盈亏、自我约束。

### 9.3.4 商业银行的业务

**1. 负债业务**

负债业务是商业银行筹集资金,借以形成资金来源的业务,是商业银行资产业务和其他业务营运的起点和基础。在商业银行的资金来源中,90%以上来自负债。商业银行的负债也是整个银行体系创造存款货币的基础。对商业银行而言,只有大量吸收各种存款,才能发放贷款,从而在原来的负债基础上,扩张整个社会信用规模,扩大货币供应量。

商业银行负债有广义和狭义之分。广义的负债指除银行自有资本以外的一切资金来源;狭义负债主要指银行存款、借款等一切非资本性的负债。这里只介绍狭义负债的内容。

（1）存款负债。

存款业务是商业银行最基本、最重要的业务，是商业银行对存款客户的一种负债。

负债的数量和期限很大程度上取决于客户本身，而不是由商业银行所决定的。所以存款业务对商业银行来讲是一种被动型的负债。

存款业务种类根据不同的标准有所不同，按照存款的支取方式划分为三种，即活期存款、定期存款和储蓄存款。

活期存款是指可由存款人随时存取和转让的存款，它没有确切的期限规定，银行也无权在存款人取款时做事先的书面通知。活期存款能满足存款户存取方便、运用灵活的需要，因此，它的适用对象十分广泛。在发达的信用制度下，人们之间经济交易的结算大多是通过活期存款账户进行的，所以在国外又把活期存款称为交易账户。在各种取款方式中，最传统的是支票取款。因此，活期存款也叫支票存款。

定期存款是存款人和银行预先约定存款期限的存款。定期存款期限通常为3个月、6个月、1年不等，期限最长的可达5年或10年。利率根据期限的长短不同而有差异，但都要高于活期存款的利率。传统的定期存款要凭银行签发的定期存单提取，存单不能转让，银行根据存单计算应付本息。

储蓄存款是指个人为了积储货币和取得一定的利息收入而开立的账户。政府机关、企业单位的所有存款都不能称为储蓄存款。储蓄存款分为活期储蓄存款和定期储蓄存款。活期储蓄存款无一定期限，只凭存折或信用卡便可提现。存折一般不能转让流通，存款户不能透支款项，定期储蓄存款类似于定期存款，预先约定期限，利率较高。

在中国商业银行的资金来源中，居民储蓄存款是最主要的部分，尤其是定期部分高而稳定，为银行提供了大量长期性资金来源，因此大力吸收个人储蓄存款历来都是中国金融工作中的一条重要方针。

（2）非存款负债。

虽然存款构成商业银行主要的资金来源，但仍有可能无法满足贷款和投资增长的需求。此时，商业银行便需要寻求存款以外的其他资金来源，这部分资金就是非存款负债。非存款负债是商业银行主动到市场上借款、发债、筹集资金以增加资金来源的负债。所以该种负债又被称为主动型负债。商业银行的非存款负债主要包括同业借款、向中央银行借款、证券回购协议和发行金融债券等。

**2. 资产业务**

商业银行的资产业务是将筹集来的资金运用出去的业务。商业银行所聚集的资金，除了必须保留一定数量的现金和在中央银行的存款以应付客户提款和转账的需求之外，主要以资产业务的方式加以运用。这些业务包括贷款业务、票据贴现业务和投资业务等。

（1）贷款业务。

贷款又称为放款，是指商业银行根据信用原则，将其通过负债方式取得的资金借给客户，到期收回本金和利息的一种活动。贷款是商业银行的传统核心业务，是商业银行获得盈利的主要资产。商业银行在贷款过程中要遵循效益、安全和流动性原则。

从商业银行经营管理的需要出发，可以对银行贷款按照不同的标准进行分类。按贷款的保障程度，贷款可分为担保贷款和信用贷款。担保贷款是指以第三人承诺或以特定的担保品（抵押或质押）作为保证的贷款。根据还款保证的不同，具体分为抵押贷款、质押贷款和保证贷款。按贷款的用途分类，贷款可以分为工商贷款、不动产贷款、消费者贷款、农业贷款等。按贷款的偿还方式分类，贷款可以分为一次性偿还和分期偿还两种方式。按贷款期限划分为活期贷款（通知贷款）、定期贷款。按贷款的风险程度分类，贷款可分为正常贷款、关注类贷款、次级贷款、可疑贷款和损失类贷款五类。

（2）票据贴现业务。

票据贴现是指票据持有人以未到期票据向商业银行兑换取款，商业银行从票据中扣除自贴现日到票据到期日的利息，将余额支付给持票人的资金融通行为。票据贴现表面上是一种票据买卖业务，实际上是一种商业银行的放款业务。客户将票据卖给商业银行的同时，也将其债权转让给了商业银行；商业银行在预扣利息的基础上，向客户支付低于票据面额的贴现资金，相当于代债务人提前偿付了债务，商业银行则成为票据的债权人，到期可以向债务人追讨债务。由于商业票据具有自动清偿能力，商业银行办理票据贴现，其风险一般小于信用贷款，业务费用开支又大大低于抵押贷款，因而是一种很受商业银行青睐的资产业务。

（3）投资业务。

银行的投资业务也是银行的传统业务，是指银行购买有价证券的业务活动。西方银行的投资占其总资产业务的 5%~20% 不等。银行的投资形式主要是证券性投资。证券投资是指银行将没有放贷目的的资金，用于购买有价证券以确保收益的行为。商业银行投资于有价证券的目的，一般是增加收益和增加资产的流动性。购买的证券充当了商业银行的二级准备金。目前银行证券投资主要投资政府债券、公司债券、商业票据、银行承兑汇票。对于股票，大多数西方国家，也包括中国在法律上都禁止商业银行投资工商企业的股票，只有德国、奥地利、瑞士等少数国家允许。但随着政府管制的放松和商业银行业务综合化的发展，股票作为商业银行的投资对象已成为必然趋势。

**3. 中间业务**

商业银行的中间业务也称中介业务、代理业务、居间业务，它是指商业银行不直接承担或不直接形成债权债务、不运用或较少运用自己的资金，以中间人的身份替客户办理收付或其他委托事项，为客户提供各类金融服务并收取手续费的业务。商业银行中间业务品种繁多，分类方法各不相同，大致可以分为结算类、代理类、担保类、金融创新类中间业务及其他中间业务。中间业务由于不占用银行的资金，且风险较小，因此是未来银行业务发展的重点。

**4. 表外业务**

20 世纪 80 年代以来，西方各国金融管制放松，银行业竞争加剧，而这种竞争的目标自然集中在存款和贷款上，一些商业银行在保持其主要业务领域竞争优势的同时，在技术进步和金融创新的推动下，极力拓展新的业务，于是，表外业务蓬勃发展起来。

表外业务是指商业银行所从事的不列入资产负债表且不影响资产负债总额变化的经营活动。表外业务有广义和狭义之分。广义的表外业务包括有风险的表外业务和无风险的服务活动。银行无风险的服务活动主要以收取手续费为目的，如结算、代理业务、信息咨询等。

> 📖 **拓展阅读**

### 2017年民营银行净利猛增2倍

银监会城市银行部主任凌敢介绍，截至2017年年末，民营银行总资产3381.4亿元，同比增长85.22%；总计实现净利润19.67亿元，是上年同期的2.09倍；不良贷款率0.53%，低于商业银行平均水平1.22个百分点。

从2014年7月首批民营银行获批筹建到如今17家民营银行全部开业仅四年时间，从数据来看，民营银行总体运行平稳，发展态势良好。凌敢同时透露，17家开业的民营银行中，有9家开业时间是在2017年，比前三年总和还多。

截至目前，国内民营银行共有17家，分别为：深圳前海微众银行、上海华瑞银行、温州民商银行、天津金城银行、浙江网商银行、重庆富民银行、四川新网银行、湖南三湘银行、安徽新安银行、福建华通银行、武汉众邦银行、山东蓝海银行、北京中关村银行、江苏苏宁银行、吉林亿联银行、辽宁振兴银行、梅州客商银行。

其中比较知名的是浙江网商银行。于2014年9月26日获准筹建，注册资本为40亿元人民币。是一家没有线下网点的纯互联网银行，仅依靠大数据、云计算等创新技术来驱动业务运营。

资料来源：根据相关资料整理。

## 9.4 政策性银行

### 9.4.1 政策性银行的概念

政策性银行是指由政府和政府机构发起、出资创立、参股或保证的，不以盈利为目的，在特定的业务领域内从事政策性融资活动，以贯彻和配合政府的社会经济政策或意图的金融机构。政策性银行与一般商业银行一样都是以货币这一特殊商品为经营对象的，但与商业银行相比，政策性银行又有自身的特点。

### 9.4.2 政策性银行的特点

**1. 政府控制性**

政策性银行一般都由国家直接出资创立，完全归政府所有。即使有些政策性银行不完全由政府设立，也往往由政府参股或保证。因而政策性银行具有国家银行的主体性质。从组织形态上看，世界各国的政策性银行基本上均处于政府的控制之下。

**2. 非营利性**

政策性银行以贯彻国家产业和社会发展政策为己任，一般从事一些具有较高金融风险和商业风险的融资活动，因此，它不以利润最大化为经营管理目标。当然，政策性银行在实际经营活动中也要实行独立核算，以最小的成本去实现国家赋予的政策使命。

**3. 资金来源与运用的特殊性**

政策性银行的资金来源除国家拨款外，主要通过发行债券、借款和吸收长期存款获得。为了特殊的政策意图，政策性银行往往不与商业银行进行竞争，它的资金运用方向主要是国家产业政策、社会发展计划中重点扶持的项目，这些贷款期限长、利率低，一般不适合商业银行从事。

**4. 信用创造的差异性**

政策性银行一般不办理活期存款业务，其负债是银行体系已经创造出来的货币，所以不实行存款准备金制度，其资产一般为专款专用，因此，与商业银行不同，政策性银行通常不具有派生存款和增加货币供给的功能。

## 9.5 非银行金融机构

非银行金融机构是指除了中央银行、商业银行、政策性银行及其他专业银行之外的金融机构。非银行金融机构与商业银行及专业银行并无本质区别，都是以信用方式集聚资金并投放出去，达到盈利的目的。但非银行金融机构业务范围较为狭窄，专业性较强，与商业银行及专业银行相比，规模与实力稍微逊色。

### 9.5.1 保险公司

保险公司是专门经营保险业务的专业性金融机构。保险公司通过合同形式与投保人建立权利义务关系，根据合同约定向投保人收取保险费，保险公司则对合同约定可能发生的灾害事故所造成的财产损失承担赔偿保险金责任，或者当被保险人死亡、伤残、疾病或者达到合同约定的年龄、期限时承担给付保险金责任。

保险公司像银行一样，经营的也是金融中介业务，其业务活动的实质是帮助公众将一种资产转化为另一种资产或保障，保险公司将收取的保险费投资于股票、债券及各类金融资产上，并运用这些金融资产所得的收益来支付保单所规定的权益。实际上，保险公司把诸如债券、股票和贷款之类的资产转换成了提供一系列服务的保险单。如果保险公司在上述资产转换过程中能有效地以较低的费用向客户提供适当的保险服务，且能在其投资方面获得回报，它就会得到利润；否则，它就要承受损失。在世界各国特别是市场经济发达的国家，保险公司是除银行外最重要的金融机构，在国民经济中发挥着重要作用。

按照所承担风险的类型不同，可以将保险公司分为财产保险公司与人身保险公司；根据被保险人的不同，可以分为原保险公司与再保险公司。

**1. 财产保险公司**

财产保险公司是对法人财产和家庭财物提供保险的金融机构。当投保人的财产在保险期内由于灾害及其他原因遭受损失时，保险公司负责赔偿。

财产保险的主要业务险种可分为以下几类：火灾及其他灾害事故保险、货物运输保险、运输工具保险、工程保险、责任保险、保证保险和信用保险等。每一险种中又有不同的险别，每个险别又有各自的适用范围、承保责任和特约内容等。

**2. 人身保险公司**

人身保险公司是为人们因遭到意外伤害、疾病、死亡而造成经济损失提供保险的金融机构。与财产保险相比，人身保险具有如下一些基本特征：第一，人身保险的保险标的是人的生命或身体；第二，人身保险的保险责任是不幸事故或疾病、衰老等原因造成的生、老、病、死、伤残；第三，人身保险的给付条件是保险期内保险事故发生人的伤残、死亡等，或是保险期满被保险人生存；第四，人身保险金多是定额给付。

人身保险的主要业务险种可以划分为三大类：人寿保险、人身意外伤害保险和健康保险。人寿保险又包括死亡保险、生存保险、两全保险等。死亡保险进一步可分为定期死亡保险、终身死亡保险等；生存保险主要有年金保险形式；两全保险是死亡与生存保险的结合。人身意外伤害保险分为普通意外伤害和特种意外伤害保险。健康保险可进一步分为医疗费用保险、疾病停工收入补偿保险、特种疾病保险等。

**3. 再保险公司**

再保险公司是经营再保险业务的商业组织机构。再保险是与原保险相对应的概念。

原保险是指保险人对所承保的保险事故在其发生时对被保险人或收益人进行赔偿或者给付的行为，它又称直接保险。

再保险是指原保险人为避免或减轻其在原保险中所承担的保险责任，将其所承保的风险的一部分再转移给其他保险人的一种行为。

### 9.5.2 信托公司

金融信托公司是以货币或有价证券财产为信托物的信托业务公司。它以代理他人运用资金，买卖证券，经营发行债券、股票，管理财产等为主要业务。我国的金融信托公司的主要业务包括以下几类。

**1. 信托存款**

信托存款是金融信托公司接受的客户存款，它是根据客户的存款申请吸收进来并代为管理和运用的资金。信托存款分为普通信托存款和特约信托存款两种。前者是存款人不指定存款用途，由金融信托机构负责管理运用，存款人根据存款期限长短，除得到一般定期存款的利息外,还可以得到一定的红利;后者是存款人指定投资或贷款的范围、对象以及收益的方法,金融信托机构除收取约定的信托费外,所有损益责任一概由存款人自负。信托存款的资金来源、范围、期限、档次和利率,均由中国人民银行规定、公布和调整。

**2. 信托贷款**

信托贷款是信托投资机构运用吸收的信托存款、自有资金和筹集的其他资金所发放的贷款。信托贷款选择对象比较广泛,凡工业、商业、交通、物资、建筑、外贸行业的企业、服务性企业、科研单位、三资企业,以及乡镇企业等,确有急需、用途合理、符合国家的产业政策,均可作为信托贷款的支持对象。

**3. 信托投资**

信托投资是信托机构用自有资金或筹措的资金,以投资者身份直接参与企业的投资及其经营成果的分配。

**4. 委托贷款**

委托贷款也叫指定资金信托,是信托机构接受委托人的委托,在委托人存入的委托存款额度内,按其指定的对象、用途、期限、利率与金额发放贷款,并负责到期收回贷款本息的一项信托业务。

**5. 委托投资**

委托投资是委托人将资金事先存入金融信托机构作为委托投资基金,委托金融信托机构向其指定的联营或投资单位进行投资,并对投资的使用情况、投资单位的经营状况及利润分红等进行管理和监督的一种金融信托业务。委托投资一般有两种形式:一种是信托机构根据投资和被投资双方签订的投资协议,办理委托投资中的有关事项;另一种是由信托机构与投资人签订委托投资协议,委托人提出投资意向,由信托机构寻找投资对象,并负责审查被投资方的经营能力,然后提交委托投资人决定是否投资。

**6. 财产信托**

财产信托包括动产和不动产信托,是在动产和不动产的买卖过程中,在买方资金不足或卖方对买方信用不够了解的情况下,将财产所有权转移给受托人,并从受托人处获得融资或信用担保,最终实现动产和不动产买卖的业务。

### 9.5.3 金融租赁公司

金融租赁又称融资租赁,是指企业需要添置某些技术设备而又缺乏资金时,由出租人代其购进或租进所需设备,然后再将它租给承租人,在一定期限内有偿使用的一种租赁方式。金融租赁是一种以融通资金为目的,以技术设备、办公设备等动产为租赁对象,以经济法人为承租人的新型的金融业务。

目前我国常用的金融租赁业务有以下几种。

**1. 直接租赁**

这是融资性租赁业务中比较普遍的一种形式。租赁公司根据承租人的要求,自行筹资并购进承租人所需设备,租给承租人使用。租赁期内物件所有权完全归属出租人,租赁期满,承租人有廉价购买其租赁设备的特权。承租人用租入设备所新增利润支付租金。租赁设备的维修、保养及保险由承租人负担。

**2. 转租赁**

转租赁是租进租出的做法,即出租人从制造商或另一家租赁公司租进设备,然后转租给用户。转租赁是租赁公司同时兼有承租人和出租人双重身份的一种租赁形式。这种租赁方式至少涉及三方面关系,两份租赁合同,实际上是一个项目两笔租赁,其租金一般比直接租赁高。中间租赁公司作为承租人向出租公司支付租金,又以出租人身份向用户收取租金。设备的所有者与使用者之间没有直接的经济或法律关系。

**3. 回租租赁**

回租租赁是当企业急需资金时,将自己拥有的设备按规定卖给租赁公司,再作为承租人向租赁公司租回原设备继续使用,并按期向租赁公司交付租金。回租租赁是一种紧急的融资方式,适合于资产流动性差的企业。作为租赁物体的设备就是企业的在用设备,未做任何转移,其销售只是一种形式。承租人既保持了原有设备的使用权,又能使这些设备所占用的资金转化为企业急需的周转资金,使企业固定资产流动化,提高了资金的利用率。

**4. 杠杆租赁**

杠杆租赁也称平衡租赁或代偿贷款租赁,它是金融租赁的一种特殊形式。这种形式是设备购置成本的小部分由出租人承担,大部分由银行等金融机构提供贷款补足。其做法是:一家租赁公司先出小部分资金,其余的通过把租赁物作抵押,以转让收取租金的权利作附加担保,联合若干家其他金融机构共同提供一项租赁融资,形成较大的资金规模,以购买大型资金密集型设备,提供给承租人使用。设备出租后,承租人要向贷款人支付租金,以替出租人偿还借款债务。由于这种租赁的出租人自筹资金只占少量,而主要依靠抵押贷款的杠杆作用来获取高于一般租赁的投资报酬,因此称为杠杆租赁。

### 📖 课外阅读

#### P2P 公司——新兴的金融机构

P2P 是 peer-to-peer 的缩写,peer 在英语里有"(地位、能力等)同等者""同事"和"伙伴"等意义。这样一来,P2P 也就可以理解为"伙伴对伙伴"的意思,或称为对等联网。P2P 直接将人们联系起来,让人们通过互联网直接交互。P2P 使网络上的沟通变得容易、更直接共享和交互,真正地消除中间商,为企业与个人提供更大的方便。

P2P 借贷指个人通过 P2P 公司这个第三方平台将钱借给其他个人或小微企业的新型金融模式,主要是提供 1 万~30 万元的小额贷款,让那些无法在传统金融机构获得贷款的个人或小微企业能借到所需资金。同时为投资者提供 10% 左右年化收益率。

对投资者而言,P2P 理财有两大吸引力:一是资金门槛极低,一般只要二三万元,最低号称只要 50 元。二是收益奇高,大部分项目年化收益率在 12%~15%,个别超过

20%，平均年化收益率超过 9%。

但是，P2P 理财却蕴含着巨大的风险。投资的铁律就是高收益伴随高风险。对于 P2P 理财，其主要风险为三点：

一是借贷人违约。借贷人如果能从银行获得贷款，绝不会到 P2P 平台上来融资，15% 甚至更高的利率，借贷人需要赚多少利润才能还清？因此，到 P2P 平台上来的借钱者，违约风险不可忽视。

二是担保风险。一些 P2P 网贷平台称，如果借贷人逾期不还款，超过一定期限，将有担保公司先行赔付。这个期限，有的平台定为 30 天，有的定为 80 天。不少投资者看到有担保，直觉上认为会很安全，事实却未必。

三是 P2P 平台经营风险。如何选择第三方 P2P 公司，是投资者成功参与 P2P 理财的关键。在选择 P2P 公司时一定要多调查，选择有正规资质、规模较大、信誉好的公司办理业务，对资金安全和理财收益更有保障。2013 年业界经历密集的 P2P 公司倒闭潮，使众多投资者血本无归。因此，未来 P2P 理财的发展需要进一步的规范和引导。

资料来源：根据相关资料整理。

# 关键术语

金融机构　中央银行　商业银行　政策性银行

## 学以致用

1. 我国金融机构体系主要由哪些机构组成？
2. 中央银行主要有哪些性质与职能？
3. 政策性银行的概念与特点有哪些？
4. 商业银行主要有哪些业务？

## 案例分析

### 存款保险制度历时七年终确定

连续多年被写进政府工作报告的存款保险制度，终于明确推出时间表。2015 年 3 月 5 日提请十二届全国人大三次会议审议的政府工作报告提到，推出存款保险制度。这意味着，2015 年年内推出存款保险制度将成为"板上钉钉"的硬任务。

自 2008 年国际金融危机以来，我国建立存款保险制度的呼声格外强烈，当年"建立存款保险制度"就被写入政府工作报告，随后几乎每年都会被提及。2015 年政府工作报告关于存款保险制度的表述，终于由"建立"演变为"推出"，历时七年时间。

全国政协委员、中国人民银行副行长潘功胜日前透露,国务院常务会议审议通过了《存款保险制度实施方案》《存款保险条例(征求意见稿)》,向社会公开征求意见工作已完成,制度出台前的各项准备工作已经就绪。

所谓"存款保险",是指存款银行交纳保费形成存款保险基金,当个别银行经营出现问题时,使用存款保险基金依照规定对存款人进行及时偿付。此前的征求意见稿提出,最高偿付限额为人民币50万元。按央行统计,可以覆盖99.63%的存款人的全部存款。

其实,世界上已有110多个国家和地区建立了存款保险制度。央行曾明确表示,存款保险制度只是小比例地向金融机构收取保费,费率远低于绝大多数国家的水平。

资料来源:新浪财经网。

**讨论题:**

存款保险制度确立后会给银行机构带来怎样的影响?

# 任务10  金融市场

【任务驱动】
　　金融市场是指资金供求双方通过金融工具进行交易而融通资金的市场。通过本章的学习，了解金融市场的概念，了解无形金融市场的含义；了解金融市场是由市场主体、客体、媒体、价格等组成；理解金融市场的功能。
　　按融资期限，金融市场可分为货币市场与资本市场；按交易对象，分为资金市场、外汇市场、黄金市场；按交割方式，分为现货市场与金融衍生工具市场，通过本任务的学习，要求学生掌握以上分类，并且分别掌握货币市场、资本市场、外汇市场、金融衍生品市场的分类及主要业务。

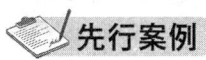先行案例

## 纽约金融市场

　　纽约是世界最重要的国际金融中心之一。第二次世界大战以后，纽约金融市场在国际金融领域中的地位进一步加强。美国凭借其在战争时期膨胀起来的强大经济和金融实力，建立了以美元为中心的资本主义货币体系，使美元成为世界最主要的储备货币和国际清算货币。在纽约，不仅有许多大银行，而且商业银行、储蓄银行、投资银行、证券交易所及保险公司等金融机构云集，许多外国银行也在纽约设有分支机构，1983年世界最大的100家银行在纽约设有分支机构的就有95家。这些都为纽约金融市场的进一步发展创造了条件，加强了它在国际金融领域中的地位。

　　纽约金融市场按交易对象划分，主要包括外汇市场、货币市场和资本市场。

　　纽约外汇市场是美国也是世界上最主要的外汇市场之一。纽约外汇市场并无固定的交易场所，所有的外汇交易都是通过电话、电报和电传等通讯设备，在纽约的商业银行与外汇市场经纪人之间进行。这种联络就组成了纽约银行间的外汇市场。此外，各大商业银行都有自己的通讯系统，与该行在世界各地的分行外汇部门保持联系，又构成了世界性的外汇市场。由于世界各地时差关系，各外汇市场开市时间不同，纽约大银行与世界各地外汇市场可以昼夜24小时保持联系。因此它在国际间的套汇活动几乎可以立即完成。

　　纽约货币市场即纽约短期资金的借贷市场，是资本主义世界主要货币市场中交易量最

大的一个。除纽约市金融机构、工商业和私人在这里进行交易外，每天还有大量短期资金从美国和世界各地涌入流出。与外汇市场一样，纽约货币市场也没有一个固定的场所，交易都是供求双方直接或通过经纪人进行的。在纽约货币市场的交易，按交易对象可分为：联邦基金市场、政府库券市场、银行可转让定期存单市场、银行承兑汇票市场和商业票据市场等。

纽约资本市场是世界最大的经营中、长期借贷资金的资本市场。可分为债券市场和股票市场。纽约债券市场交易的主要对象是：政府债券、公司债券、外国债券。纽约股票市场是纽约资本市场的一个组成部分。在美国，有10多家证券交易所按证券交易法注册，被列为全国性的交易所。其中纽约证券交易所、NASDAQ和美国证券交易所最大，它们都设在纽约。

资料来源：根据百度百科相关资料整理。

## 10.1 金融市场概述

### 10.1.1 金融市场的概念

简单地说，金融市场就是进行金融交易的场所。这里的"金融交易"是指各种金融资产的交易行为，如银行的借贷行为，股票、债券的发行行为等，金融资产的交易价格称为"利率"。作为各种金融资产的交易场所，金融市场既可以是固定的有形场所，如银行的营业前台，也可以是无形的场所，即利用现代技术设施建立起来的交易网络。而且随着计算机技术和网络技术在金融交易中的普遍运用，金融市场已经趋于无形化，如客户通过电脑和网络就可以轻松实现网上银行的各种业务。因此，从总体上说，金融市场可以定义为：资金供求双方通过金融工具进行交易而融通资金的市场。

### 10.1.2 金融市场的构成要素

在金融市场上，资金的供给者和需求者相互接触，对各种不同金融工具进行自由买卖，因此，金融市场就由交易主体、交易客体（金融工具）和交易价格组成。

**1. 交易主体**

交易主体是指参与金融市场活动的资金供给者和资金需求者。一般来说，金融市场的交易主体主要包括：以中央银行为主的政府部门、企业、各种金融机构和居民个人。

不同的交易主体的交易目的和交易方式各不相同。

（1）企业。

企业是作为最大的资金需求者来进行金融市场的交易。为了弥补资金的不足，企业一般通过向银行借款或是发行股票和债券的方式进行融资。有时企业也把在生产经营过程中的暂时闲置资金存入银行或是进行证券投资，此时企业就成为资金的供给者。但从整体上看，企业资金的需求量大于供给量。而且一个企业如果想要发展壮大，对金融市场的依赖就会越来越大。而在一国的金融市场出现问题时，企业也会面临破产的风险。

（2）金融机构。

金融机构是作为最大的资金供给者来进行金融市场的交易。绝大多数的金融工具都是由金融机构所创造。金融机构主要包括商业银行、证券公司、保险公司、信托公司等中介机构。金融机构参与金融交易的主要目的在于获取利润，但与此同时也保证了绝大多数的其他参与者实现市场交易的愿望，保证了金融市场交易的顺利进行。因此维护金融机构的稳定是政府的重要责任。

（3）中央银行。

中央银行参与金融市场主要是以管理者的身份来进行。它参与金融市场的主要目的是执行国家的货币政策，调控货币供应量和稳定币值。除此之外，政府部门经常通过发行公债的方式在金融市场上进行融资，用于弥补赤字或其他支出，而公债和国库券的代理发行者就是中央银行。

（4）个人。

居民个人首先是资金的供给者。银行存款的来源大部分来自居民的储蓄存款，同时居民为了使闲置的资金获得更高的收益进行证券投资。其次居民也是资金的需求者，如住房贷款、汽车贷款和其他消费贷款等。

**2. 交易客体**

交易客体又称金融工具，是金融市场的交易对象和标的物。同时金融工具也是反映借款人和贷款人之债权债务关系的一种合约性证明文件。由于合约性证明文件以书面形式存在，因此金融工具又称金融票据。常见的金融工具一般由金融机构与企业发行，如股票、债券、可转让存单、商业票据等。但有些金融票据的交易却是无纸化的，如股票。随着信用的进一步发展，一些新的金融工具不断涌现，如衍生金融工具。

**3. 金融市场价格**

金融市场价格一般称为利率，是各种金融资产在交易过程中表现出来的价格。如银行借款利率、国库券市场利率、贴现市场利率、银行同业拆借市场利率等。但不同的利率之间有密切联系。通过市场的调节作用，所有各种利率在一般情况下，呈同方向的变化趋势。

而且利率是经济中最受关注的一个指标。它与我们的日常生活息息相关并对经济的健康发展产生重大影响。它影响着诸如消费、购房、购买股票还是把资金存入银行等个人决策。此外，利率还影响着工商企业的经济决策，如是将资金投资于新设备还是把钱存入银行。

## 10.1.3 金融市场分类

金融市场是一个庞大、复杂的系统，包含许多具体的、相互独立但又相互联系的市场。按照不同的分类标准，可将金融市场划分为多种类型。

**1. 按照融资期限长短划分**

这是划分金融市场的最基本方法。按照融资期限长短，金融市场可分为货币市场与资本市场。货币市场又称短期资金市场，是融资期限在一年以内的资金市场。这些资金具有偿还期限短、流动性高、风险小的特点，与货币的属性类似，所以称其为货币市场。货币市场又可以进一步划分为同业拆借市场、票据贴现市场、短期债券市场和回购协议市场等类型。

资本市场又称长期资金市场，是融资期限在一年以上的金融市场。在长期融资活动中，资金具有期限长、流动性差、风险大、收益高的特点，类似于资本投入，所以称其为资本市场。资本市场可进一步划分为股票市场、中长期债券市场、基金市场等类型。

**2. 按照交易对象划分**

按照金融市场交易的品种不同，金融市场可以将其划分为资金市场、外汇市场和黄金市场。资金市场就是资金借贷市场。其中长期资金借贷市场就是上述的资本市场，短期资金借贷市场就是上述的货币市场。外汇市场则是专门买卖外汇的市场，黄金市场则是专门进行黄金交易的市场。

**3. 按照金融交易的交割方式划分**

按照交割方式划分，金融市场可分为金融现货市场和金融衍生工具市场。这里的交割方式是指交易双方在签订合同后，实际进行交易的时间。金融交易双方在合同签订后的3个营业日内进行交割，就是金融现货市场，如股票市场。金融交易双方如果在合同签订后不立即进行交割，而是在多个营业日之后进行交割，就是衍生金融工具市场，如股指期货市场。一般来说，投资者进行金融现货交易的主要目的是为获取利润，而进行金融期货交易的目的主要是防范风险，当然也不排除一些投机者的存在。在当今金融市场上，衍生金融工具市场发展非常快，在美国几乎每隔一段时间就会出现新的交易品种，但与此同时也加大了金融市场的风险性。

**4. 按照地域范围划分**

按照地域范围划分，金融市场可分为国内金融市场和国际金融市场。国内金融市场是指融资交易活动的范围局限在一国国境之内，不涉及其他国家，即只有本国居民可以参加的金融市场，如我国股票的A股市场。国际金融市场是指融资交易活动并不局限于一国国境之内，而是涉及多个国家，即允许外国居民参与交易的金融市场，如欧洲美元市场就是一个典型的国际金融市场。在当今社会，国内金融市场与国际金融市场联系十分密切，通常会出现一荣俱荣、一损俱损的情况。

### 10.1.4 金融市场功能

**1. 聚集和分配资金功能**

在经济运行中，各经济主体掌握的资金总量是不平衡的。既有资金盈余单位又有资金匮乏单位。如何将资金从盈余单位手中转移到匮乏单位手中促进经济发展是一国金融市场的一个重要功能。在金融市场中，资金盈余单位通过购买金融工具，既可以保持较高的流动性，又可以带来可观的收益；而资金匮乏单位则可以根据自身需要有选择地在金融市场上进行筹资活动，降低筹资成本，提过筹资收益。因此，金融市场作为各类经济体的媒介和桥梁，有效地连接起了资金供求双方，使资金流向最需要的地方，从而实现了资金的合理配置。一般来说，在金融市场中资金供求双方交易成本越少，信息沟通越顺畅，这样的金融市场就越有效率。

**2. 资金期限转换功能**

在实际中，资金供给者能提供的资金和资金需求者所需要的资金在期限上很难达成一致。金融市场的存在恰恰为这种长、短期资金的相互转换提供了可能。如通过股票、长期债券等长期金融工具可以将资金供给者手中的短期资金转化为长期资金；然后又可以在金融市场上出售这些股票和长期债券，获得现金或其他短期金融资产等流动性较高的资金。所以说金融市场的资金期限转换功能既可以满足人们的流动性需求，又可以为生产发展筹集到足够的资金。

**3. 提高社会经济福利功能**

金融市场的存在，使资金从没有生产性投资机会的经济单位流向有这种机会的经济单位。正因为这样，金融市场为整个经济增加生产和提高效率作出了贡献。同样，金融市场使消费者能更好地利用购买时机，从而直接提高了他们的福利。如向年轻人提供资金用于购置现在需要而以后才能负担得起的东西，使他们不至于望洋兴叹，苦等着积累足够的钱方能购置。有效运行的金融市场改善了社会上每个人的经济福利。

**4. 信息集散功能**

金融市场历来被称为国民经济的"晴雨表"，是公认的全国经济信息的集散中心。

金融市场的各种活动和态势可以为个人、企业和国家提供大量信息资料。首先金融市场可以反映微观经济运行状况；其次金融市场交易直接或间接地反映国家宏观经济政策的变动以及各经济体对政策变动的反映；再次金融市场有大量专门人员长期从事商情研究和分析，能了解企业的发展动态，为投资者提供投资决策；最后金融市场有着广泛收集、传播信息的通信网络，使投资者及时了解世界经济的发展变化。

## 10.1.5 现代金融市场的特点

现代金融市场经过多年的发展，呈现了一些新的特点，而通过这些特点，我们可以发现未来金融市场的发展趋势。

**1. 全球化**

随着全球一体化的进程加速，各国的金融市场的联系越来越紧密，相互间的合作越来越频繁，逐渐形成了统一的全球性金融市场。金融交易活动已突破了地域范围的限制，跨国、跨地区的交易越来越频繁。除此之外，金融活动也已突破时间的限制，全球昼夜24

小时交易已经实现。与此相对应的是金融管制的放松,各国的金融法令也相互协调,趋于一致,但危机传染的风险也在增加。

**2. 融资活动证券化**

证券化融资与传统的银行信贷相比具有流动性强、风险可分散的特点。证券化代表了融资方式的发展趋势。但是近年来,频繁出现的融资证券化也显示出了弊端,甚至成为一些国家金融危机的"导火索"。

**3. 金融创新多样化**

在当今的金融市场中,金融产品创新变得越来越有针对性。即根据客户的筹资期限、规模、可容忍的风险程度等方面来量身定做。这样的金融产品创新更贴近客户的要求,因此其竞争力也越强。这也是各金融机构相互间竞争的一种手段。

**4. 金融业务多元化**

面对客户的高要求和激烈的同业竞争,金融机构开始突破原有的经营范围,开拓新的业务类型,逐渐成为多元化经营的综合性金融机构。如银行既经营保险业务,也经营证券投资业务。但是这种经营方式的风险性强,我国至今也没有准许金融机构进行多元化尝试。

## 10.2 货币市场

货币市场是融资期限在一年以内的资金交易市场。在货币市场交易的资金具有流动性高、风险低的特点,因此是短期融资和投资的最佳市场。在货币市场的交易对象和交易主体十分广泛,既有以银行短期信贷为主的间接融资交易,又有以短期证券交易为主的直接融资交易;既有银行内的交易,又有银行外的交易。由于货币市场的融资金额比较大,一般以机构参与者为主。

由于货币市场在一定时期的资金流的增减变动,反映了该段时间市场银根松紧的变化,因此货币市场成为一国货币当局调控经济的参照和操作对象,以中央银行为主的货币当局也经常参与货币市场的交易。

### 10.2.1 同业拆借市场

同业拆借是金融机构之间相互融通短期资金的一种业务形式。同业拆借市场则是指银行与银行之间、银行与其他金融机构之间进行短期临时性资金借入借出的市场。银行等金融机构在一天的业务终了时,由于存贷款等业务的增减变化,会形成资金的多余或不足。资金多余者通过同业拆借市场把多余资金拆借给资金不足者,实现资金的短期盈利;而资金不足者也可以保证次日业务的正常进行。现实中的同业拆借市场是一个无形市场,交易双方并不聚集在一起,而是使用现代化通讯设备进行交易。

**1. 同业拆借市场的特点**

首先，同业拆借市场融通资金的期限较短，多为1天、2天或1个星期，也有1个月、3个月，最长为4个月。其次，对进入市场主体要求严格。一般只有在中央银行开立存款账户的金融机构可以参与其中。再次，交易手段先进，手续简便，成交时间迅捷。最后，同业拆借基本上都是信用拆借，无需抵押或担保。

**2. 同业拆借市场的参与者**

同业拆借市场的参与者主要包括拆出方、拆入方和经纪商。一般情况下，大商业银行是同业拆借市场的主要拆入方。因为大商业银行的存贷规模大，须向中央银行上交的存款准备金的规模也大，还要留有大量现金应付大规模的流动性支出；此外大银行信誉度高，实力雄厚，拆出方也愿意提供资金。一般作为拆出方的是中小银行和其他非银行金融机构。但有时由于资金、期限、利率上的不一致，加大了拆出方和拆入方搜寻、谈判的成本，为了减少交易成本，出现了经纪商，使交易双方省时、省力。

**3. 同业拆借市场的类型**

按照拆借期限不同，分为头寸拆借和同业借贷。头寸拆借是金融机构为轧平头寸、补足存款准备金或减少超额存款准备金而进行的资金融通活动。这里的头寸是金融业的一个习惯用语，是资金和款项的意思，如果银行有多余的资金就称为多头头寸，反之称为空头头寸。头寸拆借多为日拆，一般期限多为1天。同业借贷是金融同业间因为临时性或季节性的资金余缺而进行的借贷，时间一般比较长。

### 拓展阅读

## 央行发布2017年货币市场运行情况

中国人民银行发布的《2017年金融市场运行情况》显示，2017年，我国货币市场利率有所上行，交易量小幅下降；互换利率小幅上行。

银行间市场信用拆借、回购交易成交总量695.3万亿元，同比下降0.3%。其中，同业拆借累计成交79.0万亿元，同比下降17.7%；质押式回购累计成交588.3万亿元，同比增长3.5%；买断式回购累计成交28.1万亿元，同比下降14.9%。债券市场现券交易量108.4万亿元，同比下降18.0%。

截至2017年年末，银行间市场各类参与主体共计18681家，较上年末增加3437家。其中，境内法人类机构2665家，较上年末增加235家；境内非法人类机构15458家，较上年末增加2999家；境外机构投资者617家，较上年末增加210家。

资料来源：根据央行网站整理。

### 10.2.2 票据贴现市场

票据贴现是指票据持票人在需要资金时，将其持有的未到期的商业票据，转让给商业银行并贴付利息，商业银行将票面金额扣除利息后，将余额交付给持票人的票据行为。对于商业银行，进行票据贴现主要目的是增加银行的收益，实现信贷资产的多样化，利于其稳健经营，减少风险。

**1. 票据贴现的范围**

并不是所有的票据都可以进行贴现。贴现的票据必须符合以下几个条件：首先必须是未到期的票据；其次票据必须以合法的商品交易为基础，没有任何商品交易单纯借贷资金的票据，银行不会受理。一般来说，商业汇票、银行汇票、本票以及国库券、公债券都可以进行贴现。

**2. 票据贴现的种类**

（1）贴现。

贴现是汇票的持有人将已经承兑过的未到期的票据转让给银行，银行按贴现率扣除自贴现日起到到期日为止的贴现息后付给持有人现款的一种行为。汇票到期后，银行凭票向债务人或背书人要求兑现。

银行实际支付给持有人贴现金额的计算公式为：

$$实付贴现金额 = 票面金额 - 贴现息$$
$$= 票面金额 - 票面金额 \times 贴现天数 \times 日贴现率$$
$$= 票面金额 \times (1 - 贴现天数 \times 日贴现率)$$

贴现天数按照算头不算尾的原则进行计算，贴现率为双方事先约定。

（2）转贴现。

转贴现是贴现银行需要资金时，将其已经贴现过的票据向其他银行办理贴现的一种行为。转贴现也是银行之间的一种资金融通行为。

（3）再贴现。

再贴现是商业银行将其贴现过的票据抵押给中央银行，从中央银行处获得借款的一种行为。它体现的是中央银行与商业银行之间的交换关系，同时再贴现也是中央银行调节货币供应量的一种手段。

**3. 票据贴现的期限**

票据贴现期限是指票据从贴现日起到到期日止的时间。票据贴现的期限比较短，一般为3～6个月。票据贴现期限的具体计算采用从贴现日到到期日，算头不算尾的做法，满月的无论是大月小月，一律按照30天计算，不满月的按实际天数计算。

### 10.2.3 短期证券市场

短期证券市场是期限在1年以内的证券交易市场。主要包括有汇票、本票、支票等各种票据以及大额可转让定期存单、国库券、短期金融券、短期公司债券等。这里主要介绍国库券市场和大额可转让定期存单市场。

**1. 国库券市场**

国库券是由政府发行的一种债券，主要用于财政筹资。在国外，如美国，国库券是一种短期票据，期限为 3 个月、6 个月、10 个月和 12 个月。由于国库券由政府发行，风险性低；流动性强，可随时变现；期限短、面额低，受到投资公众欢迎；国库券的利息不用缴纳所得税，因此国库券市场的交易十分活跃。尤其是美国国债，不仅国内的投资者，国外的投资者和其他国家政府也积极参与交易。我国政府目前就持有美国国债，而且金额巨大。

**2. 大额可转让定期存单市场**

大额可转让定期存单，简称 CDs，是由银行等金融机构发行的，可以在市场上转让的一种存单形式。大额可转让定期存单兼有活期存款和定期存款的优点。一方面大额可转让定期存单的利率比活期存款要高，接近于定期存款；另一方面，在持有者需要现金时，可以随时出售，而定期存款不能出售。大额可转让定期存单的面额固定而且金额较大，一般为 10 万美元为起点，期限为 3～12 个月不等，受大客户欢迎。

### 10.2.4 回购协议市场

回购协议是指按照交易双方的协议，由卖方将一定数额证券临时性地出售给买方，并承诺在日后将该证券如数买回，同时买方也承诺在日后会将买入的证券售回给卖方。当然卖方的买回价格中包含利息，买回价大于出售价。通常为促使回购协议的达成，卖方通常要交存买方一定的保证金。

回购协议根据期限不同分为隔夜、定期和连续性三种合约，隔夜为常见的形式。隔夜是指卖出和买回证券只相隔一天，相当于有保证的日拆。定期的最长期限不超过 30 天，连续性合约是指每天按不同利率连续交易几天。

## 10.3 资本市场

资本市场是以中长期投资为基本特征的金融市场，也称长期金融市场。通常一国的资本市场发达程度是衡量该国金融市场发达程度的主要标志。

### 10.3.1 资本市场概述

资本市场是融资期限在一年以上的金融市场。有广义与狭义之分。广义的资本市场包括长期银行信贷市场和长期证券市场，狭义的资本市场专指发行和流通股票、债券等有价证券的市场。一般所说的资本市场就是指狭义的资本市场，大多时候也称为证券市场。

证券市场有着以下的特点：

（1）证券的交易期限较长，在1年以上，最长可达数十年，有的证券如股票甚至没有到期日。

（2）证券市场的交易目的主要是为解决长期投资性资金的需要，如购置新设备、开展新项目等。投资者投资于证券市场则是为了获取高收益。

（3）证券市场的资金借贷量巨大。

（4）与货币市场相比，证券市场的收益率高，但同时伴随着高风险性，投机性也十分频繁，是国家重点监管和防范的金融领域。

一般来说，各国的证券市场包括两个子市场，分别是股票市场、债券市场。

### 10.3.2 股票市场

股票是股份公司发给出资者，证明其投资入股，并有权获得股息收入的一种有价证券。股份公司把其资本分为相等的若干股份后，投资者出资认购，持有股票成为公司的股东。因此股票本质上是企业的所有权凭证。成为股东后，依法可以享有获得股利、参与公司经营管理等权利。

**1. 股票的特征**

股票是资本市场上流通的一种重要证券形式，具有以下几方面的特征。

（1）不返还性。

不返还性或称无期性，即股票没有还本的期限。股东没有权利要求公司归还本金。只要股份公司一直存在，股票就会永久存在。如果股东想撤回对公司的投资，只能将持有的股票转让给其他投资者。由此可见，股票是一种稳定的筹资形式，常受到公司的青睐。

（2）流动性。

流动性即股票可以随时在股票市场上自由买卖。这一特征弥补了股票无期性的缺陷，使资金不用长期沉淀在某种股票上。股东在需要资金时，可以将股票出售，但不影响股份公司资本额的变化和公司经营的稳定性。因此，股票也受到了投资者的欢迎。

（3）盈利性。

股票的盈利主要来自公司派发的股利。由于不返还性，股票的收益率高于债券等其他证券。同时不同于债券的固定收益，股票的收益会随着公司经营业绩的增长而增长。对于不打算长期持有股票的投资者来说，其可以通过转让股票获得收益。因为公司盈利的增长会带来股价的上升，投资者可以获得买卖差价。

（4）风险性。

股票的风险性与盈利性是相对称的。高收益必然伴随着高风险。如果公司经营业绩下降，股票的收益就会下降，有时公司甚至不派发股利。公司倒闭时，风险会更大。公司倒闭，进入破产清算，股东的权益是在公司债务清算完毕后才能清算，而且实际上，公司的资产在偿还债务后已经所剩无几，股东的初始投资收不回来。另外，公司经营业绩差也会连累到股价,使转让股票的股东也面临风险。

(5) 参与性。

持有股票的股东除了可以获得股利外,也可以参与公司的经营决策。股东拥有的决策权取决于其持有的股份数,一股享有一个投票权。通常只有大股东能对公司的经营决策起决定作用,小股东参与公司决策的方式通常是在股票的流通市场上买入或卖出股票,俗称"用脚投票"。

**2. 股票的分类**

(1) 普通股和优先股。

按股东所享受的股东权益,股票分为普通股与优先股。普通股是最普遍、最常见的股票形式。普通股股东所享有的主要权益表现在:分享公司的利润,按照其出资比例享有公司利润的分配,一般会随着公司利润的增长而增长,但是公司分配多少利润,什么时候分要由公司的股利政策来决定,多数时候公司不会百分之百地把利润全部分配出去;参与公司经营决策,可以出席股东大会,查阅公司的相关文件、账目,按照一股一票的原则对公司的重大决策投票;优先认购权利,当公司发行新股票时,普通股股东拥有优先认购的权利,只有在原有股东没有认购完的情况下,公司才可以向其他投资者出售新股,当然原股东是可以放弃这一权利的。

优先股是公司在筹集资本时给予投资者某些优惠特权的股票。优先股的优先是相对于普通股而言的。优先股股东享有优先权的内容体现在:优先获得股息,当公司要发放股利时,优先股息全部支付后,才能支付普通股股利;公司破产清算时,优先股股东先于普通股股东获得破产清算,但是排在债权人之后。有一点需要注意的是优先股股东并不是事事优先的,体现在:不能参与公司的经营决策;由于优先股的股利是固定的,不能享受公司利润增长带来的好处。

(2) 国家股、法人股和个人股。

这三类股票是按照股票的持有人来划分的。国家持有的股票称为国家股,是有权代表国家投资的政府部门或机构以国有资产投入公司形成的股份。法人股是企业法人或具有法人资格的事业单位和社会团体以其依法可支配的资产向公司投资形成的股份。个人股是社会个人或公司的内部职工以个人合法财产投入公司形成的股份。

**3. 股票的价格**

股票的价格是一个十分受关注的指标。不仅公司的股东关注,公司的管理层、公司的内部职工也十分关注股票的价格变动,此外,公司的债权人和公司有长期贸易往来的合作企业也关注股票价格,因为公司的股票反映了公司的经营状况和未来的预期。

金融监管当局也在密切注意着股票的价格。不过国家注意的不是某一只股票,而是股票市场整体的价格变化,通常用股票价格指数来衡量。因此,我们有必要来了解与股票价格相关的问题。

(1) 影响股票价格变动的因素。

一是企业内部因素。这是决定长期股票价格走势的最基本也是最主要的因素。企业内部因素构成有很多，企业的经营状况、企业的管理层的能力、企业战略的制定等。这些因素决定着企业未来的盈利状况。企业的盈利是保证股东获得长期稳定收益的保证。只有预计企业的盈利会上涨，股东才会继续持有股票。因此，一般来说，企业未来的盈利状况好，股票价格就会上升，反之，股价下跌。

二是国家宏观经济的运行状况。宏观经济运行能否保持良好状态，是影响股票价格能否稳定运行的重要因素。国家的宏观调控政策或多或少地会影响股票价格的变化。如国家采取扩张经济的策略，市场利率下降，企业投资和扩大生产的积极性高，预期企业未来的收益会提高，从而会推动股票价格上升。但是国家实行紧缩的政策，市场利率提高，企业投资和生产的积极性降低，预期的盈利能力会下降，股价会下跌。由此也可以看出股票价格与市场利率成反比，而且股票价格对市场利率的变化十分敏感。如当金融当局决定提高市场利率水平时，往往伴随着股票市场的下跌行情。

三是经济周期的变动。宏观经济的运行成周期性变化，而股票价格通常会先于经济周期的变化。在经济复苏和高涨时，股票市场上早已反映出了长期高涨行情；反之，在经济萧条时，股票市场也早已出现了长期下跌行情相对应。

四是其他一些影响股票供求关系的因素。股票的价格是由股票的价值决定，即股票未来的盈利状况，但一些影响股票市场供求的因素则会左右短期内股票价格的波动。首先是政治因素。一些突发的政治事件会影响投资者的心理状态和投资行为，引起股价的涨跌变化。其次是投资者的心理因素。大多数投资者对股市持乐观态度时，竞相购买股票会使股价上升；反之，股价会下跌。因此整个市场的投资情绪十分重要。

（2）股票价格指数。

股票价格指数是反映股价总体变动情况的相对指标。为了能反映股票市场价格的总体变化，各国的股票市场都编制自己的股票价格指数。股价指数通常由专门从事股价分析的机构计算公布，如证券交易所、财经专业报刊、专业银行等。股票价格指数不仅衡量股票市场总体价格水平及变动趋势，也是反映一国宏观经济发展的"晴雨表"，通常先经济周期而变化。

股票价格指数的编制与商品物价指数的编制方法基本相同。先选定若干有代表性的股票作为样本，再选定某一合适年份为基期，然后用报告期样本股股票价格与基期股票价格相比较就是报告期的股票价格指数。股票价格指数的具体编制方法比较复杂，这里不再叙述。但是对于股票价格指数有一些需要说明的内容。首先，股票价格指数并不能涵盖市场上所有上市交易的股票价格变动情况，只是选取市场上具有代表性的股票的价格作为编制依据，通常是一些效益好、流通市值大、在行业中具有重要作用的企业的股票。其次，股票价格指数反映的是股价的总体变动情况，当股票价格指数下跌，并不是所有的股票价格都会下跌。同理，股票指数上升，也不意味着所有的股票价格都会上升。

 知识窗

## 常见的股票价格指数

道琼斯股票价格指数由美国道琼斯公司编制,是历史最为悠久,也最具有影响力的一种股票价格指数。该指数采用美国 65 家代表性公司的股票为样本,以 1928 年 10 月的股价为基期编制而成,集中反映了美国证券市场的动向。

标准普尔股票价格指数,又称标准普尔 500 指数,由美国标准普尔公司编制,是美国另一种重要的股价指数。该指数选取了 500 种股票进行编制而成,具有含股票面广,采用随机抽样的特点,比其他股价指数更全面地反映股票市场变动。

金融时报股票价格指数是英国最权威的股价指数,由《金融时报》编制和公布,选取英国 30 家在股市比重较大的代表性公司股票为样本编制。

日经股价指数由日本经济新闻社编制公布,选取 225 家上市公司股票编制而成,是考察和分析日本股票市场的最常用和最可靠指标。

中国香港恒声指数由香港恒生银行编制,是香港股票市场上最具有代表性的股价指数。

上证综合指数是上海证券交易所编制的,以上海证券交易所挂牌上市的全部股票为计算范围,以发行量为权数综合,上证综指反映了上海证券交易市场的总体走势。

深证综合指数是深圳证券交易所编制的,以深圳证券交易所挂牌上市的全部股票为计算范围,以发行量为权数的加权综合股价指数。

资料来源:根据相关资料整理而得。

**4. 股票发行市场**

股票市场由发行市场和流通市场组成。发行市场是股票流通市场的前提和基础。股票发行市场是指新发行的股票从发行者手中出售到投资者手中的市场,又称初级市场或一级市场。

(1)股票发行市场的功能。

第一是筹措长期资金的重要渠道。与银行借款相比,发行股票所筹集的资金具有稳定性和长期性。第二是为投资者提供了资金保值增值的机会。股票市场的收益性比较高,因而受到一些投资者的偏爱。第三是为股票流通市场的交易打下基础。有了发行市场的股票供应,才有了流通市场的交易,股票发行的种类、数量和发行方式决定着流通市场的规模和运行。

(2)股票发行条件。

股票的发行并不是放任自流的,只有符合一定条件的企业才能发行股票。首先必须向证券机关和有关机构提交申请文件,包括股份公司章程、发股申请书、发股说明书、股票承销合同、会计师事务所的审计报告、公司财务报表和经营状况等。其次等待有关部门的核准后,方可发行。

（3）股票发行参与者。

股票发行市场由股票发行人、股票投资人、发行中介及管理者组成。股票发行人主要是企业和金融机构，自然人是不可能成为股票发行人。股票投资人包括机构投资者和个人投资者。前者主要是指证券公司、信托投资公司、社保基金、保险公司等金融机构。对于个人投资者也有一定限制，某些特殊职业和职务的个人是不可以进行股票投资，如职业军人。发行中介主要是股票发行的承销商，代理股票发行，向投资人推销股票，一般由证券公司担任。除此之外，律师事务所和会计师事务所也是股票发行必不可少的中介人。股票发行的管理者是指国家证券发行的管理机关，在我国由中国证监会负责。企业要上市发行股票必须经过中国证监会核准。

（4）股票发行价格。

股票发行价格可能与股票的面值一致，也可能不一致，一般股票的发行价格有三种选择：平价发行、溢价发行、折价发行。发行价格等于票面金额的为平价发行；发行价格大于票面金额的为溢价发行；发行价格小于票面金额的为折价发行。在我国，股票的票面金额为每股一元，不允许采取折价发行的方式。实际上我国股票的发行价格基本上都采取溢价发行。

（5）公募发行和私募发行。

按照发行对象的不同可以将股票发行方式分为公募发行和私募发行。公募发行又称公开发行，是以不特定的广大社会公众发行股票。采用公募发行的股票一般都是上市发行。这种发行方式对公司要求较高，且手续复杂，费用较高。在我国，公司想要上市发行不仅要符合证监会的硬性条件，还要花费大量的时间和费用来等待证监会的最后核准。一个公司要上市发行通常要花费几年的时间。为了尽快上市，一些公司会收购已经上市的公司，借用该公司的资格上市发行股票，称为借壳上市。私募发行又称不公开发行，是发行者只对特定的发行对象发行股票的方式。这种发行方式有利于节省费用，降低发行成本，但股票的流动性差，不能上市交易。

**5. 股票流通市场**

股票流通市场又称二级市场或次级市场，是已经发行的股票进行自由买卖的场所。主要由场内交易市场和场外交易市场组成。

（1）证券交易所。

证券交易所即场内交易市场，是上市公司的股票进行公开交易的场所，是一个高度组织化，有固定地点，集中进行证券交易的次级市场，也是整个股票市场的主体和核心。

证券交易所的特点在于：采取集中交易，所有的上市公司股票必须在交易所内进行买卖；证券交易所自身不得从事任何的股票交易，交易所只提供交易系统和结算系统；交易采取经纪人制度，在所内进行股票交易必须通过专业的经纪人来进行，也就是说个人或其他机构投资者想要买卖上市公司股票，必须通过股票交易经纪人来进行，支付经纪人佣金，一般证券公司或其他的投资机构充当经纪人的角色；所内交易的证券必须是符合一定标准的上市证券；所有交易的证券采取公开竞价的方式，即多个买者对多个卖者的拍卖方式；证券交易所实行严格管理。正是由于规范的证券交易所的存在，保证了证券市场的高效率，市场价格合理，资金得到有效配置。

证券交易所的组织形式有两种，即公司制证券交易所和会员制证券交易所。属于前者的证券交易所不能参与证券买卖，是以盈利为目的的公司；属于后者的证券交易所是由证券公司等会员组成的不以盈利为目的的组织，我国的上海、深圳证券交易所属于此种类型。

证券交易所虽然有固定的场所，但是各经纪人都是通过网络来进行证券买卖交易的。各国的证券交易都采取了无纸化、网络化的交易。如我国上海、深圳两地的证券交易所已经建成了覆盖全国的卫星通讯网络与数字式数据传输网和相应的交易与结算系统。

（2）场外交易市场。

对于那些不能通过上市交易的证券买卖来说，只能通过场外交易市场进行。场外交易市场也称为柜台市场，由于证券交易的兴旺，许多非上市公司的股票也备受欢迎，投资者要获得这些股票只能到这些公司的资金部去，通过带有栅栏的窗口，从柜台上进行交易，这就是它的由来。现在的场外交易市场已经成为了计算机网络交易平台，不仅非上市公司的股票，就连上市公司的股票也可以进行场外交易。

场外交易市场的代表是二板市场。二板市场又称创业板市场，是为那些不能满足上市要求的具有高成长性的新兴中小企业和高科技企业提供直接融资的场所。如美国证券商工会于1971年2月8日正式建立的电子股市系统，也就是纳斯达克（NASDAQ）。我国也在2009年正式推出了创业板市场。

### 10.3.3　债券市场

股票融资虽然受到企业欢迎，但是融资成本比较高，且受到股东要求股利增长的压力较大，因此有的企业也选择发行债券来进行融资。不仅上市公司可以发行债券，非上市公司、政府部门也可以发行。各发行主体发行债券，投资者购买债券的场所就是债券市场，当然这里的债券市场是长期债券市场。

**1. 债券的分类**

债券是指债务人向债权人出具的承诺在一定时期还本付息的债务凭证。对于企业来说，债券的本金和利息必须是要偿还的，无论企业是否盈利。在企业破产清算时，最先得到清算的是债权人，但是债券的利率是固定不变的。按照不同的分类标准，债券可分为以下几种。

（1）政府债券和企业债券。

政府债券也称公债，是由政府部门发行。中央政府发行的债券称国债，地方政府发行的债券称市政债券。政府债券的安全性很高，流动性也很高，而且政府债券的利息免交税金，因此政府债券的交易活跃，特别是机构投资者交易频繁。企业债券是企业向投资者发行的债务凭证。企业债又分为公司债和金融债。由大银行或一流的非银行金融机构发行的债券为金融债。由非金融机构发行的债券为公司债。这两者相比,金融债的信誉高,流动性更强。而公司债的利率则是最高。

(2)公募债券与私募债券。

公募债券是指向不特定投资者发行的债券。这种债券大多通过证券中介机构向投资者发行,发行量大,发行面广。私募债券则是指仅向与发行人有特定关系的投资者发行的债券。私募债的发行量一般较小,其发行对象一般是本公司职工及与本公司关系密切的公司和金融机构。与公募债券相比,私募债券的发行成本较低,并且不必将公司的财务报告公开,因此保密性比较好,但是转让会受到一定的限制。

(3)国内债券和国际债券。

国内债券是在本国境内,以本国货币发行的债券。而国际债券则是由一国政府机关、企业、金融机构等为筹集资金而在国外发行的债券。

**2. 债券的发行与流通**

(1)债券发行的目的。

债券的发行主体不同,其发行的目的也不相同。政府债券的发行目的主要是弥补财政赤字或扩大公共投资,抑或是为了某些特殊的项目建设。金融债券的发行目的是扩大贷款额,扩展自身业务。公司债的发行目的就比较复杂。比较典型的有筹集长期资金、分散并降低公司的整体筹资风险、维持对本公司的控制权等。

(2)债券发行的构成要素。

债权发行的构成要素是指发行者在发行债券时所涉及各种条款和规定。这是债券买卖双方都比较关注的问题。

①发行金额。即发行者拟发行债券的总金额。发行额的确定主要与所需的资金数量、资金市场的供求情况、债券种类以及发行者的信用和知名度有关。发行额定多少一般由证券公司提供专业建议,由发行者最终决定。

②偿还期限。从发行日到还本日的这段时间是债权的期限。债券期限的确定由所需资金的性质、用途、流通市场的发达程度以及自身的信用所决定。一般越长的债券,越难以被投资者接受。

③票面利率。即债券上所标明的利率。其高低直接影响筹资成本与投资收益,因而是债券发行中最重要的内容。确定票面利率时应考虑债券期限、市场利率水平、债券的信用等因素。

④偿还方式。发行者根据自身需要,可以选择三种偿还方式:到期偿还,在到期日一次性偿还全部本金;中期偿还,在债券到期前,全部或部分偿还本金;展期偿还,债券到期后,投资者有权利按原定利率将偿还期延长至某一时间。

⑤发行价格。债券的发行价格有三种:等于票面金额的平价发行;大于票面金额的溢价发行;小于票面金额的折价发行。

(3)债券的流通。

债券发行后,投资者也可以随时根据需要将债券转让给其他投资者,获取买卖差价。

而这要依赖于债券的流通市场。与股票的流通市场一样，债券的流通市场也分为有组织的交易市场和场外交易市场。实际中，90%以上的债券是通过场外交易市场进行交易，原因是债券的种类太多以及不同的还本付息方式。流通中的债券价格以债券自身的价值为基础，但也受到市场供求的影响。市场利率也同样影响着债券的价格。与股票一样，市场利率上升，债券的价格会下跌，反之亦然。

（4）债券的信用评级。

市场上有如此多的债券种类，投资者难以全部了解其情况。因此一些公司会请知名的评级机构对其发行的债券进行评级，以方便投资者的购买。目前国际上公认的最具有权威性的信用评级机构是美国的标准普尔和穆迪投资服务公司。以标准普尔公司为例，其将债券的等级从高到低分为：AAA级、AA级、A级、BBB级、BB级、B级、CCC级、CC级、C级和D级。前四个级别债券的信誉高，违约风险小，是"投资级"债券，从第五级开始的债券信誉低，是"投机级"债券。

## 10.4 外汇市场和黄金市场

### 10.4.1 外汇市场

**1. 外汇市场的含义与种类**

外汇市场是指专门从事外汇买卖或者货币兑换的场所和交易网络。外汇市场的职能是进行各国货币的兑换，是国际金融体系中的重要组成部分。正是有了外汇市场上的各国货币兑换，使国际贸易和投资中的债券债务清算得以实现，国际资本得以流动。

按照不同的标准，外汇市场可分为以下几种。

（1）有形市场与无形市场。

有形市场是指外汇交易是在一个具体的交易场所中进行的市场。这个具体的交易场所就是外汇交易所，与证券交易所类似，外汇交易所也是有固定的营业场所和交易时间。早期的外汇交易基本上都是在有形市场中进行的。目前欧洲一些国家的外汇交易还是采取有形市场的形式，如法国巴黎的外汇市场、德国法兰克福外汇市场等。

随着现代通讯设备的发展，没有固定交易场所的外汇交易方式开始出现。这就是无形市场。无形市场是指没有具体的交易场所，交易双方是通过电话、电报、计算机网络等通讯设施来达成交易的市场。各种通讯设备构成了错综复杂的信息网络，外汇的买卖过程都是通过现代化的设备完成的，不仅降低了交易成本，也突破了交易的时间和空间的限制，提高了市场的效率。目前伦敦外汇市场和纽约外汇市场是典型代表。

（2）银行间市场与客户间市场。

银行间市场又称外汇批发市场，是银行之间相互买卖外汇的市场。本国的银行与银行之间、本国银行与外国银行之间、银行与中央银行之间、各国的中央银行之间的外汇买卖都在此市场中进行。这种市场的特点是交易额大、起点高,决定了外汇汇率的价格走势。银行间外汇市场以无形市场为主。

客户间市场又称外汇零售市场,是银行与一般客户之间进行外汇买卖的市场。包括银行同进出口商之间、非贸易外汇供求者之间的交易。客户间外汇市场则以有形市场为主。

**2. 外汇市场的特征与结构**

由于全球一体化的提高,各国的货币兑换越来越频繁,客观上促使了各国的外汇市场之间的联系日趋紧密,主要表现为以下特征:各国外汇市场高度一体化,各外汇市场的价格趋于相同,各市场的交易规则、交易方式也趋同;外汇市场成为 24 小时不间断的市场,时差使世界各国主要外汇市场的交易相互顺接,如当西欧外汇市场每日开始营业时与香港、东京外汇市场的尾市相交接,几个小时以后,纽约市场又开始营业。在外汇市场上,外汇银行、外汇经纪人、客户、中央银行构成了外汇市场的主体。

(1) 外汇银行。

外汇银行包括外汇专业银行、兼营外汇业务的银行和其他金融机构、设在本国的外国银行分支机构、代办处和其他金融机构。这些金融机构要取得经营外汇业务的资格必须经过中央银行的授权。外汇银行主要从事的外汇业务包括代理客户进行外汇的买卖和自营外汇买卖。外汇银行是外汇市场主要的参与者,其主要通过客户外汇买卖差价和外汇投机进行盈利。

(2) 外汇经纪人。

外汇经纪人是专门联系买卖双方的外汇成交或代客买卖外汇以赚取佣金的汇兑商。外汇经纪人本身并不参与外汇买卖,只是利用其熟知外汇市场行情的优势,为客户找到合适的交易价格和交易对手。但是外汇经纪人对客户外汇交易中的风险不负任何的责任,当然也不能获取外汇交易中的收益,只获得佣金收入。但是目前随着通讯设备的发展,全世界银行和外汇市场的报价都可以在电脑中显示,客户通过查询就可以找到合适的价格和交易对手,因此外汇经纪人面临竞争。

(3) 客户。

外汇市场上的客户根据交易的目的可分为三类:第一类为交易型的外汇买卖者,如进出口企业、国外留学生、国外旅游者等;第二类为保值性的外汇买卖者,通过进行套期保值,锁定外汇交易的利润,防范风险;第三类为投机性的外汇买卖者,投资者通过对汇率变化的预测,利用汇率的时间差异和地域差异,低买高卖,赚取价差。当然外汇投机者的风险也是很大的。

(4) 中央银行。

中央银行既是外汇市场的管理者,也是外汇市场的参与者。作为管理者,中央银行主要为了保持一国汇率的稳定,使汇率朝着有利于经济发展的方向发展,避免本国货币汇率出现大起大落。作为外汇市场的参与者,中央银行主要是为了进行国家外汇储备的管理,通过外汇交易,保证外汇储备的增值保值。

### 3. 外汇市场交易方式

外汇市场上常见的外汇交易业务主要有即期外汇交易、远期外汇交易、套汇交易和掉期交易。

（1）即期外汇交易。

即期外汇交易又称现汇交易，是买卖双方达成交易后，在两个营业日内办理交割的外汇交易。所谓交割就是买卖双方实际办理资金收付的行为。即期外汇交易的汇率按照银行当天的牌价进行。即期外汇交易是市场上最普遍的外汇交易方式。其交易的主要目的在于：满足临时性的付款要求、调整货币头寸、进行外汇投机等。即期外汇交易一般都是采用电汇、信汇、票汇的方式进行。

（2）远期外汇交易。

远期外汇交易又称期汇交易，是买卖双方达成交易后，并不立即进行交割，而是按照合同规定，在约定的日期按约定的汇率进行交割的外汇交易。远期外汇交易的交割期限主要有一个月、两个月、三个月和六个月。进行远期外汇交易的目的在于防范汇率变动的风险。如在国际贸易中，出口商在一个月后会获得 10 万美元的收入，但一个月后的汇率变动有可能使美元兑换本币后面临损失，为了防止这种情况发生，出口商倾向于进行远期外汇交易，在一个月后，按照事先规定好的汇率进行美元和本币的兑换。这种目的的交易通常被称为避险保值。但是如果没有以投机为目的的交易者的存在，远期外汇交易不可能进行。因此投机获利是远期外汇交易的另一个目的。投机方往往是避险保值方的交易对手。

（3）套汇交易。

套汇交易是指交易者利用同一时刻不同外汇市场的外汇差异，通过买卖外汇赚取利润的行为。套汇交易分为两角套汇和三角套汇两种。

两角套汇又称直接套汇，是指利用两个外汇市场之间的汇率差异，在某一外汇市场低价买入某种外汇，在另一外汇市场高价卖出某种外汇的行为。

三角套汇又称间接套汇，是利用三个或三个以上外汇市场在汇率上的差异，同时在这些市场低买高卖有关货币，从中获取汇差的行为。

（4）掉期交易。

掉期交易是在买进或卖出即期外汇的同时卖出或买进相同币种、同等数额的远期外汇的一种交易行为。掉期交易的特点是外汇买和卖同时进行，买卖货币的种类、数额相同但交割日期不同。掉期交易的主要目的在于防范货币兑换的风险。如美国一公司因业务需要，需用美元购买 1000 万英镑使用 4 个月。为防止 4 个月后英镑汇率下跌，该公司在用美元购买 1000 万英镑的同时，卖出 4 个月远期英镑，从而转移在此期间英镑汇率下跌的风险。

## 10.4.2 黄金市场

### 1. 黄金市场的概念与种类

黄金市场是集中进行黄金交易的场所。黄金作为一种重要的商品、投资工具及保值手段，其交易遍布世界各地。黄金市场的流通体系，实际上是一个多层次、多形态的市场。主要包括：银行间黄金市场、现货交易市场、黄金期货交易市场和黄金零售市场。

银行间黄金市场是黄金流通的主要渠道，商业银行是黄金市场流通中的主要参与者。世界主要的黄金市场都是由银行或银行的附属公司组成。现货交易市场以黄金现货交易所为主。黄金期货市场主要是满足市场对黄金投资、保值及投机等方面的需要。黄金期货市场主要集中在美国的纽约商品交易所和芝加哥商品交易所。黄金零售市场是黄金饰品销售市场和以黄金投资为目的的黄金零售交易，如黄金储蓄、金币销售等。

**2. 我国的黄金市场**

1982年，我国放开了黄金饰品零售市场，1993年改革了黄金定价机制，允许黄金价格随国际金价波动。2001年，我国黄金流通取消了统购统配，黄金可以自由交易。

2002年10月，我国在上海成立了黄金市场。上海黄金交易所是不以盈利为目的，实行自律性管理的法人。上海黄金交易所遵循公开、公平、公正和诚实守信的原则，进行包括黄金、白银、铂金在内的贵金属交易。

 知识窗

## 世界四大黄金市场

伦敦、苏黎世、纽约和香港是世界四大黄金市场，它们在运作中各有特点。

伦敦黄金市场是黄金定价和结算中心，伦敦黄金市场有两个特点：一是黄金定价制度，二是黄金结算中心。伦敦金市每天进行两次黄金定价，商讨指定一个能促使当时供求关系平衡的适当价格，该价格是观察黄金市场趋势的主要依据，也是最有代表性的世界黄金行市。

苏黎世黄金市场是世界上最大的现货交易中心。该市场为了满足客户交易的需要，委托几家银行冶炼黄金，把金砖精炼成特制的小金条或金币，并以金币交易为主，是西方国家最重要的金币交易市场。苏黎世黄金市场迅速成长有其得天独厚的政治因素。瑞士是永久的中立国，给人们以安全和稳定的印象，因此，它吸引了大量从事购买保值或投机的游客。

纽约是世界上最大的金融中心，美国财政部和国际货币基金组织出售的黄金都在此进行拍卖，因此纽约黄金期货市场名声大振，成为世界上最大、最有影响的黄金期货市场。该市场上大多数参加者并非追求真正到期的黄金交割，而是更多地通过合约买空卖空进行牟利。

香港黄金市场已有100多年的历史，其形成以香港金银贸易场的成立为标志。1974年，香港撤销了对黄金进出口的管制，带动了香港金市的快速发展。由于香港黄金市场在时差上刚好填补了纽约市场收市后和伦敦开市前的一段时间真空，伦敦五大金商、瑞士三大银行等纷纷来港买卖，促使香港成为世界主要的黄金市场之一。

资料来源：根据相关资料整理。

## 10.5  金融衍生工具市场

自20世纪70年代以来的金融创新促进了金融衍生工具市场的发展。如今在美国，几乎每隔一段时间就会诞生一个新的金融衍生工具。金融衍生工具的发展使一些企业和投资者受益的同时，也加大了市场的风险。2007年开始的美国金融危机就是以此为导火索。尽管如此，金融衍生工具市场的适当发展对整个金融市场的稳定具有十分重要的作用。我国加快金融衍生工具市场的发展已提上日程，因此我们有必要了解相关的内容。

### 10.5.1  金融衍生工具概述

金融衍生工具是在原生金融工具（如股票、债券等）基础之上产生的金融工具，其价值是以原生金融工具为基础。金融衍生工具的发展历史虽然只有几十年，但由于其良好的风险规避等功能，使金融衍生工具市场发展迅速。国际市场现有的金融衍生工具有很多，以至于一些国家的管理当局都很难全部掌握。因此我们这里只介绍一些发展相对成熟和我国已经或准备开展的一些金融衍生工具，包括金融期货和金融期权。

### 10.5.2  金融期货市场

**1. 金融期货概念**

常见的商品和金融资产交易都是现货交易，即在双方成交后立即进行款项或标的物的交割。随后出现了远期交易，即双方成交后并不立即交割，而是在未来的一个时间进行权利和义务的履行。远期交易是买卖双方的协议，交易合同并不具有统一性和规范性，双方是否履行合同取决于双方信誉。后来把远期交易的合同规范化、统一化，就成为期货交易，即具有标准化合约交易的远期交易，有专门的期货交易所制定合同，在专门的场所进行交易。最早出现的期货交易形式是商品期货交易。那么为什么要进行期货交易呢？假如你是一个钢铁生产商，当然希望钢铁的价格越来越高。但是如果你预计到几个月后钢铁的价格会出现下跌的情况，会遭受损失，为了避免损失，就可以进行钢铁期货合同。现在就按照你满意的价格把几个月后的钢铁期货签订，几个月后就会按照你锁定的价格进行交易，避免了损失。

**2. 标准化金融期货合约内容**

任何一种金融期货合约基本上都包括以下内容。

（1）交易单位。

交易单位又称为合约规模，即每一份金融合约规定的交易数量。如美元期货合约规定每一份美元期货合约的交易单位是100000美元。交易单位的标准化方便了期货合约的流通,也简化了期货交易的结算,但是交易者自己就不能确定交易规模。

(2) 最小变动价位。

最小变动价位是金融期货合约每一次价格变动的最小幅度。在交易所交易的金融期货合约的价格每天在波动,因此规定最小变动价位以简化交易和结算。

(3) 价格波动限制。

为防止金融期货价格发生过分剧烈的波动,对每日价格的最高和最低变化幅度作出规定。

(4) 合约月份。

合约月份是期货合约到期交割的月份。大部分的合约月份都在每年的 3 月、6 月、10 月和 12 月。

(5) 交易时间。

交易时间是期货合约在交易日内可以交易的具体时间。如我国的期货交易时间是上午的 9:15~11:15,下午的 12:45~3:15。

(6) 最后交易日。

最后交易日是期货合约在到期月份中的最后一个交易日。

(7) 交割。

交割是期货合约到期而进行实际交割的各项条款,主要包括交割日、交割方式及交割地点。

**3. 金融期货种类**

(1) 利率期货。

利率期货是指由交易双方确定的,在未来某一日期按照确定的价格交收一定数量的某种与利率相关商品的期货合约交易。常见的与利率相关的金融产品有国债、定期存单以及商业票据。这些金融工具都受到利率波动的影响,因此进行利率期货交易,避免利率波动的影响。

(2) 股票指数期货。

股票指数期货是指由交易双方确定的,在未来某一日期按照确定的价格买卖股票指数的期货合约交易。股票指数没有实物形态,因此没有办法进行实际的交割,只能把指数换算成一定数量的货币后再进行结算。世界上知名的股票指数期货合约有标准普尔 500 指数合约、纽约综合股指合约和日经股票指数合约。

我国的股票指数期货合约(沪深 300 股票指数合约)在 2010 年也已经正式推出。进行股票指数期货合约的交易可以有效防止股票市场价格的波动。同时股指期货也改变了人们的投资观念。通过卖出期货交易,可以从股票指数下跌中获得收益,弥补了股票市场是单边市场的缺陷。

(3) 外汇期货。

外汇期货是指交易双方确定的,在未来某一日期按照确定的价格买卖某种外汇的期货合约交易。当今外汇市场价格波动十分频繁,外汇期货交易就成为企业进行避险保值的有效手段。外汇市场也存在着大量的投机者，伺机赚取暴利。

**4. 金融期货市场的基本结构**

（1）交易所。

交易所专门为金融期货交易提供交易场所和交易设施以及结算系统，制定标准化的金融期货合约。与股票交易所一样，期货交易所也不参与期货交易，不以盈利为目的。如我国的中国金融期货交易所，简称中金所。

（2）清算单位。

期货交易中的买卖双方收益、亏损的清算，最后的实地交割的监督都是由清算单位完成。一般清算单位都是交易所的一个分支。

（3）经纪商和经纪人。

一般的投资者不能直接在交易所进行期货交易，只有取得会员资格的经纪商和经纪人才可以。而一般的投资者只能通过这些经纪商和经纪人来进行交易。与股票交易相类似，一般证券公司或是期货投资公司常充当此类角色。

（4）交易者。

交易者即进行期货买卖交易的投资者。进行期货买卖的交易者的目的有两种，即套期保值者和投机者。前者通过金融期货交易来规避各种金融风险，是金融期货市场的交易主体。投机者则是通过低买高卖获取利润的交易者。投机者同样也是不可缺少的，它保证了套期保值者的交易对手方的存在。

**5. 金融期货市场的收益与风险**

金融期货不仅对于套期保值者来说是很好的避险手段，对于投机者来说也是赢取暴利的手段。正因为此，金融期货市场不乏投机者。金融期货之所以具有如此高的收益是因为它实行的是保证金交易制度。以我国开展的股指期货为例，如果一个交易者想进行价值100万元的股指期货交易，他不必拿出100万元，只要拿出15万元保证金开户交易即可，这就是保证金制度。将来他的收益是按照100万元为基数计算，很好地利用了资金的杠杆作用。

在高收益的同时，必然伴随着高风险。按照上例，如果该交易者亏损，那么他的亏损也是以100万元为基数计算的。而且金融期货交易还有一个每日结算制度的规定，即当天的收益直接进入投资者保证金账户，投资者可自由支配；当天的亏损造成投资者保证金不足时，投资者必须把亏损补上，否则交易就会强行中止。正是由于这一制度，使得连续亏损的投资者会"倾家荡产"。

### 10.5.3　金融期权市场

**1. 金融期权的概念**

期权本质上是一种选择权，即未来能够以确定的价格购买或出售某种商品的权利。如果这种商品是金融产品，就称为金融期权。期权的概念不仅在投资领域得以运用，在一些企业的管理和激励措施中也运用了期权的概念。如企业业绩上升到某一水平,负责人可以获得一定的奖励。金融期权在金融衍生工具市场中也是比较常见的规避风险的手段。

**2. 期权购买者和期权出售者**

期权的购买者和出售者是期权交易的交易双方。购买者向出售者支付一定数量的费用后,就获得了选择权利。有权选择按照确定的价格购买或出售金融产品的权利,当确定的价格不符合自己的利益时,也可以选择放弃权利。期权的出售者是履行义务的一方。当期权购买者选择要执行合约时,期权出售者只能无条件履行。所以说期权的交易双方不对等,购买者只享有权利不用履行义务,出售者只有义务而无权利。

**3. 买入期权和卖出期权**

买入期权又称看涨期权,是购买者可在约定的未来时间按约定价格买入某种金融产品的权利。看涨期权的购买者在市场价格高于约定价格时会选择执行合约,在市场价格低于约定价格时会放弃权利。卖出期权又称看跌期权,是购买者可以在约定的未来时间按照约定的价格卖出某种金融产品的权利。看跌期权的购买者在市场价格低于约定价格时会执行合约,在市场价格高于约定价格时会放弃权利。

**4. 金融期权市场的发展**

股票期权是早的金融期权品种。1973 年 4 月 26 日全世界第一个期权交易所——芝加哥期权交易所成立。目前,市场交易比较活跃的金融期权品种有外汇期权、债券期权、股票指数期权、期货期权等多个品种。

## 课外阅读

### "87" 股灾

第二次世界大战后,美国经济实力大大增强,各类投资活动十分活跃,证券市场进入了繁荣阶段。进入 20 世纪 80 年代,股票交易更加繁荣。1982 年 10 月 21 日道琼斯指数达到 1036 点,突破了近十年前的高点,11 月 3 日达到 1065 点,创战后最高记录。从此股票指数持续五年上涨,到 1986 年 12 月达到 1896 点,比 1982 年上升了 78%。

进入 1987 年,股票涨势更猛。8 月道琼斯工业指数达到 2722 点。与此同时,美国的贸易赤字和财政赤字也在惊人地增长。1985 年,相隔 71 年后美国再度成为净债务国,负债 1075 亿美元,成为世界头号债务国。1986 年对外债务进一步增加。这一切对不断升温的股市带来了阴影。

1987 年 10 月 14 日,美国政府公布了 8 月商品贸易赤字为 157 亿美元,高出金融界估计 15 亿美元,外汇市场上美元被纷纷抛售。同一天,道琼斯指数下跌了 95 点,10 月 16 日再跌 108 点。10 月 18 日早晨,贝克财长在美国电视节目中宣布:如果联邦德国不降低利率,美国将考虑让美元继续下跌。各种坏消息的接踵而至,在人们心理上笼罩了一层阴影。

10 月 19 日,华尔街爆发了历史上最大的一次股票崩溃。早晨 9 点 10 分,开盘钟声响后,道琼斯指数在屏幕上一开始显示就已经下跌了67点,卖出指令像排浪一样涌来。开盘不到一小时,指数已下跌104点。由于指令数量太大,计算显示落后实际交易20分钟,从开盘到11点,道指直线下跌,下午两点,跌250点。两小时后收盘,道琼斯股票指数下跌了508点,由2246.74点狂跌到1738.74点,跌幅达22.6%,市值损失5030亿美元。

这次股票崩溃不仅震动了美国,也震动了整个金融世界,并在全世界股票市场引起连锁反映,各地市场也先后发生恐慌性抛售,其中尤以香港市场停市四天最为严重。

香港股市从1984年开始走出熊市,步入牛市。1983年年底恒生指数为874.94点,之后连续上升,到1986年9月首次突破2000点。同年5月,恒生指数期货合约推出,引起投资者和期货经纪商的浓厚兴趣,成交量迅速增长。1987年股市进一步升温,6月6日首次突破3000点。10月1日达到最高点3950点。但没过几天,市况急转直下。10月19日星期一,香港股市、期货市场一开市就受前几日,特别是上周五美国纽约股市大下跌的剧烈冲击,当天恒生指数下跌420.81点,跌幅达11.1%,同时恒生指数期货10月合约下跌361点,其他合约也全部下跌。19日美国股市崩溃,20日早晨香港联合交易所董事局宣布停市4天(10月20~23日)。结果大批期货经纪不能履约。24日银行公会宣布减息,希望能使投资者恢复信心。25日晚财政司宣布以期货市场的主要经纪商及香港期货公司股东提供的10亿港元,加上外汇基金中提取的10亿共计20亿港元,作为备用贷款,支持香港期货保证有限公司,拯救期货市场。10月26日开市,即出现了猛烈抛盘,当天恒生指数大跌1120.70点,以2395点收市,跌幅达33%。恒生指数期货10月合约大跌1554点,创历史跌幅最大记录。27日财政司宣布由外汇基金拨款10亿港元,连同中国银行、汇丰银行、渣打银行再贷款10亿港元共20亿港元备用贷款,并发动香港大财团联手救市,才勉强保证市场生存。

资料来源:根据相关资料整理。

# 关键术语

金融市场　货币市场　资本市场　外汇市场　金融衍生工具市场

## 学以致用

1. 金融市场的含义是什么?构成金融市场的要素有哪些?
2. 金融市场有哪些功能?
3. 现代金融市场有哪些特点?
4. 影响股票价格变动的要素有哪些?
5. 黄金市场的概念与种类是什么?

## 案例分析

### 股指期货正式推出，A股引入做空机制，股市进入双边时代

"2010年4月16日，股指期货成功登陆中国的资本市场。甫一登场，就以巨大的成交量大抢风头，引起市场惊呼。经过短短十余天的"操练"，投资者中有赚大钱的，也有亏大钱的。这就要求投资者练就一番真功夫，避免踏入误区，最终把握住做多做空均能赚钱的好机会。

2010年4月16日，一个改写中国资本市场的日子，一个值得铭记的里程碑！这一天，股指期货在酝酿了8年和3年的筹备之后，终于化蛹为蝶，成功登陆中国的资本市场。

股指期货的引入将彻底改写中国的资本市场缺乏做空机制的历史，也标志着中国金融衍生品交易时代的到来。自此，投资者迎来了一个崭新的时代——期指时代。

股指期货风头盖过股市

虽然至4月16日，开立股指期货账户的投资者仅有9137人，与A股市场1亿多的投资者相比，简直就是"小巫见大巫"。

然而，情况却很快发生了变化，"小巫"却让"大巫"们着实吓了一跳，不得不刮目相看。4月16日，股指期货四个合约的首日成交好于此前专家们的预计，并且总成交量超过了当时美国、中国香港、中国台湾等股指期货推出首日的交易量。

4月19日，股市遭遇"黑色星期一"，上证指数大跌4.79%，是去年9月以来最大跌幅，跌停的股票大把，股票市场哀鸿遍野。而股指期货市场却传来相反消息，媒体传出股指期货上做空投资者赚得盆满钵满，笑声一片。据媒体报道称有一私募一天净赚400万元，而中小投资者靠两天的做空赚取几十万元的事例充斥了媒体报道。一日暴富，实在惊人。

4月20号，股指期货市场又曝出新料，其成交额超过沪市成交额。数据显示，期指5月主力合约1316.4亿元，4个期指合约成交总额为1476.2亿元，而当天沪市成交额才1272.3亿元。也就是说，仅一个期指主力合约成交额就超过沪市成交额，实在令人惊叹。目前，参与期指交易的90%来自商品期货市场，其余为私募和来自股票市场的中户和大户，这些人中的大多数是短线高手，加上期指交易的T+0，市场在期指开出前就预计其交易量不会小，但在第三个交易日期指交易量就超过沪市，可谓神速至极。更何况主力机构、公募基金、券商、保险等目前还未能进入期指市场。难怪很多人要惊呼：也许要不了多久，股指期货市场就会与股票市场平分天下。

改变资本市场的博弈格局

股指期货甫一出场就以巨大的成交量和高度的媒体关注惊世骇俗。但是，任何金融创新的成功并不在于设立的游戏规则或者其游戏本身多精彩，而在于投资者的收益以及对资本市场是否是一个提升和改进。

事实上，股指期货的诞生意义远远超出它初期表现的精彩。股指期货的上市以及与其

配套推出的融资融券为投资者提供了避险的工具,它对股市的影响广阔而深远,并且它将会也确确实实正在改变中国金融市场的结构。

其实,股指期货只是现货的一种表象,是宏观经济和微观经济在指数上的二次反映。从海外众多市场的经验看,股指期货的推出会加剧股市的短暂波动和调整,但从中长期不改变股市原有的运行轨道。由于我国宏观经济依然向好,经济复苏符合预期,虽然最近政府连出重拳出击楼市,严控房地产泡沫,但这并不影响企业盈利能力的继续增长。在此情况下,股市现货指数大体会按宏观经济的波动向上运行。

然而,虽然股市的长期趋势并不会受到股指期货推出的影响,但作为资本市场最重要的金融衍生品,股指期货必然对当前A股的投资理念、投资模式构成巨大冲击,甚至颠覆。最为直接的是,股指期货的推出为A股市场提供了做空机制和杠杆交易机制,改变了以前只有做多才能赚钱、"靠天吃饭"的单边模式,使投资者在上涨和下跌中都有盈利的机会。由此,投资者的盈利模式和资产配置的手段得以丰富,风险管理的方法更加有效。

更进一步地说,股指期货作为一种风险管理工具,其价格发现功能可以引导股市合理定价,从而可以避免股票价格出现严重的泡沫或价值低估。而在以往的单边市中,投资者只能通过单方向做多推高股高获利,市场价格形成机制常常扭曲失灵,股票资产价值长期高估不下。过去二十年,中国的股市基本处于暴涨—暴跌的轮回中,普通投资者经历了几番牛短熊长的煎熬,亏多盈少。现在,股票和期货市场上可以买空、卖空,投资者有了更多规避风险的对冲工具,这也将有助于股票市场在一个合理的估值范围运行稳定(当然,也不排除一些投机者兴风作浪,故意制造暴涨暴跌,从中渔利,但这种行为只可能短期存在)。

不仅中小散户,对机构投资者,股指期货的推出也是一个崭新的命题。以当前市场的机构主力军——开放式基金而言,尽管国内的基金投资策略较多,但实际上同质化仍较为严重。客观上,没有做空工具的基金反而成为助涨助跌的不稳定因素,但引入股指期货后,基金产品的设计将逐渐转向对风格的挖掘,产品线也面临重大转型。基金业的竞争将面临着新的课题和挑战,其业绩和竞争力的排名也将面临大洗牌。

不得不承认的是,A股市场仅有二十年的发展历程,仍是一个新兴加转轨的市场,在投资者结构、投资者行为、金融创新等方面与成熟市场相比仍有较大的差距。推出股指期货,将有助于我国资本市场的发展和完善,当然这也不可能是一夜之间完成的,它需要一个非常长的时间去进行。

未来:门槛降低 品种丰富

目前,开立股指期货的门槛较高,要求资金量在50万元,这就意味着:广大的中小投资者被拦在了股指期货的门外。这一点恰恰在某种意义上体现了监管部门和中金所对股指期货制度设计上的一番苦心,以及对广大中小投资者的爱护。中国股指期货的推出,首先应重在开通和平稳启动,而不是强调规模;要从保护投资者的角度出发,让相对较强风险承受能力的人成为"吃螃蟹的人"。

但是,股指期货币作为股市的一个金融衍生品,如果没有广大投资者的参与,而只是一些机构与部分有钱人的游戏,这个创新就很难说是成功的。也相信管理层所说的"从紧到松,逐步调整"的原则,示意我国股指期货市场是循序渐进、逐步降低股指期货开户的门槛,最终让散户投资者也有权获得这一规避系统性风险的套期保值工具。

事实上,从海外经验看,股指期货的门槛也多是"从紧到松,逐步调整"的。以韩国为例,设计股指期货市场时以机构投资者为对象,通过较高的交易单位和最低保证金限制个人投资者参与。但在市场培育过程中,逐步降低开户条件、缩小合约规模、推出小型指数合约,吸纳中小投资人,到2005年个人投资者的比例占到全部投资人的44%。与此同时,韩国的股指期货和股指期权市场成为全球最活跃的期货和股指期权市场之一。2006年,韩国股指期权年交易量达到24.09亿手,占2006年全球场内衍生品交易总量的20%,韩国的KOSPI 200股指期权成为全球交易量最大的金融衍生品。

国泰君安首席经济学家李迅雷预计,未来投资门槛应该会降低的,高门槛使很多投资者对股指期货、融资融券望而却步,门槛降低可以吸引更多投资者,从而增加市场的活跃。而且,未来有可能还会有其他指数成为股指期货的标的指数,但短期内应该就是沪深300指数。

风险意识为先

股指期货的诞生,上涨、下跌都可以赚钱的模式让中国投资者热血沸腾,不仅场内投资者热火朝天,场外投资者也是热情相盼。然而,在投资者熊熊燃烧的激情之上,记者不免要泼一盆冷水:股指期货在大多数时候是一个高风险的品种,赚钱也许很难,亏钱却很容易。切记:风险随时存在。

期货专家建言,股指期货登场也会给投资者带来丰富的投资机会,但股指期货是多空双向操作的,还具有杠杆效应。非常微小的波动虽然对股票投资来说不算什么,却可能给股指期货投资带来的可以是比较大的收益,也可以是巨大的风险。因此,投资者应该非常慎重地对待这个投资品种。

资料来源:腾讯网。

讨论题:

1. 查阅相关资料,分析股票市场推出后对我国股票市场发展有何影响?
2. 为什么说"股指期货亏损非常快,几天内就可能让你血本无归"?
3. 金融期货市场的基本结构是什么?

# 任务11 货币供求与均衡

**【任务驱动】**

货币需求是在一定时间内,在一定经济条件下,整个社会要有多少货币来执行交易媒介、支付手段和价值贮藏等功能。对哪些因素能够影响货币需求,不同的货币需求理论有不同的看法。通过本任务的学习,了解货币需求的主要理论,理解凯恩斯的流动性偏好理论,理解货币需求量的影响因素。

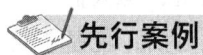先行案例

## 人类史上的通货膨胀

在20世纪80年代津巴布韦独立之初,这个南部非洲国家一度被誉为"非洲面包篮"——来自这片土地的粮食养活了不少非洲饥民。作为南部非洲第二大经济体,GDP增长曾连续两年达到21%,是撒哈拉以南非洲国家GDP增长率的3倍。良好的工农业基础和较高的受教育水平使津巴布韦曾经被认为是最有希望率先进入发达国家行列的非洲国家。变化从2000年开始。这一年,总统穆加贝开始大力推行"土地改革"政策——强行收回白人农场主的土地,将之分配给无地或少地的黑人。此举大大破坏了津巴布韦原有的经济体系,引发了粮食危机,该国的农业、旅游业和采矿业随之一落千丈。不仅如此,津巴布韦政府对国内白人的打压还使之与部分西方国家迅速交恶,后者对其实施了严厉的制裁,津巴布韦经济进一步濒临崩溃。到2006年,津巴布韦的年通胀率为1042.9%,2007年则冲到10000%以上。到2008年6月末,津巴布韦货币的汇率已跌至1美元兑1000亿津巴布韦元,而厚厚一沓纸币凑够的1000亿元却只能买到一个面包。

在纸币取代黄金白银成为人类流通货币的一百多年间,津元并不是唯一的耻辱。1922~1923年的德国纸马克、1945~1946年的匈牙利平格、1971~1981年的智利比索、1975~1992年的阿根廷比索、1988~1991年的秘鲁索尔都在这根耻辱柱上。之所以会发生这种恶性通货膨胀现象,都因为当时的政府财政困难,入不敷出。以魏玛共和国时期的德国纸马克为例,1922年年底,德国发现没有能力支付《凡尔赛条约》的战争赔款,法国和比利时旋即占领了德国工业区,导致德国工业巨头命令工人罢工,德国经济濒于崩溃。魏玛共和国于是开动印刷机,印出没有任何商品作保证的纸币来支付战争债务和工人福利。纸

币很快就变得没有任何价值。1922年，纸马克最大面值为50000，一年以后变成了100万亿。到1923年11月底，德国的年通货膨胀率为325000000%，意味着物价每两天就翻倍。最后德国政府发行"地租马克"取代了"纸马克"。

资料来源：搜狐财经。

## 11.1 货币需求

货币需求与货币供给是重要的金融问题。生活中我们关注的许多问题都与货币需求和货币供给有关，国家也对这两个指标十分重视，因此我们有必要了解货币需求和货币供给的相关问题，以及与之相关的通货膨胀和通货紧缩问题。

### 11.1.1 货币需求含义

货币需求是一种特殊的需求。它不等同于人们货币的需要和货币的愿望，是人们在一定的收入条件下能够实现的货币持有需要。人们对货币的拥有欲望是无限制的，也是不可能全部实现的。因此货币需求是一种有效的需求，既有持有货币的愿望，又有能力去实现。因此货币需求可以定义为：在一定时间内，社会各部门在既有的收入或财富范围内能够而且愿意持有货币的需要。而社会各部门持有货币的需要体现为货币的交易媒介、支付手段和价值贮藏的职能。

同时货币需求还有量的特征。货币需求量是指在一定的时间内，在一定的经济条件下，各经济主体为满足正常的经济活动需要而保存或占有的货币数量。

### 11.1.2 影响货币需求的主要因素

货币需求体现了经济主体持有货币的能力，这种能力受到了多种因素的影响。

**1. 收入水平**

收入水平是决定货币需求的主要因素。这里的收入水平是人们可支配的收入，要扣除税金等因素的影响。同时收入水平也是稳定的、可持续的。如果只是暂时的收入水平，经济主体预计到未来不可能实现，则货币需求基本是不受太多影响。在一般情况下，货币需求与收入水平成正比，收入越高，货币需求就越多，反之亦然。

**2. 价格水平**

价格问题在名义货币需求和实际货币需求的论述中提到过。在一般情况下，价格升高，货币需求量增加，反之亦然。

**3. 信用发达程度**

如果社会的信用程度发达，经济主体在需要货币时能方便、快捷地取得现金，那么整个社会的货币需求量相对会少些,反之,社会的信用体制薄弱,融资不方便,经济主体就需要持有更多的货币来应付日常的支付需要。

**4. 居民的资产选择行为**

人们所持有的金融资产可以划分为两类,即货币和其他金融资产。不同的金融资产,它们的流动性、风险性和盈利性是不同的。货币的流动性大,风险小,但盈利性差,其他金融资产的流动性小,风险性大,但盈利性好。这就给经济主体提出了以什么形式持有金融资产,以获得最大收益的问题。人们对金融资产的需求受其所拥有的金融财富的制约。除此之外,还受到金融市场发达程度和市场利率的影响。当人们偏好持有其他金融资产时,对货币的需求就会减少,反之,就会增加货币需求。

**5. 心理预期**

社会经济体都有自己的预期,当预期经济情况的发展不利时,就会减少货币需求量,但当预计经济发展向好时,就会增加货币需求。

 知识窗

## 凯恩斯预期理论

在凯恩斯经济学中,预期占有重要的地位,其基本原因在于它强调未来的不确定性对于人们的经济行为的决定性影响作用。凯恩斯将预期分为短期和长期两种,并且认为短期预期是价格预期,它决定厂商的现在产量和就业量;而长期预期是指资本的流动偏好,投资者会在持有货币或是投资证券的收益性之间进行选择,这种预期往往也是不稳定的。在《货币改革论》中,凯恩斯萌发了预期的基本思想,主要是对于汇率预期、价格预期(通货膨胀预期)和利润预期的阐述。对于汇率预期及其相关观点,他认为人们对货币数量论存在的误解是假定货币数量的变化不会影响人们需要在货币形式上持有的消费单位数。这一假定在长期也许是真实的,"但是这种长期对当前的事情产生了误导。人们在长期中要死掉"。他强调预期在汇率决定中的作用,同时也强调预期对货币需求的影响,认为对通货膨胀的预期降低了人们持有货币的信心。对于价格预期,在进一步的分析中,凯恩斯研究了价格预期对生产的影响。如果人们预期价格将要下跌,就不会有足够多的冒险者愿意使自己处于投机的"多头"地位,企业主将畏缩不前,不敢参与漫长的生产过程,不敢从事于货币事先支出而事后收回的长期垫支活动,由此引起失业。不仅如此,如果人们对价格趋势的某种预期相当普遍,其结果将具有累积作用。例如,企业界如果预期价格将要上涨,并采取相应行动,这一事实本身将引起价格的一时上涨,如果这种预期被证实,就会进一步强化原来的预期;价格下跌的预期作用正好相反。因此,一个比较微弱的起因也许会引起一个很大的波动。凯恩斯的价格预期理论是《货币改革论》中的主要预期理论。

资料来源:价值中国网。

## 11.2 货币供给

### 11.2.1 货币供给与货币供给量

货币需求应由货币供给来满足。货币由谁提供,如何供给是货币供给所要解决的问题。货币供给是一个动态的概念,是经济主体把流通中所创造的货币量如何投入流通领域的过程。而货币供给量则是一个静态的概念,由货币性资产组成,反映的是在一个特定的时点上,一国经济中所有的货币存量。至于都有哪些货币性资产构成了货币供应量,如何统计一国的货币供应量,首先需要将货币划分为不同的层次。一般将货币按照流动性依次减弱的顺序,将流通中的货币划分为几个层次。每个层次的货币含有哪些内容,各国有不同的划分方法。我国的划分方法为:

M0 = 流通中现金

M1 = M0 + 企业单位活期存款 + 农村存款 + 机关团体、部队存款 + 信用卡存款

M2 = M1 + 企业单位定期存款 + 自筹基本建设存款 + 个人储蓄存款
  + 证券公司客户保证金存款

各国货币当局在讨论控制货币供应指标时,既要明确到底控制哪一层次的货币以及这个层次的货币与其他层次的界限何在,同时还要确定实际可能控制的程度。

### 11.2.2 货币供给机制

在货币供给过程中,一国的中央银行扮演着重要的角色。很长一段时间,大家都认为货币供给量是一个中央银行能够完全控制的变量。但后来发现,中央银行并不具有绝对控制货币供给的能力。但中央银行仍旧在货币供给中扮演着重要的角色。中央银行主要靠控制基础货币来控制货币供应量,因此我们首先来了解一下基础货币。

**1. 基础货币**

基础货币又称高能货币,是由流通中的通货和商业银行的准备金构成,是一国中央银行发行货币的债务凭证。中央银行可以通过公开市场操作,调整再贴现率及存款准备金率来控制基础货币的供应量,影响货币供给。

这其中,公开市场操作是中央银行最常用的控制基础货币的手段。当中央银行准备增加流通中的基础货币时,通常会在市场上买入有价证券,无论购买的是商业银行还是社会公众的证券,货币却被释放到了流通市场中去。当中央银行准备减少流通中的基础货币时,通常会在市场上出售证券,无论证券由谁购买,流通中的货币会被中央银行收回,称为资金的回笼。在公开市场业务不发达的情况下,中央银行经常通过调整再贴现率和存款

准备金率进行基础货币控制,以前我国的中央银行使用这两种手段比较多。这两种手段的共同特点是针对商业银行,通过控制商业银行的货币资金信贷量,进而来控制流通中的货币量。

**2. 商业银行的存款货币创造过程**

并不是说中央银行向市场上投放多少基础货币,流通中的货币供应量就是多少。由于商业银行的存在,使得当中央银行向市场中投放基础货币时,流通中增加的货币供应量会多倍于投放的基础货币量;当中央银行减少市场中的基础货币供给时,流通中减少的货币供应量也会多倍于减少的基础货币量。这就是商业银行的存款创造过程造成的结果。而且这是商业银行独有的,其他金融机构没有这一功能。

(1) 商业银行与派生存款。

在整个金融体系中,商业银行具有其他金融机构所没有的能力,即创造派生存款的能力。所谓的派生存款是指由客户在商业银行的原始存款派生出的新的存款。例如,一个客户A将10万元存入银行,这10万元就是原始存款。假设商业银行要将其中的10%交给中央银行作为准备金,那么还剩下9万元可供商业银行使用。商业银行将这9万元贷给了客户B,体现为客户B的账户中多了9万元存款,这9万元存款就是派生存款。假如客户B将9万元款项交给了客户C,客户C直接将这9万元存入银行,那么银行上交10%的准备金后,又会把它贷出,形成更多的派生存款。

准备金是中央银行的强制要求,只要商业银行吸收到了新的存款,就必须把其中的一部分以存款的形式存放在中央银行。这样做是为了防止商业银行因流动性不足而倒闭。上交资金的比例就是存款准备金率,由中央银行统一规定。

(2) 存款创造的条件。

商业银行进行派生存款的创造是受到一定条件制约的。第一个制约条件是存款准备金。存款准备金的存在,使得商业银行不能把吸收到的全部原始存款都派生出新的存款,从而影响了派生存款的规模。第二个条件是现金的提取比例。如果客户从银行获得贷款后,选择把贷款全部提出变为现金,那么商业银行也无法进行派生存款的创造。因此,客户的现金提取比例越高,商业银行派生存款的能力就越会受到限制。

(3) 存款货币的多倍创造机制。

所谓的存款货币就是商业银行所创造出的派生存款。假设客户选择把全部的货币收入都存在银行的账户中,商业银行按照10%的比率向中央银行交存准备金。那么以前面的例子继续说明商业银行的存款货币创造过程。

客户A将10万元存入甲银行。甲银行将其中的10000元作为准备金。将剩余的90000元全部贷给客户B。则对甲银行来说,存款增加了10万元,为原始存款,贷款额为90000元。

客户B把获得这90000元贷款存入了另一家银行乙银行。同样,乙银行把可自由支配的81000元贷给了客户C。对乙银行来说,存款增加了90000元,贷款额为81000元。

同理,客户C把81000元存入了丙银行。丙银行把可自由支配的72900元贷给了客户

D。对丙银行来所，存款增加了 81000 元，贷款额为 72900 元。

如此进行下去，则如表 11.1 所示。

**表 11.1** 存款货币的多倍创造机制 单位：元

| 商业银行 | 存款增加 | 派生存款增加 | 贷款增加 |
|---|---|---|---|
| 甲乙 | 100000 | 0 | 9000081 |
| 丙丁 | 90000 | 9000081 | 0007290 |
| …… | 81000 | 000 | 0 |
|  | 72900 | 72900 | 65610 |
|  | …… | …… | …… |
| 所有银行合计 | 1000000 | 900000 | 900000 |

通过表 11.1，可以计算出，各商业银行的存款总额为：

$$100000 + 90000 + 81000 + 72900 + \cdots\cdots$$
$$= 100000 \times (1 + 0.9 + 0.9^2 + \cdots\cdots)$$
$$= 100000 \times [1/(1 - 0.9)]$$
$$= 1000000$$

各商业银行的派生存款总额为：100 万 – 10 万 = 90 万。

存款的增加额构成了一个无穷递减的等比数列。原来投放了 10 万元的货币，最后会增加到 100 万元，这就是所谓的存款货币多倍创造机制。显然，存款货币创造的规模取决于存款准备金率和原始存款的金额。若以 D 代表存款货币的增加总额，R 代表原始存款，r 代表存款准备金率，则：

$$D = R/r$$

1/r 就是存款派生的倍数，如果以 d 表示，即 d = 1/r，则 d 就是存款乘数。

（4）存款货币的多倍收缩机制。

与存款货币的多倍创造机制一样，当流通中的原始存款减少时，商业银行的存款货币就会相应地成倍数的减少，减少的倍数也等于 d，即存款乘数的大小。

（5）影响货币创造的因素。

以上的例子比较简单，但是在实际中，存款货币的创造比较复杂，受以下因素的制约：

①原始存款的规模。没有原始存款，银行就不能贷款，则无从派生存款。所以实际中的商业银行经常为吸引储户存款而展开激烈竞争。

②存款准备金的限制。商业银行有了存款，要按照中央银行规定的存款准备金率交存存款准备金。此时，商业银行可以用来发放贷款的存款资金自然就减少了。而且，为了应对意外的支出，银行实际持有的存款准备金总是高于法定准备金，这也相应地减少了银行

创造派生存款的能力。

③借款人的提取现金行为。借款人取得贷款后,免不了要提取一部分现金。这就意味着由贷款派生的存款有一部分成为现金进入流通领域,银行的可贷资金自然就减少了。

④客户的借款需求。银行是通过贷款派生存款的,如果没有客户向银行借款,银行就不能发放贷款,存款货币的创造就更谈不上。以上情况表明,存款乘数只是一个理论数值,在实际存款货币创造过程中,往往有很多因素限制,从而使可能的派生规模不一定能够实现。

**3. 货币乘数**

如果把各种因素都考虑进去,从中央投放基础货币进入流通领域,到最终社会上的货币供应量,它们之间也是成一定的倍数,这个倍数就是货币乘数。用 $m$ 表示货币乘数,$B$ 表示基础货币,$M_s$ 表示货币供应量,则 $M_s = B \times m$。基础货币是由公众所持有的现金和商业银行在中央的准备金构成,$m$ 则是由复杂的变量构成,包括活期存款的法定准备金率、定期存款的法定准备金率、超额准备金率、现金漏损率和定期存款占活期存款的比例。由于货币乘数 $m$ 的推导比较复杂,这里不再推导,只需了解一下即可。

一般来说,基础货币的增减变动可以由中央银行来掌控,但是在货币乘数中,只有活期存款和定期存款的法定存款准备金率可以由中央银行控制,其余则取决于商业银行和社会公众的行为。所以当中央银行决定增加或减少基础货币时,最终货币供应量的变动不一定按照中央银行的意图来进行。

### 11.2.3 影响货币供给量的因素

从以上的内容中,可以看出,货币供给量是由中央银行、商业银行和社会公众共同决定。

**1. 中央银行的行为**

基础货币是决定货币供给量的基数。当中央银行要提高社会上的货币供给量时,可以通过向市场释放基础货币的方式来增加基础货币的流通量,增加的基础货币就会变成更多的贷款。反之,央行如果反向操作,让大量的货币回笼,则市场上可贷资金的总额就会减少,那么贷款的规模就会受限。除此方法外,调整准备金比例也是常用的调控货币供给量的方法。提高法定存款准备金率,商业银行的可运用资金就会减少,直接导致商业银行的贷款规模收缩。反之也是如此。

**2. 商业银行的行为**

贷款的规模能否按照中央的意愿变化,则要取决于商业银行的行为。如果在经济的高涨或投资旺盛时期,中央银行回笼资金,提高存款准备金率,但商业银行仍会通过其他融资手段,继续保持或增加现有的贷款规模;在经济低迷时期,即便中央银行释放大量货币,降低存款准备金率,商业银行由于对前景的悲观,还是不愿意扩大贷款的规模。

### 3. 社会公众的行为

社会公众的货币需求在一定程度上影响着货币供给量。银行贷款的形成取决于借贷双方的共同意愿。如果商业银行愿意努力推销其贷款，但社会公众不愿意借款，那么提高货币供给量规模的意图很难成功。如果流通中的现金存入银行，那么可以成倍地派生存款，扩大货币供给量。但如果社会公众喜欢持有现金，则会成倍地减少存款货币量。一个极端的例子就是"流动性陷阱"，当市场利率足够低时，公众的投机性货币需求无限大，使任何的扩大贷款规模的行动趋于无效。

## 11.3　货币均衡

### 11.3.1　货币均衡的含义

货币供给和货币需求常出现三种状态，即货币供给大于货币需求，货币供给小于货币需求以及货币供给等于货币需求。货币供给等于货币需求的状态，就是货币均衡的状态。

**1. 货币均衡的内涵**

（1）货币均衡是一种状态。

货币均衡并不意味着货币供给和货币需求在量上的绝对相等。而是货币供求作用的一种状态，是货币供给和货币需求的大体一致。

（2）货币均衡是一个动态的过程。

货币均衡并不要求在一个具体的时间里货币供给和货币需求的均衡，它是在短期内允许出现两者不一致的波动状态，但在长期内两者是一致的一个过程。

（3）在一定程度上反映了国民经济的总体平衡状况。

货币供求的相互作用反映了国民经济运行的过程，将国民经济的运行与货币供求作用有机地联系在一起。在分析期内，国民经济的运行状况必然通过货币均衡与否的状态表现出来。

**2. 货币均衡的标志**

货币供给和货币需求在量上很难甚至是不可能准确地统计出，因此，经济社会往往通过一些指标的变化来判断货币的均衡状态。

（1）物价水平。

物价水平的变动是衡量货币均衡与否的主要标志。在纸币流通的条件下，如果货币供给量过大，造成了过多的货币追逐有限的商品价值总额，必然导致物价水平的上升来达到新的平衡；如果货币供给量过小，使社会上的商品价值无法全部得到实现，造成了大量的商品积压，必然导致物价水平的下降，来实现平衡。只有当货币供给量满足商品价值总额时，即货币供给满足货币需求时，物价水平才是稳定。

（2）利率水平。

在货币和资本市场中，利率是反映资金供求关系的指标。当货币供不应求时，利率水平会上升；当货币供过于求时，利率水平会下降。只有在货币供求一致时，利率才会处于一个基本平衡状态。

（3）货币流通速度。

这是在计划经济体制下，判断货币均衡的指标。由于物价受国家的控制，当货币供给大于货币需求时，物价不能表现为上升，只能变现为商品供给短缺，有钱买不到商品，货币流通速度减慢。

### 11.3.2 影响货币均衡的因素

**1. 利率调整与期限**

如果利率水平调整效率高，市场利率化的程度高，则有利于货币均衡的出现。利率期限结构合理，有利于投资者进行资产的选择，同样也可以加快货币均衡的实现。

**2. 物价的稳定状况**

如果市场物价水平上升幅度过大，那么会助长市场的投机心理，大量投机者进入资本市场会进一步加剧资本市场的不稳定性，使货币供给和货币需求的平衡状态遭到严重破坏。

**3. 金融市场的发达程度**

一个高效、有序、健康的金融市场是货币均衡实现的前提。如果金融市场中利率被人为控制，必然会导致资金的结构出现扭曲，货币供给和货币需求很难一致。

**4. 社会总供求的平衡**

总供求的平衡，有利于币值稳定，币值的稳定则有利于稳定货币供给与需求。

### 11.3.3 货币失衡与调节

在经济社会中，货币的失衡现象是经常出现的，而货币均衡的目标则是理想状态。

**1. 货币失衡的原因**

（1）货币供给量小于货币需求量。

造成货币供给量小于货币需求量的原因主要有：由于经济的发展，商品交易量的提高，但是货币供给量没有及时地增加，从而导致了供小于求情况的出现，但在纸币流通情况下，这种机会出现的概率很小；中央银行错误的货币政策，如在经济中货币供求本来大体一致，但中央银行却实施紧缩性的货币政策，减少货币供给量，造成了失衡局面的出现；在经济危机时，社会的信用链条被破坏，社会经济主体对货币的需求增加，中央银行的货币供给量远远滞后，造成了失衡局面。

（2）货币供给量大于货币需求量。

在纸币流通的条件下，这是一种经常出现的情况。造成这种情况出现的原因有：政府出现财政赤字，转而向中央银行透支，中央银行为了弥补赤字只得增发货币，造成了货币供给量的过度增加；高速的经济发展，使银行贷款规模出现了不理智的增长，导致了货币供给量的增加，造成失衡的出现；为了刺激经济，中央银行推行扩张的货币政策，如果中央银行操作不当，就会造成流通中的货币供给量过多，诱发了物价水平的高速上涨。

（3）货币供求的结构性失衡。

结构性失衡是指在货币供求总量大体一致的情况下，货币的供给结构和货币的需求结构出现了不相适应的情况。结构性失衡表现为过剩与不足共存的局面。如大量的资金投入房地产行业，造成房地产行业资金供给量过大，而一些实体经济行业却面临资金不足的局面。造成货币失衡的原因在于经济结构的不合理。

**2. 货币失衡的调节**

（1）供给型调节。

供给型调节是从压缩货币供给量入手，使之适应货币需求量。常见的措施有：中央银行通过公开市场操作、增加法定存款准备率等手段，减少货币流通量，缩小商业银行可用资金的规模，从而限制贷款规模，达到减少货币供给量的目的；商业银行对贷款规模压缩，提高贷款的条件，同样也减少了货币供给量。

（2）需求型调节。

需求型调节是从增加货币需求量入手，使之适应货币供给量。常用的需求型调节是政府刺激经济，诱发经济体的货币需求。常用的措施有：国家降低利率水平，增加经济体的货币需求；通过增加经济体的可支配收入，增加货币需求，增发社会补助、降低税率等。

（3）混合型调节。

混合型调节不是单纯地压缩货币供给量，也不是单纯地增大货币需求量，而是同时从两方面入手，使两者双管齐下，以尽快达到货币均衡的局面。即供给型调整与需求型调整的相关政策共同实施，共同作用。

（4）逆向型调节。

逆向型调节是指在出现货币供给量大于货币需求量时，中央银行不是实施紧缩的政策，降低货币供给量，而是反其道行之，增加货币供给量，从而促成货币供求在新的起点均衡。逆向型调节短期内还会有扩大失衡的态势，但只要把握好，控制适度，有可能收到事半功倍的效果。

## 11.4 通货膨胀与通货紧缩

在纸币流通的条件下，几乎没有一个国家能避免通货膨胀的困扰，而通货紧缩也时常危及一国经济的正常发展。通货膨胀和通货紧缩也会影响到企业和个人的相关利益，因此有必要了解一下相关的知识。

### 11.4.1 通货膨胀

**1. 通货膨胀的含义**

通货膨胀是我们日常经济生活中，出现频率较高的词语，那么什么是通货膨胀呢？不同的经济学家对此有不同的看法。目前认同比较多的定义是：通货膨胀是指在纸币流通的条件下，因纸币发行过多，从而引起纸币贬值、一般物价水平持续上涨的现象。要正确地理解这一定义，还应注意以下方面：

（1）通货膨胀是纸币流通下的特有现象。

在贵金属流通的情况下，是不可能发生通货膨胀的。因为金属货币本身具有价值，具有价值贮藏功能，当货币过多时，金属货币可以被收藏，而纸币则不具有这一功能。

（2）通货膨胀意味着通货过多。

一定时期的货币量过多，是造成通货膨胀最直接、最表面的原因，无论是何种因素引发通货膨胀，只要是物价上升了，就肯定有货币供给增多的因素存在。

（3）通货膨胀考察的是商品、服务。

只有商品、服务的价格持续普遍的上涨，才是通货膨胀。这里不包含股票、债券等虚拟资产的价格普遍上涨。

（4）强调一般物价水平的持续上涨。

如果一般物价水平的上涨是一次性的或临时性的，或者只是某一种商品价格的上涨，这都不算是通货膨胀。只有一般物价水平的持续上涨才会称作通货膨胀。如在甲型H1N1流感流行时期，社会上的体温计、板蓝根、口罩的价格一路上涨，就不算是通货膨胀。

此外，按照物价上涨的幅度，可将通货膨胀划分为温和的通货膨胀、奔腾的通货膨胀和恶性的通货膨胀。温和的通货膨胀又叫爬行通货膨胀，物价上涨率在一位数之内。奔腾的通货膨胀又叫较严重的通货膨胀，物价上涨明显，人们不愿意保存货币，而纷纷抢购商品，一般物价上涨率可达两位数。恶性的通货膨胀是指物价上涨程度达到三位数以上，甚至导致整个货币制度的崩溃。我国在1948～1949年期间曾经发生过恶性通货膨胀，物价在一天内能够翻一倍，人们都是拿着成捆的钞票去买东西。

**2. 通货膨胀的度量**

通货膨胀是物价水平的持续上涨，因此，通货膨胀的程度也就可以用物价上涨的幅度来衡量。一般来说，有以下几个指标来衡量物价上涨的幅度。

（1）消费物价指数。

消费物价指数就是我们经常在报纸、电视上看到的CPI。消费物价指数也称零售物价指数，反映消费者为购买消费品而付出的价格的变动情况。该指数是根据家庭消费的有代表性的商品和服务的价格变动状况编制而成的。值得注意的是，在我国消费物价指数的编制过程中，房地产的价格是不包含的消费物价指数之中。消费物价指数的优点在于资料容易搜集，公布次数较为频繁，一般是一个月一公布，能迅速、直接地反映影响居民生活的价格趋势。它的缺点是包括的范围较窄,不能反映各种资本品以及进出口商品和劳务的价格变动趋势。

(2) 批发物价指数。

该指数是反映包括原材料、中间品及最终产品在内的各种商品的批发价格变动状况的物价指数。由于该指数可以反映企业经营成本的变动,所以又称为生产者物价指数。该指数的优点是对商业周期反映敏感,缺点是不包括服务产品在内,同时它只计算了商业周期中生产环节和批发环节的价格变动,没有包括商品最终销售时的价格变动,其波动幅度常常小于零售商品的价格波动幅度。

(3) 国民生产总值物价平减指数。

该指数是按现行价格计算的国民生产总值与按不变价格计算的国民生产总值的比率。如某国2009年的国民生产总值按当年的价格计算为16000亿美元,而按2000年的不变价格计算则为10000亿美元,则2009年的国民生产总值物价平减指数为 $16000 \div 10000 \times 100 = 160$,相对于2000年,其物价上涨了60%。国民生产总值物价平减指数的优点是范围广泛,除了居民消费品外,还包括公共部门的消费品、生产资料和资本品,以及进出口商品,因此能准确地反映一般物价水平的趋向。其缺点是资料搜集较难,公布次数不频繁。

以上三种物价指数涉及商品和服务的范围不同,统计与计算口径也不同,因此即便在同一个国家,同一个时期,各种指数反映的通货膨胀程度也是不一致的。一般来说,各国最常用的衡量通货膨胀程度的指标还是消费物价指数。

**3. 通货膨胀的效应**

(1) 对产出和就业的效应。

在短期内,只要通货膨胀没有被人们觉察,既存在通货膨胀错觉,会促进产出和就业的增长。通货膨胀错觉的存在,使产品价格上升的幅度大于工资率上升幅度。此时,企业愿意增加工人扩大生产,工人也愿意提供更多的劳动。这样,通货膨胀对产出和就业就有明显的刺激作用。但是前提是通货膨胀必须是温和的,而且政府有能力驾驭。所以从这个层面上讲,一些国家的政府是希望温和的通货膨胀出现的。

但是一旦政府没有控制住,通货膨胀进一步恶化,就会出现生产的倒退、失业的增加。

(2) 对流通的效应。

首先,通货膨胀打乱了正常的流通渠道。正常的商品流通渠道是从产地向销地运行,但在通货膨胀时期,由于地区间物价上涨的非均衡性,商品就会改变原有的正常流向,从涨价幅度小、时间迟的地区流向涨价幅度高、时间早的地区,甚至流向产地。这种盲目的流转,扰乱了正常的渠道。其次,在通货膨胀的持续期,人们普遍预感到物价还会上涨,为了保值避免损失,人们就会抢购、囤积、哄抬物价,进一步加剧了商品流通的混乱。

(3) 对收入分配的效应。

通货膨胀对收入的效应因利益集团的不同而不同。如果工会力量强大,就会通过工会的努力要求加薪,免受物价上涨给他们带来的生活质量下降的损失。而对那些工会力量弱或是签订了工资合同的人来说，工资很可能不会发生变化，那么他们只能接受实际工资水平下降的损失。遭受损失最大的是退休工人以及靠社会救济的人们。在通货膨胀时，他们的退休金和低保金实际水平是下降了，除非国家能适时地提高他们的工资水平。所以一些工资合同和社会保险中一般都增加了根据通货膨胀率自动调整的条款。

而通货膨胀对分配效应的影响，主要取决于人们拥有的财富的种类。一般来说，人们拥有的财富分为固定资产、货币资产和债权三类。对固定资产来说，一般会因通货膨胀而升值，如房地产的价格在通货膨胀期会持续上涨。而货币资产则会很大程度上倾向于贬值，如货币存在银行，因银行的实际利率低于通货膨胀率，存款人的利益受损。对于债权来说，通货膨胀时期，等量货币的实际购买力已经下降，债权人为此受到损失。

反过来说，债务人在通货膨胀期间是获利的。如果你借给某人1万元，商定好1年后连本带息共还你1.1万元。但是一年后物价水平上涨了20%，则归还的1.1万元的购买力还不如去年的1万元，这样你就损失了一部分购买力，而借款人则获利，获利的金额恰好就是你损失掉的那部分购买力。因此，对债权人来说，通常会在借款合同上附加通货膨胀的条款，即利率要随着通货膨胀率的大小而作出调整。

因此，在通货膨胀期间，总有一些人的收入水平会提高，财富会增加，有些人的收入水平会降低，财富会减少，这就是通货膨胀造成的对收入的再分配。

（4）对金融的效应。

首先通货膨胀降低了借款成本，诱发过度的借款需求，金融机构不得不进行信贷配额管理，从而削弱了其运行效率；其次通货膨胀对债权人不利，使商业贸易中的结算大多使用现金，商业信用萎缩，债券发行受阻；最后，通货膨胀造成了货币流通混乱。

不断贬值的货币，极难执行价值尺度和流通手段的职能，当通货膨胀发展到很严重的程度时，人们为避免损失，宁愿持有实物而不愿意持有纸币，从而造成了纸币流通制度的破坏。

**4. 通货膨胀的成因与表现**

（1）需求拉上型通货膨胀。

通货膨胀是由于总需求过度增长而引起的。即由于对产品和劳务的需求超过了现行价格条件下可能的供给，一般物价水平因此而上升了。在经济未达到均衡前，即社会的总供给小于总需求前，中央银行提高货币供给，从而刺激社会总需求上升，进而促使就业增加和产量的增加，此时价格水平并未显著上升。如果中央银行继续提高货币供给，使总需求的增长超过了社会生产能力的界限时，社会的总供给不能满足全部的总需求，由此形成的缺口将导致物价水平的上涨，由此形成了通货膨胀。

（2）成本推进型通货膨胀。

通货膨胀是由于产品成本的提高而导致的。在商品和劳务需求不变的情况下，因产品成本的提高而推动物价的上涨形成通货膨胀的局面。导致产品成本的上升主要有两种情况：第一种情况是工资成本上升推动的通货膨胀。在非完全竞争的劳动力市场上，工资率是工会和雇主谈判的结果，而不是由市场的供求关系决定。当一些工会提出过分的工资要求,使工资增长率大于该行业劳动生产的增长率时,雇主只得提高产品物价来抵御工资的增长。另一些行业的工人则可以通过攀比争取高工资,这样,工资的提高很快波及所有部门,物价的上涨也波及了所有行业。这样,在总需求不变的情况,就产生了工资成本推动的通货膨胀。第二种情况是利润推动的通货膨胀。在垄断性的市场中,商品的价格并非由供求关系决定,而是被少数垄断者操纵。由于存在卖方垄断,垄断厂商为了获取高额利润,可以以成本增加为借口,人为地规定高价格,购买厂商只得被动接受,这就促成了利润推动的通货膨胀。如在20世纪70年代石油输出组织集体涨价,使欧美国家被动接受了高价格的石油,进而波及其他行业和领域,直接导致了通货膨胀的出现。

(3) 供求混合推动型通货膨胀。

在经济社会中,很难分清楚究竟是需求拉上造成了通货膨胀还是成本推进造成了通货膨胀。所以把通货膨胀的原因单纯地归结于需求拉上或是成本推进都是不准确的。通货膨胀应是需求和供给共同造成的,即推中有拉,拉中有推。如通货膨胀可能是由过度需求引起的,但由于过度需求引起的物价上涨会促使工会要求提高工资,工资成本的提高使厂商进一步提高了产品的价格。

(4) 结构性型通货膨胀。

在总需求和总供给处于平衡状态时,由于经济结构、部门结构的变化引起了物价水平的上涨,形成了通货膨胀。如在总需求不变的情况下,一部分需求转移向其他生产部门,而劳动力和生产要素却不能及时转移。这样,需求增加的部门工资和产品价格上涨,而需求减少的部门的产品价格却未相应下降,由此物价总水平上涨。

**5. 通货膨胀的治理**

通货膨胀,特别是恶性的通货膨胀,对经济社会的破坏作用巨大。因此各国政府都会采取各种措施来遏制通货膨胀的进一步发展。常用的治理通货膨胀的手段主要有以下几种。

(1) 抑制总需求的政策。

抑制总需求政策又称紧缩性需求政策。一国政府常常采取紧缩性货币政策和紧缩性的财政政策相配合的手段。运用紧缩性货币政策治理通货膨胀的常见手段包括:降低货币供给量,即中央银行通过公开市场操作、提高存款准备金率等手段回笼货币资金,缩减商业银行的信贷规模;提高市场利率水平,央行一般通过提高基准利率水平,促使商业银行提高其存贷款利率,而存贷款利率的提高恰好可以使人们减少消费和投资,从而抑制住了通货膨胀。

常用的紧缩性财政政策包括:增加税收,使经济体的收入和利润减少,从而减少他们的消费和投资需求;削减政府的财政支出,以消除财政赤字,从而消除通货膨胀的隐患;减少政府转移支付,减少社会福利开支,从而起到抑制个人收入增加的作用。

值得注意的是,紧缩性的需求政策虽然能很好地遏制住通货膨胀的势头,但是万一使用过度,会发生经济衰退、失业增加的后果,而这是政府和公众更不愿意看到的结果。因此,紧缩性的政策在使用时要注意把握程度。

(2) 收入政策。

收入政策即紧缩性的收入政策，是对付成本推动型通货膨胀的最好方法。该政策的常见措施有：实行工资、价格管制，由政府颁布法令，强行规定工资、物价的上涨幅度，甚至暂时冻结工资和物价，但这种措施一般在战时或通货膨胀十分严重的情况下才使用；通过道义劝告、协商解决的方式设置工资——价格指导线，要求各部门将其工资——物价的增长幅度控制在这一限度之内，而且此政策不具有强制性；以税收作为奖罚的手段，即如果工资和企业商品价格的增长幅度没有超过限度，则给予减少个人所得税和企业所得税的奖励，如果超过限度，则会多收税予以惩罚；进行利润管制，即以强制手段对可获得暴利的企业利润率或利润额实行限制，对超额利润征收较高的所得税。

此外，一些国家还通过制定反垄断法限制垄断厂商的高价以及对公用事业和国有企业的产品和劳务实行直接管制。

(3) 收入指数化政策。

把工资、利息、各种证券的收益以及其他收益部分地与物价指数相联系，使各种收入随物价指数的升降而升降，从而避免或减少通货膨胀带来的损失，并减弱通货膨胀所带来的分配不均问题。

(4) 非适应性政策。

主张中央银行应当始终如一地以一个不变的比率保持货币供应增长，不会因为其他方面的原因而增加货币供给，从而使公众相信政府是坚决同通货膨胀进行斗争的。这样做就会降低公众预期的通货膨胀率，从而降低成本推动的可能性。

📖 拓展阅读

### 美联储官员：对美国"处于或接近"通胀和就业目标有信心

2018年3月23日，美国亚特兰大联储主席 Bostic 发布关于经济展望的讲话。他表示对美国"处于或接近"美联储通胀和就业目标有信心。

Bostic 表示，未来数年内进一步逐步加息是合适的，他认为本周的加息是有意义的，利率需要向中性水平靠拢。

他表示，若经济进展符合自己的预期，支持今年加息更多次。财政刺激将给经济增长提供温和支撑，关税造成下行风险。劳动力市场尚未过热，劳动力成本有上行风险。预计通胀率将继续保持平稳，但面临上行风险。

资料来源：根据相关资料整理。

### 11.4.2 通货紧缩

**1. 通货紧缩的含义**

通货紧缩是与通货膨胀相反的一种经济现象。通货紧缩是物价普遍持续下降的现象，并且伴随着经济衰退和失业增加。通货紧缩也是一种货币现象,价格是商品和服务价值的货币表现,价格普遍持续下降,表明货币所反映的商品价值增加。通货紧缩所指的物价下降,是物价普遍、持续的下降,个别商品和劳务价格的下跌,不是通货紧缩;由于消费者偏好发生变化、季节性等某些非货币因素影响而引起的价格的暂时或偶然下跌与货币本身没有必然联系,也不是通货紧缩。因此,在现实社会中,判断某个时期的物价下跌是否是通货紧缩,既要看通货膨胀率是否由正转负,也要看这种下降的时间是否超过了一定时限。

通货紧缩按照其程度不同,分为轻度通货紧缩、中度通货紧缩和严重通货紧缩三类。通货膨胀率持续由正转负时,称为轻度通货紧缩;负值超过一年仍未转正,此种情况称为中度通货紧缩;中度通货紧缩继续发展,持续时间达两年以上的或物价降幅达到两位数的,称为严重通货紧缩。

**2. 通货紧缩的效应**

(1) 对经济的影响。

对消费者来说,虽然通货紧缩意味着购买增强,但更愿意增加储蓄、削减消费开支。因为通货紧缩使消费者的价格下降预期强烈,失业率增加的预感也很强,为了等待将来更低的价格出现和为了未来生活的保障,消费者会更愿意增加储蓄。对生产者来说,物价的持续下跌会提高实际利率水平,致使投资成本昂贵,投资项目变得越来越没有吸引力,因此会减少投资支出。同时,社会消费总量的下降,使企业出现利润下降甚至亏损的情况,因此企业不愿意扩大生产。

(2) 对银行业的影响。

首先,物价的持续下跌,使贷款者的收益随之下降,造成了贷款者的还款困难,使银行面临坏账的风险。其次,对于抵押贷款来说,抵押资产价格的缩水,使银行要求客户尽快还款,使本来面临困难的贷款客户雪上加霜,从而加速了其破产过程,最终也导致银行遭受了损失。最后,银行经营环境的恶化使人们对银行产生一种不信任感,为了保护自己资金的安全,他们一方面将钱放在手边,另一方面会把钱从银行提出,而这又增加了银行的流动性危机。

📖 **拓展阅读**

## 日本:长景气何以治不了通缩

日本政府公布的数据显示,2017 年第四季度实际 GDP 年化季环比增长 0.5%,日本经济实现八个季度连续增长,创下了 20 世纪 80 年代末日本经济泡沫破裂以来的最长连续增长纪录。从关键经济指标来看,日本经济形势呈现向好态势。完全失业率降至 2.8% 的历史低点,企业整体盈利水平正稳步提高。日本政府称,历时 5 年的经济复苏,已超过二战后复苏持续时间第二长的"伊奘诺景气"。

然而,日本经济虽然创下新一轮长景气周期,但日本却并未走出长达 25 年的长期通缩。日本央行一直在为实现2%的通胀目标努力，预计要到2019年才能实现，日本已经数次推迟这一目标实现的时间。

通缩久治不愈，从本质上讲，原因是结构性的，直接原因在于内需不足，进而导致消费不振。近年来，日本家庭部门收入结构发生了一些变化，家庭的实际收入不升反降，2016年劳动家庭平均实际月收入为45.9万日元（100日元约合5.9元人民币），比10年前减少了2.1万日元；劳动分配率从1977年的76%跌至当前61%的历史低位。企业获利后，不愿分配于工资，而是扩大留存，走向海外市场。此外，由于对日本财政充满了担忧，导致人们对未来普遍缺乏信心，从而严重抑制了消费。

资料来源：网易新闻。

**3. 通货紧缩的原因**

（1）紧缩性货币政策。

正如前面所提到的，为了治理通货膨胀，政府实行了紧缩性的货币政策。由于紧缩性货币政策使用过度，导致货币供应量急剧减少，使物价急剧下降，厂商缩减生产规模，失业增加，经济衰退。

（2）生产能力过剩。

在前期经济繁荣时期，社会需求旺盛，使厂商纷纷扩大规模生产，增加投资比例，最终出现了生产的商品供过于求的局面。如果这种供过于求的局面不能得到及时调整而持续存在，物价的下跌也会持续下去，出现通货紧缩。

（3）投资和消费预期发生变化。

当企业对未来的经济形势失去信心，认为经营效益难以保证时，会自觉地减少投资；当消费者预期物价会下跌时，会减少现在的消费行为，这些都会导致消费和投资出现大幅度下降，消费和投资的下降就会导致物价的持续下跌，产生通货紧缩。

（4）技术进步和放松管制。

技术进步与创新提高了生产力水平，放松管制使生产成本下降，造成了生产能力的过剩。此时，物价下跌不可避免。如果产能过剩的情况得不到解决，则物价下跌和通货紧缩不可避免。

（5）金融体系的低效率。

如果金融机构不能对贷款项目进行风险识别，那么就可能造成贷款质量不高，不良贷款比例会增加。如果金融机构不愿意贷款或片面提高贷款利率的方式作为承担风险的补偿，就会形成信贷萎缩，进而导致通货紧缩。

**4. 通货紧缩的治理**

通货紧缩可对经济和社会稳定造成不良影响，严重的通货紧缩会造成经济萎缩、失业人口增加、人们生活水平下降的结果，而这些是任何一个政府都不愿意看到的，因此政府对通货紧缩特别重视。常见的治理通货紧缩的措施主要有以下几种。

（1）增加有效需求。

针对需求不足的局面，政府通常会采取积极的货币政策和积极的财政政策相配合。通过实行积极的货币政策,增加货币供给量,降低实际利率,促进银行增加有效贷款投放量,恢复企业投资信心。通过积极的财政政策,加大政府的消费支出,如政府投资大型项目的建设等,一方面扩大了社会的需求量,另一方面也提供了很多的就业岗位。此外,政府还通过减税、增加转移性支出等方式提高个人的可支配收入水平,从而提高个人的消费需求。

(2) 促进出口。

将国内过剩的供给转移到国外去,这是被许多国家的经验所证明了的一条治理通货紧缩的有效手段。一国政府一般采取本币贬值,增加出口信贷等优惠,在国际贸易中尽可能争取有利于出口的条件。

(3) 增加有效供给。

这主要是解决供给结构不合理造成的供给相对过剩的问题。产业结构和产品结构与需求结构不对称造成了供给的相对过剩。对那些重复生产、简单复制、没有亮点的生产线要加以淘汰,加快技术进步、提高产品质量、改善企业经营管理水平,都是提高经济质量、改善经济结构的有效手段。

## 课外阅读

### 美国经济大萧条与治理

美国经济大危机以1929年10月纽约股市的崩盘为标志。股市在1929年9月1日是最高点,市值总计是896亿美元,到1932年7月1日跌到156亿美元,跌了740亿美元,跌幅达82.5%。随着纽约股市的惨跌,美国爆发了人类经济发展史上迄今为止最为严重的经济危机。这场危机迅速蔓延,形成整个资本主义历史进程中持续时间最长、财富损失最重、影响程度最深的经济大萧条。

1929年10月29日,这就是华尔街历史上最声名狼藉的黑色星期二。人们匆忙抛售证券,股票抛售恐慌已成定局且一发不可收拾,沮丧的股票经纪人泪水涟涟,股市就此崩溃。此后一周之内,美国人在证券交易所内失去的财富竟高达100亿美元!到11月中旬,纽约证券交易所股票价格下降40%以上,证券持有人的损失高达260亿美元,成千上万普通美国人辛劳一生的血汗钱化为乌有。

大危机还给实体经济造成灾难。1929~1933年四年间,美国经济彻底瓦解。国民生产总值减少了40%,失业率达到24.9%。国民经济的每个部门都受到了相应的损失,至少有13万家企业倒闭,汽车工业下降了95%,通用汽车公司的生产量从1929年的550万辆下降到了1931年的250万辆。1932年7月,钢铁工业仅以12%的生产能力运转。到1933年,工业总产量和国民收入暴跌了将近一半,商品批发价格下跌了近三分之一,商品贸易下降了三分之二以上;占全国劳工总数四分之一的人口失业。高达一半的美国家庭主要劳动力失业或收入锐减,成千上万工人工作无着,三分之一的人口缺衣少食。

1932年,新当选的美国总统罗斯福提出"一定要为美国人民实行新政",在治国理论上来了一个180度的大转变,在市场与政府的关系上非常强调政府监管。除了金融领域的几个立法以外,在铁路、空运、卡车运输等方面也加强了政府监管。总的理念是加强政府管理,限制过度竞争。

新政的基本思想与凯恩斯主义的政策主张相一致。新政的基本政策精神是在不触动资本主义私有制的前提下运用国家机器干预社会再生产,其基本政策手段逐渐演变为运用所得税制、预算拨款、政府债券和银行信贷等财政金融杠杆对国民经济进行宏观调节,对国民收入进行再分配,对发展国民经济的某些重要环节给以促进,对不利于整个资本主义经济的企业活动进行管辖。

实行新政和凯恩斯主义,对宏观经济进行调节,主要是应用财政、信贷两个杠杆进行调节,以医治资本主义自发机制所造成的生产过剩、供过于求的痼疾。办法之一是通过赤字预算和发行债券向资本家借钱,把劳动者已经创造出来、但为资本家所有、且又为他们所不愿意使用的那部分闲置资本运用起来,进入生产或消费。这样,资本家可以获得由政府保证的债券利息,得到政府订单的企业,可以扩大生产,就业的增加又可以扩大消费,社会再生产就可能在扩大的规模上持续进行。办法之二是增加货币供应量,降低利息率以刺激投资。

在新政的帮助下,美国经济逐渐恢复,并最终在二战后,成为全球经济的霸主。

资料来源:根据相关资料整理。

## 关键术语

货币需求　流动性偏好理论　货币供给　基础货币　存款货币创造　通货膨胀　通货紧缩

### 学以致用

1. 影响货币需求的主要因素有哪些?
2. 影响货币供给的主要因素有哪些?
3. 货币均衡的标志是什么?
4. 什么是通货膨胀?如何治理通货膨胀?
5. 什么是通货紧缩?如何治理通货紧缩?

### 案例分析

**美联储主席耶伦:美国通货膨胀低迷,渐进加息是最佳政策**

中新网2017年9月27日消息,据美媒报道,尽管美国通货膨胀低迷令人担心,但美联储主席耶伦表示,渐进加息是最佳政策。

据报道，当地时间26日，耶伦在俄亥俄州克里夫兰向全美商业经济学会发表讲话时说："在通货膨胀回升至两个百分点之前维持货币政策不变是轻率的。"美国的通货膨胀率长期以来一直处于美联储2%的通胀目标之下。然而，尽管通胀低迷的原因并不确定，不知道是误判了劳动力市场的强度，还是误判的全球供给链中外来竞争的影响，耶伦说，美联储都"应该避免行动过于迟缓。"

报道指出，2008年金融危机过后，为了刺激美国经济，美联储一直将基准利率维持在接近历史最低点。去年12月以来，美联储只加息三次，联邦基金利率目前保持在1%至1.25%的区间内。

摩根斯坦利首席经济学家曾特纳表示，听了耶伦的讲话最大的感受是，耶伦相信，"今后几年时间内，强劲的美国劳动力市场最终一定会推动通货膨胀率上升，接近美联储2%的通胀目标。"

资料来源：澎湃新闻。

**讨论题：**

1. 国家为何下大力气抑制通货膨胀？
2. 是否所有的通货膨胀都需要抑制？
3. 通货膨胀如何治理？

# 任务 12　财政政策与货币政策

【任务驱动】

　　财政政策是指为调节社会经济活动而对政府财政收入和支出所进行的变动或对政府的财政收入和支出所作出的决策。货币政策是指中央银行为实现一定的经济目标，运用各种工具调节和控制货币供给量，进而影响宏观经济的方针和措施的总和。

　　这两种政策都是政府常用的宏观调控手段。两种手段通常相互配合，共同保证经济发展平稳运行。

　　通过本任务的学习，了解财政政策与货币政策的含义，理解财政政策与货币政策的分类，掌握财政政策与货币政策的目标、操作手段，财政政策与货币政策配合的必要性和模式。

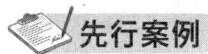先行案例

## 美国普惠式财政政策

　　2017年12月2日，参议院通过税改法案，11月16日，美国众议院以227票对205票通过税改法案。本次税改为三十年来美国规模最大的税改方案，具有"普惠"性质，受益人群囊括各阶层、各群体。

　　特朗普以实际行动践行美国式经济改革，在美国货币政策已难以再有效刺激美国经济的大背景下，以税改为首的财政政策无疑将是美国开始新一轮经济发展的又一刺激性杀手锏。

　　总体上看，此次特朗普减税方案普遍惠及企业、家庭、中产、富人等各阶层，有可能使全球更多资金与优质企业流向美国，长远来看将吸引制造业企业回流美国，促进美国经济复苏与新一轮的增长，对中国形成资金及企业外流压力，中国企业有可能将国内税率高于美国的制造业、劳动密集甚至技术密集型品类业务移至美国。

　　特朗普税改核心方案汲及家庭、企业、海外三个层面。

　　第一，在个人与家庭层面普遍降低了个人消费税率，提高税前抵扣额度，保留遗产税但提高了个人起征点。从总体来看有该条有助于刺激各层次居民消费，将部分拉动美国内需。

第二,在企业层面将企业所得税名义税率从当前35%降低至20%;允许设备、机械等投资在未来5年费用化,从而刺激企业资本开支。

第三,对海外利润回流采取非常优惠的税率:由35%降低至7.5%~14.5%。

众议院版本税改方案更加激进,2018年将立即实施企业税率降低至20%。

资料来源:和讯网整理。

## 12.1 财政政策

### 12.1.1 财政政策概述

**1. 财政政策概念**

财政政策是指为调节社会经济活动而对政府财政收入和支出所进行的变动或对政府的财政收入和支出所作出的决策。财政收入主要是税收,财政支出主要包括政府购买和政府转移支付。财政政策是宏观调控的重要组成部分,是国家运用财政这一手段调节和控制国民经济,从而实现预期目标。在现代市场经济中,市场机制在资源配置中发挥基础作用,但市场也有失灵的时候,这就需要政府在市场失灵的领域发挥作用。如在20世纪30年代的经济大萧条,正是美国政府实行的财政政策帮助渡过了危机。

**2. 财政政策的调控方式**

(1)自动稳定器。

政府财政本身就具有自动稳定经济的作用。即当通货膨胀经济过热时,政府财政具有抑制膨胀、冷却降温的作用;当经济衰退滑坡时,政府财政具有遏制衰退,阻碍滑坡的作用。

从财政收入方面看,在实行累进税的情况下,经济高涨,就业人数增多,公民的收入增加,纳税档次提高,政府财政收入增长幅度将超过国民收入增长幅度,从而税负加重,投资成本提高,经济发展速度会放缓;反之,经济衰退,就业人数减少,公民收入降低,纳税档次下降,政府财政收入下降的幅度会超过国民收入下降的幅度,从而税负减轻,投资成本降低,经济衰退会有所抑制。

从财政支出方面看,经济繁荣,失业率下降,失业救济金和其他福利性的政府转移支付减少,从而公民的可支配收入和消费的增长受到制约,经济发展速度放慢;反之,经济衰退,失业率上升,失业救济金和其他福利性的政府转移支付增加,从而公民可支配收入和消费得以保证,经济衰退得以缓解。

因此,政府财政收入和财政支出的自动变化对国民经济能够起到一定的稳定作用,这种减缓经济波动的政府财政的自动变化就称为自动稳定器。

(2)相机抉择。

政府财政尽管具有自动稳定器的作用,但对经济的剧烈波动,效果甚微。因此就需要政府主动改变，来达到预期效果。使用政府财政政策调节经济，要逆经济风向行事。就是说，政府应根据对经济形势的判断，主动采取增加或减少财政收入、减少或增加财政支出的决策。当经济过热时，政府主动增加财政收入，减少支出，抑制过热的经济需求；反之，当经济衰退、需求不足、失业率增加时，政府则应减少收入，增加支出，刺激需求，遏制衰退，增加就业，实现经济增长。这就是财政政策的相机抉择。

**3. 财政政策的分类**

按照财政政策对经济的影响，财政政策分为扩张性财政政策、紧缩性财政政策和中性财政政策。

（1）扩张性财政政策。扩张性财政政策是指通过减税或扩大财政支出，扩大赤字刺激需求，从而拉动经济增长的政策措施总和。扩张性财政政策一般在经济衰退期使用。

（2）紧缩性财政政策。紧缩性财政政策是指通过减税或减少财政支出从而抑制需求的政策措施总和。紧缩性财政政策一般在经济过热时使用。

（3）中性财政政策。中性财政政策是指为保持财政收支平衡，对经济发展起中性作用的政策措施总和。

### 12.1.2 财政政策目标

**1. 稳定物价**

所谓稳定物价是指设法使一般物价水平在短期内不发生急剧的波动，实际上就是使物价在短期内保持一种相对稳定的状态。稳定物价的前提或实质是币值的稳定。因为在纸币流通的情况下，由于货币流通的数量不能自发调节，任何数量的货币一旦投入流通，就不会自动退出流通领域。因此，货币流通量的多少将直接决定货币的价值，决定着币值的稳定。币值的稳定是以单位货币的购买力来衡量的，而单位货币购买力通常是以物价指数来表示的，所以稳定物价就是稳定币值。对于把一般物价水平控制在何种范围内，不同的经济学家有不同的看法，不同的国家有不同的标准。从实际情况看，一般会把物价的上涨率控制在2%~3%以内。

**2. 充分就业**

充分就业是指有能力并愿意工作的个人都能够随时找到适合的工作。充分就业并不意味着所有社会劳动人口都100%就业，通常要把摩擦性失业和自愿性失业排除在外。

摩擦性失业是指由于劳动力市场上的供求矛盾而造成的失业。自愿性失业是指在现有的工资水平条件下，人们愿意选择闲暇，而不愿意选择工作而造成的失业。所以社会的失业率不可能为零。但是失业率的大小还是代表了社会的充分就业程度。失业率越高，对社会经济的增长越不利。因此，各国政府都力图把失业率降到最低水平。一般来说，失业率控制在4%左右，即可视为充分就业。

**3. 经济增长**

经济增长是指国民生产总值的增长保持合理、较高的速度。较高的经济增长率能提高人们的生活水平，提高生活质量，还可以解决就业问题，保持社会稳定。因此，追求较高的经济发展速度是每个政府都力图做到的。但是，经济增长应该是长期稳定的增长，过度地追求短期的高速甚至超高速增长可能导致经济比例失调，造成经济的剧烈波动。国民生产总值（GDP）是衡量经济增长的指标。一般来说，各国目标 GDP 是不同的。如美国将 GDP 增长率目标定在 1%～4%，而我国的 GDP 增长率目标则定在 8% 左右。

📖 拓展阅读

### 2018 年财政政策 要更加积极有效

国家统计局发布的最新数据显示，初步核算，2017 年国内生产总值 827122 亿元，按可比价格计算比上年增长 6.9%，经济继续保持在中高速适当的增长区间。大部分经济学家预计，2018 年中国经济将稳中向好运行在合理区间，就业、物价保持基本稳定，中国经济不会发生硬着陆。

党的十九大报告明确提出要建设现代化经济体系，这是中国特色社会主义进入新时代经济建设的一条主线，也是对我国"两个一百年"奋斗目标历史交汇期经济发展的总体部署。同时，建设现代化经济体系对进一步深化改革也提出了新要求。

2018 年需要保持一定力度的扩张性财政政策以稳定经济增长。实施积极有效的财政政策，不仅要求在财政支出方面保持适度的增速，并优化支出结构、提高资金使用效率，更要以税制改革为重心，完善税收体系，减轻宏观税负，从而激发企业生产活力，增强居民购买力。同时，合理利用税收、社会保障、转移支付等手段，进一步增强当前财政再分配效应，协调货币政策和审慎监管政策，稳定流动性和风险预期，稳步推进创新驱动发展战略，继续加强供给侧结构性改革，从提升劳动力质量、优化投资结构以及增加研发强度、改革科研体制等方面促进全要素生产率不断提升，从而促进新旧动能的转换，确保经济中长期稳定较快增长。

中国经济改革研究基金会理事长宋晓梧认为，城乡不平衡主要表现在城镇化大大落后于工业化。加快城镇化的着力点应该放在农民工市民化上；区域不平衡主要表现在经济聚集度与人口聚集度的不平衡，应以推进基本公共服务均等化为着力点，调整中央与地方的财税关系；对于一次分配的不平衡，应着力提高低收入劳动者工资报酬，同时扩大中等收入群体；对于二次分配的不平衡，应完善税收和社会保障制度，发挥二次分配缩小一次分配差距的作用。

资料来源：证券日报。

**4. 国际收支平衡**

国际收支平衡有利于一个国家国民经济的发展，特别是对于开放经济部门占比重比较大的国家更是如此。目前，各国普遍认为，国际收支平衡应当是一种动态的平衡，在 3～5 年内，一国的国际收支平衡表主要项目的变动接近于平衡，就可以认为是国际收支平衡。在这一时期，某一年份的不平衡可以由另一年份加以弥补。

### 12.1.3　财政政策的常用手段

用扩张性或紧缩性的财政政策调节国民经济需要借助于一定的政策手段。所谓政策手段是政府为实现既定的经济目标所选择的政策操作工具。这些手段主要包括政府支出、转移支付、税收和发行国债。

**1. 政府支出**

政府支出是决定国民收入大小的主要因素之一，其规模大小直接影响到社会总需求水平。政府支出的变化对整个社会总支出水平具有十分重要的调节作用。当社会总支出水平过低时，政府提高自己的支出水平，如进行基础设施建设等，增加社会总需求水平，以达到反经济衰退的目的。反之，当社会总支出水平过高时，政府降低自己的支出水平，降低社会总需求，以此抑制通货膨胀。

**2. 转移支付**

转移支付也是一项重要的财政政策手段。一般来说，当总需求不足时，失业率上升，政府增加转移支付，如增加失业救济、养老金福利支出，可以提高人们的可支配收入，从而使消费支出增加，社会总需求随之上升。当总需求旺盛时，政府减少转移支付，可以减少人们的可支配收入，从而社会总需求随之下降。

**3. 税收**

税收是国家财政收入的主要来源，也是国家实施财政政策的一个重要手段。政府可以通过改变税率或变动税收总量等措施来调控经济。如降低税率，减少税收会提高个人和企业的可支配收入，有利于消费和投资的增长，有利于政府刺激经济目标实现。提高税率，提高税收降低个人和企业的可支配收入，则抑制了消费和投资，实现了控制通货膨胀的目的。

**4. 发行国债**

国债的发行既可以筹集财政资金，弥补财政赤字，又可以通过国债的发行在货币市场上影响货币的供给和需求，从而调节社会的总需求水平，对国民收入水平产生扩张或抑制的效果。

## 12.2　货币政策

### 12.2.1　货币政策的概念

**1. 货币政策定义**

货币政策是指中央银行为实现一定的经济目标，运用各种工具调节和控制货币供给量，进而影响宏观经济的方针和措施的总和。货币政策在国家的宏观经济政策中居于十分重要的地位，同财政政策一起构成国家调节经济的两大宏观政策。

**2. 货币政策分类**

按照货币政策对经济影响的不同，货币政策可分为扩张性货币政策、紧缩性货币政策和稳健货币政策。

（1）扩张性货币政策。

扩张性货币政策是指中央银行通过增加货币供给量来刺激经济的各种货币政策手段的总和。在经济衰退时期适用扩张性货币政策。

（2）紧缩性货币政策。

紧缩性货币政策是指中央银行通过减少货币供应量来降低社会总需求，从而抑制通货膨胀的措施总和。在经济过热时适用紧缩性货币政策。

（3）稳健货币政策。

稳健货币政策是指中央银行保持货币供应量稳定，以控制经济平稳发展的政策措施总和。

### 12.2.2 货币政策的目标

货币政策目标是指中央银行采取调节货币供应量的措施要达到的目的。按照中央银行对货币政策的影响力、影响速度以及施加影响的方式，货币政策目标可分为三个层次，即最终目标、中介目标、操作目标。

**1. 最终目标**

最终目标是货币政策在一段较长的时期内所要达到的目标。货币政策的最终目标是相对稳定的，基本上与国家的宏观经济目标相一致。货币政策和财政政策都是国家调控宏观经济的手段，因此两者的最终目标也是相同的，即稳定物价、充分就业、经济增长以及国际收支平衡。关于这四个最终目标的具体介绍已经在前面提及过，这里就不再赘述。

**2. 中介目标**

由于货币政策最终目标是货币当局在一个较长时期中所力图实现的目标，因此从货币政策实施到最终目标变量的变动，中间会存在一个较长的时滞，从而不利于货币当局及时调整货币政策以及有效控制货币政策的影响力度。所以就需要在货币政策操作目标与最终目标之间设立一套中介目标。既与最终目标有较强的联系，同时又与货币政策操作目标之间有着较短的时滞，有利于货币政策的灵活运用。选取何种变量作为货币政策的中介目标，需要符合几个标准：

第一是可测性。中介目标应该有比较明确的含义，而且有关中介目标的准确数据能被中央银行及时获取，以便于观察、分析和预测。

第二是可控性。中介目标必须是那些中央银行能有效控制的金融指标。中央银行对这些指标的控制力越强，货币政策就越能达到预期效果。

第三是相关性。中介目标与货币政策最终目标之间必须存在密切的稳定关系，中介目标的变动能显著地影响到最终目标，中央银行通过对中介目标的控制和调节促使最终目标的实现。

第四是抗干扰性。货币政策在实施过程中，会受到许多非政策性因素的干扰，所以要选择受干扰程度较低的中介目标，以提高信息的准确性。

一般来说，常用的货币政策中介目标有货币供应量、利率等指标。

(1) 货币供应量。

货币供应量作为中介目标有以下优点：一是货币供应量的变动能直接影响经济活动，符合相关性；二是货币供应量按流动性划分为 M0、M1、M2 等层次，每个层次的含义清晰，且分别反映在中央银行、商业银行及其他金融机构的资产负债表内，很容易进行测算和分析，符合可测性；三是中央银行通过控制基础货币来间接控制货币供应量，符合可控性；四是与货币政策密切相关，且不易受一些因素的干扰。

但同时，货币供应量作为中介目标也存在中央银行对其控制力不强的弱点。此外，从货币政策变动到货币供应量变动也存在一定的时滞。

(2) 利率。

一般指的是长期利率。长期利率作为中介目标有以下优点：一是长期利率作为中介目标与最终目标之间的相关性强，中长期利率对投资有显著影响，对不动产及机器设备的投资来说尤其如此，因此与整个社会的收入水平直接相关；二是货币市场与资本市场的众多利率水平和利率结构易于为中央银行所获取，符合可测性；三是从可控性来说，在间接调控体系下，中央银行借助于公开市场操作就可以影响银行的准备金供求从而改变预期利率，进而引导长期利率的变化，实现对长期利率的控制。

但是，利率在实际操作中也有一些缺点：第一，利率虽容易被获取，但如何从大量利率数据中得出一个具有代表性的利率并不容易。第二，名义利率和预期的实际利率之间存在差别。中央银行只能获知名义利率而无法确知社会公众的预期实际利率。第三，长期利率除受货币资金供求的影响外，还受社会公众对通货膨胀的心理预期等多种市场因素的影响。

(3) 其他中介目标。

主要有信贷量和汇率两个指标。我国在 1994 年以前就一直使用贷款规模作为中介目标，对贷款规模实施管理。汇率作为中介目标，主要是适用于一些实行本币与某种外币挂钩的发展中国家。

### 3. 操作目标

操作目标又称为近期目标。从货币政策作用的全过程看，操作目标距离中央银行的货币政策工具更近，是中央银行货币政策直接调控的对象，可控性强。中央银行正是借助于操作目标影响中介目标，进而影响到最终目标的。与中介目标一样，操作目标的选择同样要符合可测性、可控性、相关性和可干扰性的特点。但是操作目标的选择还应与选择的中介目标要相一致。如选择货币供应量为中介目标，操作目标就应该选择基础货币等反映总量指标。一般来说，操作目标主要有准备金、基础货币等指标。

（1）准备金。

准备金是指商业银行和其他存款机构在中央银行的存款余额。准备金没有利息，或利息很低，其主要用途就是满足客户提款需要及用于日常间银行的清算。准备金有法定存款准备金和超额存款准备金之分。法定存款准备金是银行按照法定存款准备金率要求必须要上缴的部分，这部分准备金银行不能动用。超出法定存款准备金的那部分就是超额存款准备金，银行可以自由支配。中央银行可以通过法定准备金率的变动直接引起准备金的变动，再引起中介目标货币供应量的变动，最终实现最终目标。

（2）基础货币。

基础货币是流通中的现金和银行准备金之和，是比较理想的操作目标。基础货币本质上是中央银行的负债，其数额随时反映在中央银行的资产负债表上，很容易为中央银行所掌握。此外，构成基础货币的现金可以由中央银行直接控制。我国将基础货币列为主要的操作目标。

### 12.2.3 货币政策工具

为了有效实现货币政策的操作目标、中介目标，并实现最终目标，中央银行必须采用适当的货币政策工具来实施货币政策。常见的货币政策工具主要有以下几种。

**1. 一般政策工具**

一般政策工具是中央银行最主要的货币政策工具，主要有法定存款准备金、再贴现和公开市场操作。这三种货币政策工具也被称为中央银行的"三大法宝"。

（1）法定存款准备金。

法定存款准备金政策是指中央银行通过规定存款准备金率，强制性地要求商业银行等存款机构按规定比率上缴存款准备金，以实现货币政策目标的一种政策措施。中央银行通过调整法定存款准备金率以增加或减少商业银行的超额储备，扩张或收缩信用，实现货币政策所要达到的目标。英国的英格兰银行是最早实行法定存款准备金政策的中央银行。

法定存款准备金政策主要包括以下几方面内容：一是规定法定存款准备金率，该比率的规定因存款的不同种类、不同金额、银行规模以及经营环境而有所区别，如我国股份制商业银行和农村信用社的存款准备金率是有差别的，一般农村信用社的准备金率要低些，为的是使农村信用社更好支持"三农"；二是限定法定存款准备金的资产种类，即商业银行在中央银行的存款；三是规定法定存款准备金的计提基础，包括存款余额如何确定和缴存款准备金的基期如何确定；四是法定存款准备金率的调整幅度。

提高法定存款准备金率通常是中央银行实行紧缩货币政策的信号，为的是影响商业银行的可贷资金规模，进而影响社会上的货币供应量，达到抑制经济过热、过快增长的目的。相反，降低法定存款准备金率则是中央银行实行扩张货币政策的信号，为的是增加商业银行的可贷资金规模，提高货币供应量，刺激投资和消费的增长，促进经济发展。

作为重要的货币政策工具，法定存款准备金率对所有的银行机构的影响是均等的，且对货币供给量的影响效果是明显的、迅速的。但是法定存款准备金政策并不作为一个主要的货币政策工具而被经常性的使用,主要是因为其有以下缺点:一是法定存款准备金政策的威力过于大,法定存款准备金率的微小变动就会引起货币供给量的巨大波动,不利于货币的稳定,因而不适合日常使用;二是法定存款准备金是银行日常业务统计和报表的一个重要指标,频繁地调整期比率会扰乱银行正常的财务计划和管理,同时也破坏了准备金需求的稳定性和可测性,不利于中央银行的公开市场业务操作和对短期利率的控制。

## 拓展阅读

### 中国人民银行实施定向降准

2017年9月30日,央行宣布:为支持金融机构发展普惠金融业务,聚焦单户授信500万元以下的小微企业贷款、个体工商户和小微企业主经营性贷款,以及农户生产经营、创业担保、建档立卡贫困人口、助学等贷款,人民银行决定统一对上述贷款增量或余额占全部贷款增量或余额达到一定比例的商业银行实施定向降准政策。凡前一年上述贷款余额或增量占比达到1.5%的商业银行,存款准备金率可在人民银行公布的基准档基础上下调0.5个百分点;前一年上述贷款余额或增量占比达到10%的商业银行,存款准备金率可按累进原则在第一档基础上再下调1个百分点。上述措施将从2018年起实施。根据央行表示,本次定向降准是对原有定向降准政策的拓展与优化,自2014年6月的定降起央行已针对"三农"或"小微"贷款符合一定标准的商业银行实施差异化的存款准备金率。本次央行将原先涵盖"三农""小微"贷款的口径拓展优化至"普惠金融"贷款口径。

资料来源:金融界。

(2)再贴现。

再贴现政策是指中央银行通过提高或降低再贴现率,认定再贴现票据的资格等方法,影响商业银行从中央银行获得再贴现贷款的能力,进而达到调节货币供应量和利率水平,实现货币政策目标的一种政策措施。再贴现政策是最早使用的货币政策工具。再贴现是商业银行持有其已经贴现过的票据到中央银行那里办理再次贴现业务,从中央银行处获得资金的过程。这本质上是中央银行给予商业银行的以商业票据为抵押的贷款。当商业银行资金短缺时,常常通过再贴现获得资金。中央银行调整再贴现率可以影响商业银行获得再贷款的能力,进而达到影响商业银行贷款业务规模的目的。调整再贴现率同时还可以影响到市场的利率水平。提高再贴现率,市场利率也会随之提高,反之,降低再贴现率,市场利率水平也使随之下跌。

提高再贴现率是中央银行实行紧缩性货币政策的表现。再贴现率提高后,银行的融资能力变得困难,市场利率提高,这都有利于抑制过快的经济增长。同理,降低再贴现率则是中央银行实行扩张性货币政策的表现。再贴现率降低后,银行的资金来源更多,市场利率降低,这都有利于刺激经济的增长。

再贴现政策具有以下优点:首先,对调整信贷结构有一定的效果。中央银行通过调整可办理再贴现票据的种类,从而影响商业银行的资金投向。此外,央行还可以对再贴现票据进行分类,实行差别再贴现率,进而影响资金流向。其次,再贴现政策具有很好的告示作用。当央行提高再贴现率时,人们会预计到将要实行的紧缩性货币政策,会自动减少未来对资金的需求,减少投资和消费。当央行降低再贴现率时,情况则正好相反,人们会增加对资金的需求,投资开始增加。

但是再贴现政策还是有其局限性。首先,再贴现政策并不是一个理想的控制货币供应量的工具。中央银行可以规定再贴现的各种条件,但是办理再贴现业务的决定权在于商业银行。如果中央银行想收缩货币供应,但是商业银行依旧办理再贴现,则政策意图就没有达到。其次,再贴现政策的告示效果也是相对的。如中央银行提高再贴现率,人们可能认为目的是抑制通货膨胀,未来可能会出现通货膨胀。这时可能会抓紧多借入资金,等待出现高通胀时再归还。这时,中央银行紧缩银根的政策不但没有作用,反而刺激了人们的需求。最后是再贴现率的调整有可能是被动的。再贴现政策主要是利用再贴现率与市场利率之间的利差大小来影响银行的借款决策。但是市场利率的波动是不规则的。如再贴现率并没有发生变化,但市场利率发生了变动,导致以前的再贴现政策与央行的意图不符,央行只得被动调整。被动调整再贴现率后,有可能产生负面的告示效应。

### 2. 公开市场操作

公开市场操作是指中央银行在公开市场上买进或卖出有价证券用以增加或减少货币供应量的一种政策措施。当中央银行认为市场资金短缺,需要扩大货币供应量时,就会大量买入证券,投入基础货币。反之,则会在市场上出售证券,回笼资金,收缩信贷规模,减少货币供应量。公开市场操作最早起源于英国,是发达国家最长使用的货币政策工具。公开市场操作之所以被发达国家经常性的使用,是因为其有其他货币政策工具所不能比拟的优点:第一,公开市场操作的主动权完全掌握在中央银行手中,其操作规模大小完全由中央银行自己控制。中央银行可以主动出击,避免了再贴现政策的被动等待。第二,公开市场操作可以经常性、连续性的微幅调整货币供应量,具有较强的伸缩性,避免了法定存款准备金政策的震动效应。第三,中央银行可以通过公开市场操作进行连续性、经常性及试探性的操作,也可以进行逆向操作。当中央银行在公开市场操作中发现错误时,可立即逆向使用该工具,纠正其错误,不致造成过大的损失。第四,公开市场操作可以迅速进行。当中央银行决定进行公开市场操作时,只要向有关交易商发出购买或卖出指令,交易便可很快完成。

但是公开市场操作也有其局限性。首先,公开市场操作的告示作用较弱。公开市场操作较为细微,技术性强,不易被人们察觉。其次,公开市场操作要发挥作用,必须以发达的证券市场为前提。这也是为什么发达国家会经常使用该种政策工具。随着证券市场的发展,我国中央银行运用公开市场操作实施货币政策也越来越多。

### 3. 选择性政策工具

中央银行的一般性政策工具都是对货币供给总量的调节，属于量的控制。然而这些工具却不能影响银行体系的资金用途。因此，在这些一般性货币政策工具之外，还有一些有选择地对某些特殊领域特殊用途的信用加以调节的措施，称为选择性政策工具。

（1）消费者信用控制。

消费者信用控制是指中央银行对不动产以外的各种耐用消费品的贷款给予控制。主要内容包括：分期付款的贷款形式中，首次付款的金额；提供贷款的最长期限；规定可用消费信贷的耐用消费品的种类。在需求过热的情况下，中央银行采取消费信用控制，起到了抑制消费需求的过快增长和物价上升的作用。

（2）证券市场信用控制。

证券市场信用控制是指中央银行对证券交易的各种贷款进行限制，目的是限制用贷款购买证券的比重以遏制过度投机，如规定交纳一定比例的证券保证金。

（3）不动产信用控制。

不动产信用控制是指中央银行对商业银行向客户提供不动产抵押贷款的管理措施进行控制。主要包括规定贷款的最高限额、贷款的最长期限和首次付现的最低金额等。

（4）优惠利率。

优惠利率是指中央银行对国家确定的重点发展部门、行业和产品规定较低的利率，以鼓励其发展，有利于国民经济结构和产品结构的调整和升级。实行优惠利率有两种方式：其一，中央银行对需要重点扶持发展的行业，其产品规定较低的贷款利率；其二，中央银行对这些行业的票据规定较低的再贴现率，引导商业银行的资金投向和数量。

### 4. 行政性工具

行政性工具是指中央银行从质和量两方面，以行政命令或其他方式，直接对金融机构尤其是商业银行的信用活动进行的控制。其手段包括利率最高限、信用配额、流动性比率和直接干预等方面。

### 5. 间接信用指导

间接信用指导是指中央银行用各种间接的措施对商业银行的信用创造施加影响。其主要措施有道义劝告和窗口指导。

（1）道义劝告。

道义劝告是指中央银行利用自己在金融体系中的声望和地位，对商业银行和其他金融机构经常发出通告、指示或与各金融机构的负责人面谈，劝告其遵守政府政策并自动采取贯彻政策的相应措施。但是道义劝告不具有强制性。

（2）窗口指导。

窗口指导来自日本银行的做法。是日本银行根据经济形势的需要，规定金融机构按季度提出贷款增加额计划，在金融紧缩期内设置贷款增加的上限，并要求各金融机构遵照执行。

## 12.3　财政政策与货币政策的配合

### 12.3.1　财政政策与货币政策配合的必要性

**1. 从政策的相互关系看**

货币政策和财政政策是国家调节宏观经济的最重要的两项政策手段，它们只有在一定条件下很好地配合运用，才能避免摩擦，形成引导经济的合力。

（1）一致性。

财政政策与货币政策的一致性表现在，两者都是调节宏观经济的有效手段，两者的最终目标相同，都是为了稳定物价、实现充分就业、促进经济增长和平衡国际收支。

（2）差异性。

从实行主体上看，财政政策的实施主体是国家政府部门，主要是财政部。而货币政策的实施主体是中央银行。从调控对象看，财政政策主要调控的是政府财政收入和支出，而中央银行主要调控货币供应量和利率。从政策手段看，财政政策常用的政策手段包括发行国债、税收、政府转移支付、政府采购等。而货币政策的政策手段主要有法定存款准备金、再贴现和公开市场操作等。

**2. 从政策局限性看**

财政政策和货币政策虽然都是有效的宏观经济调控手段，但也有各自的局限。

财政政策的局限性体现在以下几个方面：

第一，挤出效应是财政政策的"绊脚石"。扩张性的财政政策使总需求与国民收入增加，同时也引起货币需求的增加，在货币供给不变的条件下，利率将会上升，投资将会下降，从而反过来抑制总需求与国民收入的增长。这种扩张性的财政政策所引起的利率上升，私人投资下降、需求减少、对国民收入增长的抑制现象，称为挤出效应。挤出效应的存在，大大降低了财政政策的效应。

第二，公众行为可能偏离财政政策目标。当政府采用增支减税的扩张性财政政策扩大总需求时，公众可能把由此增加的收入转为储蓄。这会使总需求的增加大打折扣，也会使政府的扩张性财政政策达不到预期的目的。

第三，财政政策的实施往往受到来自不同方面的阻力。不同的财政政策对于不同的阶层和不同的利益集团的影响是不同的。减少所得税，有利于一般公众；增加军事购买，有利于军工厂商；增加转移支付，有利于低收入者；增加投资补贴，有利于投资商。这一切无疑增添了财政政策实施的难度。

货币政策的局限性体现在以下几个方面：

第一，流动性陷阱使货币政策失效。当出现流动性陷阱时，利率会降低到最低水平，货币需求会变得无限大，货币需求的再大变动也不会引起利率的变动，货币政策效应为零。因此，政府无法再用货币政策降低利率，刺激投资。货币政策失去了其意义。

第二，公众行为影响货币政策的效果。货币政策到底能取得多大成效，很大程度上取决于公众行为与宏观货币政策的配合。公众局部利益与政府的全局利益往往是不一致的，这难免使公众行为与政府货币当局的愿望背道而驰。当经济萧条时，利率再低，公众也不愿投资；当经济高涨时，利率再高，公众也竞相投资。

第三，同样的货币政策在不同部门产生的作用是不同的。不同的部门之间存在着很大的差别，这些差别使同样的货币政策在不同的部门会产生不同的效果。利率反应敏感的部门，货币政策的效果大；而利率反应差的部门，货币政策效果小。

第四，个人储蓄对货币政策的反应差。个人储蓄主要是满足个人的生活需要，它的多少往往取决于个人的收入和消费偏好，利率对它的影响不大，货币政策对其调节作用小。

知识窗

### 流动性陷阱

流动性陷阱是凯恩斯提出的一种假说，指当一定时期的利率水平降低到不能再低时，人们就会产生利率上升而债券价格下降的预期，货币需求弹性就会变得无限大，即无论增加多少货币，都会被人们储存起来。当发生流动性陷阱时，再宽松的货币政策也无法改变市场利率，使货币政策失效。凯恩斯认为，当利率降到某种水平时，人们对于货币的投机需求就会变得有无限弹性，即人们对持有债券还是货币感觉无所谓。此时即使货币供给增加，利率也不会再下降。

资料来源：百度百科。

### 12.3.2　财政政策与货币政策的配合模式

货币政策和财政政策对经济调节的不同作用和它们各自的局限性，要求政府在货币政策和财政政策之间作出选择，或者选用财政政策，或者选用货币政策，或者两种政策兼而用之。由于经济问题十分复杂，因此，在实践中，往往将两者结合起来混合使用。

**1. 双扩张政策模式**

当经济水平较低时，政府既可以采用扩张性的财政政策，也可以采用扩张性的货币政策。只采用扩张性的财政政策，会引起货币需求增加，导致利率上升，抑制私人投资，产生挤出效应。但如果采用扩张性的货币政策，增加货币供给，则会导致利率下降。如果采用扩张性的财政政策的同时，采用扩张性的货币政策，则可抵消两种政策导致的利率的上升与下降，使利率维持在一定的水平，避免挤出效应。这样既稳定了利率，又促进了经济增长。

**2. 双紧缩政策模式**

当经济出现较严重的通货膨胀时，则需要两个紧缩性的政策同时实行。通过紧缩性的财政政策，降低社会经济体的可支配收入，抑制过度膨胀的消费需求。通过紧缩性的货币政策，减少货币供应量，降低市场利率水平，从而抑制过度膨胀的投资需求。

**3. 宽松的财政政策加紧缩的货币政策**

宽松的财政政策可以刺激社会总需求，但为了防止刺激需求过度，引发的通货膨胀的风险，可以同时实行紧缩的货币政策，抑制可能出现的通货膨胀。这一般是在经济出现衰退迹象而又不太严重时适用。

**4. 紧缩的财政政策加宽松的货币政策**

当经济出现通货膨胀而又不太严重时，可采用此种政策模式。紧缩的财政政策可以有效地抑制社会总需求，而宽松的货币政策则可以防止总需求被过度压制而造成的经济衰退的可能性。

### 12.3.3　各模式的适用条件

综上所述，财政政策和货币政策的混合方式不同，产生的政策效应也不同，适用的经济环境也就不同。当经济严重萧条时，可采用扩张性的财政政策和扩张性的货币政策。一方面用扩张性的财政政策增加总需求，另一方面用扩张性的货币政策降低利率，避免挤出效应。当经济萧条但不太严重时，可采用扩张性的财政政策和紧缩性的货币政策。一方面用扩张性的财政政策刺激需求，另一方面用紧缩性的货币政策抑制通货膨胀。当经济出现通货膨胀但又不太严重时，可采用紧缩性的财政政策和扩张性的货币政策。一方面用紧缩性的财政政策压缩总需求；另一方面用扩张性的货币政策，降低利率，刺激投资，遏制经济的衰退。当经济发生严重的通货膨胀时，可采用紧缩性的财政政策和紧缩性的货币政策。一方面用紧缩性的货币政策提高利率，抑制投资；另一方面用紧缩性的财政政策抑制总需求，减少消费。

### 📖 课外阅读

#### *2018 年货币政策定调：保持中性，要松紧适度*

3 月 5 日，国务院总理李克强在作政府工作报告时指出，稳健的货币政策保持中性，要松紧适度。

2017 年以来，广义货币 M2 整体呈逐月走低趋势，货币市场利率波动上行，市场对 2018 年货币政策会否偏紧保持观望。数据显示，2017 年社融存量同比增速为 12%，全年 M2 同比增速为 8.2%。

《2017 年第四季度中国货币政策执行报告》曾以专栏形式分析 M2 与增速变化及其与实体经济的关系，指出随着金融市场和金融产品更趋复杂，M2 的可测性、可控性及与实体经济的相关性都在下降，在完善货币数量统计的同时，可更多关注利率等价格型指标，逐步推动从数量型调控为主向价格型调控为主转型。

今年政府工作报告中，关于货币政策的表述为：稳健的货币政策保持中性，要松紧适度。管好货币供给总闸门，保持广义货币 M2、信贷和社会融资规模合理增长，维护流动性合理稳定，提高直接融资特别是股权融资比重。疏通货币政策传导渠道，用好差别化准备金、差异化信贷等政策，引导资金更多投向小微企业、"三农"和贫困地区，更好服务实体经济。

而 2017 年政府工作报告关于货币政策的表述为：货币政策要保持稳健中性。今年广义货币 M2 和社会融资规模余额预期增长均为 12% 左右。要综合运用货币政策工具，维护流动性基本稳定，合理引导市场利率水平，疏通传导机制，促进金融资源更多流向实体经济，特别是支持"三农"和小微企业。坚持汇率市场化改革方向，保持人民币在全球货币体系中的稳定地位。

相比 2017 年，今年关于货币政策的表述增加了"松紧适度"。海清 FICC 频道全球首席经济学家邓海清指出，这表明既不能过松，也不能过紧，有助于降低市场对可能"紧货币"的担忧。

2017 年，在货币政策稳健偏紧、金融去杠杆政策推进、美联储加息等内外因素的共同影响下，货币市场资金价格总体抬升。

《2017 年第四季度中国货币政策执行报告》指出，M2 增速与经济增长之间关联度较高，但随着结构性等因素变化，上述关系也会发生一些变化。从 2017 年的实践看，M2 增速适度下行、宏观杠杆率趋稳，经济仍保持了平稳较快增长。随着我国经济结构逐步优化，低一些的 M2 增速仍能支持经济实现高质量发展。在供给侧结构性改革以及市场化优胜劣汰机制的推动下，我国经济的总供求更加平衡，消费、服务业和技术进步贡献上升，经济增长更趋"轻型"，加之经济内生增长动力增强后资金周转及货币流通速度亦会加快，因此相对慢一点的货币增速仍可以支持经济实现平稳较快增长。

对于 M2 持续保持低位增速，《2017 年第四季度中国货币政策执行报告》指出，在保持贷款和社会融资对实体经济有力支持的同时，金融体系内部杠杆率降低，银行资金运用更趋规范，金融部门内部资金循环和嵌套减少。在目前外需总体改善、内需较为稳定、经济供求更加平衡的大背景下，主要由金融体系控制内部杠杆导致的 M2 增速适度下降对实体经济的影响不大。

资料来源：凤凰财经。

# 关键术语

财政政策　货币政策　货币政策工具　财政政策与货币政策的配合模式

## 学以致用

1. 什么是财政政策？财政政策的目标包括哪些？

2. 财政政策和货币政策分别有哪些调控手段?
3. 财政政策和货币政策应该如何配合?

### 案例分析

#### 中国政府应对金融危机各项措施迅速出台（2008年）

源于大洋彼岸的国际金融危机对我国最直接的影响就是使我国的出口增长面临困难。

统计数据显示，今年前三季度，我国出口10741亿美元，增长22.3%，比去年同期回落4.8个百分点。对美出口比去年同期回落4.6个百分点。尤其是部分劳动密集型产品出口增速大幅回落，其中服装和玩具前三季度出口分别比去年同期回落21.2个百分点和16.3个百分点。

随着金融危机不断加深，金融危机对中国经济的影响逐步显现。为应对金融危机带来的挑战，今年7月25日召开的中央政治局会议把保持经济平稳较快发展、控制物价过快上涨作为当前宏观调控的首要任务。此后，中央和有关部门又出台了一系列促进经济增长的政策。

在税收政策方面，为缓解纺织企业的困难，稳定出口，保障就业，7月31日，财政部等部门宣布自今年8月1日起将部分纺织品、服装的出口退税率由11%提高到13%，部分竹制品的出口退税率提高到11%。10月21日，财政部和税务总局又宣布，从11月1日起上调3486项商品的出口退税率，约占中国海关税则中全部商品总数的25.8%，这也是自2004年以来中国调整出口退税政策涉及税则号最多、力度最大的一次。

在信贷政策方面，8月初，央行调增了全国商业银行信贷规模，以缓解中小企业融资难和担保难问题。8月中旬，央行又将劳动密集型中小企业小额贷款的最高额度从100万元提高到200万元。9月中旬，央行决定从9月16日起下调人民币贷款基准利率和中小金融机构人民币存款准备金率，以解决中小企业流动资金短缺问题。

10月，央行又两次下调金融机构人民币存贷款基准利率，释放出增加流动性、保持经济增长和稳定市场预期的信号。中央财经大学银行业研究中心主任郭田勇指出，通过下调利率，一方面可有效降低企业用资成本；另一方面保证银行体系有充分的流动性，能够给全社会提供宽松的货币环境，鼓励企业进行生产经营。

在财政政策方面，为促进中小企业发展，今年中央财政大幅度增加了用于支持中小企业信用担保的资金，总额达到18亿元；安排资金19亿元，专项用于支持中小企业科技创新和技术进步；安排资金12亿元，支持中小企业"走出去"，开展国际经济合作。同时，加大对各种收费的清理力度，进一步减轻中小企业负担。

资料来源：中国家电网整理。

讨论题：

1. 结合实际，分析2008年金融危机对世界经济及我国经济造成的影响。
2. 结合实际，分析我国应对金融危机的策略。
3. 在这种情况下，财政政策与货币政策应如何搭配？

# 任务 13 技能训练

## 13.1 金融导论

**一、单项选择题（共 10 题，每题的备选项中，只有一个最符合题意）**

1. 货币的本质是（　　）。
   A. 充当一般等价物　　　　　　B. 充当一般支付手段
   C. 计价核算的手段　　　　　　D. 财富的代表
2. 作为流通手段职能的货币是（　　）。
   A. 价值符号　　B. 现实的货币　　C. 信用货币　　D. 观念上的货币
3. 货币价值尺度手段职能具有（　　）特征。
   A. 足值性　　　B. 观念性　　　　C. 地域性　　　D. 现实性
4. 对我国目前发行的 1 元硬币最准确的描述是（　　）。
   A. 本位币　　　B. 金属货币　　　C. 实物货币　　D. 辅币
5. 某公司以延期付款方式销售给某商场商品，该商场到期偿还欠款时，货币执行（　　）职能。
   A. 支付手段　　B. 流通手段　　　C. 购买手段　　D. 贮藏手段
6. 目前在商品交易中，（　　）支付的比重占绝大部分。
   A. 现金　　　　B. 存款货币　　　C. 信用卡　　　D. 纸币
7. 一直在我国占主导地位的信用形式是（　　）。
   A. 银行信用　　B. 国家信用　　　C. 消费信用　　D. 民间信用
8. 利息率的变化范围是（　　）。
   A. 小于零　　　　　　　　　　　B. 大于零
   C. 高于平均利润率　　　　　　　D. 大于零小于平均利润率
9. 在物价下跌的条件下，要保持实际利率不变，应把名义利率（　　）。
   A. 保持不变　　B. 与实际利率对应　C. 调高　　　　D. 调低
10. 下列属于消费信用的形式是（　　）。
    A. 直接投资　　B. 银团投资　　　C. 赊销　　　　D. 出口信贷

二、多项选择题（共 5 题，每题的备选项中，有两个或两个以上符合题意）

1. 我国货币制度规定，人民币应具有以下特点（　　）。
   A. 是不可兑现的银行券　　　　B. 是可兑现的银行券
   C. 与黄金没有直接联系　　　　D. 可以兑换黄金
   E. 具有无限法偿能力　　　　　F. 法偿能力是有限的

2. 货币制度的基本内容有（　　）。
   A. 货币金属　　　　　　　　　B. 货币单位
   C. 通货的铸造、发行与流通程序　D. 金准备制度

3. 货币的两个基本职能是（　　）。
   A. 价值尺度　　B. 流通手段　　C. 支付手段　　D. 贮藏手段

4. 货币的价值尺度职能具有（　　）特征。
   A. 地域性　　　B. 足值性　　　C. 观念性　　　D. 现实性

5. 信用工具的特征（　　）。
   A. 偿还性　　　B. 收益性　　　C. 风险性　　　D. 流动性

三、判断并改错

1. 货币的职能包括价值尺度、流通手段、贮藏手段、支付手段和世界货币。（　　）
2. 采用浮动利率时，借款人在计算借款成本时要复杂些，利息负担有可能重些，但是，借贷双方承担的利率风险较小。（　　）
3. 名义利率是以名义货币表示的利息率，而不考虑货币值本身的变化。实际利率则是以名义利率剔除通货膨胀因素后的真实利率。（　　）
4. 汇票是由出票人签发，付款人见票后或到期时，对收款人无条件支付款项的信用凭证。（　　）
5. 实际利率不考虑货币值本身的变化。（　　）
6. 商业信用通过赊销商品、延期付款的方式解决了买卖双方暂时的矛盾。商业信用一种常见的信用形式，是指企业之间相互提供的、与商品交易直接相联系的信用形式。（　　）
7. 信用工具的种类按信用形式划分，可分直接信用工具和间接信用工具。（　　）
8. 票据是具有一定格式，载明金额和日期，到期由付款人对持票人或指定人无条件支付一定款项的信用凭证。（　　）
9. 股票是一种有价证券，是股份有限公司在筹集资本时向出资人公开发行的、用以证明出资人的股本身份和权利，并根据股票持有人所持有的股份数享有权益和承担义务的可转证的书面凭证。（　　）
10. 实际利率是以名义货币表示的利息率，而不考虑货币值本身的变化。名义利率则是以名义利率剔除通货膨胀因素后的真实利率。（　　）

## 四、案例分析

### 关于电子货币

电子货币是采用电子技术和通信手段在信用市场上流通的、以法定货币单位反映商品价值的信用货币。最常见的电子货币是各种银行发行的储蓄卡和信用卡。电子货币是在传统货币基础上发展起来的，它们虽然在货币的本质、职能和作用等方面是相同的，但也有明显的差异。电子货币是以电子数据的形式来储存、传输和显示其价值的，它没有传统货币的大小、重量和印记，但比传统货币流通速度快。传统货币可以在任何领域里流通，电子货币只能在信用卡市场、转账领域里流通，而且通过借助传统货币一起反映和实现商品的价值，以此来结算债权、债务关系。传统货币是国家发行并强制流通的，电子货币是银行等金融机构发行的，是自愿使用的。

电子货币的功能主要有以下五个方面：一是储蓄功能，包括存款、取款等；二是消费功能，包括购物、娱乐等；三是借贷功能，可以透支借款；四是结算功能，包括代收代付；五是兑现功能，可以兑款为货币。

电子货币在整个支付系统中所占份额很小，但人们在逐渐认识到生活质量可以通过减少等待取款付款、寻找购物停车位及凑零花钱付停车费等得以提高。电子货币时代已经到来。

资料来源：周叶芹. 财政与金融. 北京：清华大学出版社，2004。

讨论题：

试分析随着时间的推移，电子货币能否完全取代普通货币。

## 13.2 金融机构体系与金融业务

### 一、单项选择题（共10题，每题的备选项中，只有一个最符合题意）

1. 下列属于管理性金融机构的是（　　）。
   A. 商业银行　　　　B. 中央银行　　　　C. 政策性银行　　　　D. 投资银行
2. 在我国的金融体系中，处于主体地位的是（　　）。
   A. 中央银行　　　　B. 专业银行　　　　C. 商业银行　　　　D. 政策性银行
3. 我国的中央银行是（　　）。
   A. 中国农业银行　　B. 中国工商银行　　C. 中国银行　　　　D. 中国人民银行
4. 现代银行的最本质特点是（　　）。
   A. 信用中介职能　　B. 信用创造职能　　C. 利率水平适当　　D. 信用功能扩大
5. 专门对工商企业办理投资和长期信贷业务的银行是（　　）。
   A. 商业银行　　　　B. 投资银行　　　　C. 储蓄银行　　　　D. 抵押银行
6. 中央银行负责制定、执行国家的（　　）。

A. 经济政策　　　　B. 产业政策　　　　C. 货币政策　　　　D. 外贸政策

7. 商业银行的负债业务是（　　）。

　　A. 形成资金来源业务　　　　　　B. 资金运用业务

　　C. 租赁业务　　　　　　　　　　D. 承兑业务

8. 商业银行的性质是（　　）。

　　A. 国家机关　　B. 团体　　C. 普通企业　　D. 特殊的企业

9. 英格兰银行的建立标志着中央银行的兴起，它成立于（　　）年。

　　A. 1765　　　　B. 1921　　　　C. 1694　　　　D. 1473

10. 根据我国商业银行法的规定，我国现行商业银行体系采用的是（　　）模式。

　　A. 全能型　　B. 单元型　　C. 混业经营型　　D. 职能分工型

二、多项选择题（共10题，每题的备选项中，有两个或两个以上符合题意）

1. 1994年适应金融体系改革的需要，使政策性金融与商业性金融相分离，我国相继成立了（　　）政策性银行。

　　A. 交通银行　　　　B. 国家开发银行　　　　C. 中国民生银行

　　D. 中国进出口银行　　　　　　E. 中国农业发展银行

2. 非银行金融机构与商业银行的不同之处在于（　　）。

　　A. 资金来源不同　　　　　　　　B. 资金运用不同

　　C. 经营目的不同　　　　　　　　D. 商业银行具有信用创造功能

　　E. 经营方式不同

3. 融资租赁通常有以下方式（　　）。

　　A. 赊销租赁　　B. 直接租赁　　C. 转租赁

　　D. 回租租赁　　E. 杠杆租赁

4. 我国金融机构体系的特点是以（　　）作为最高金融管理机构，实行分业经营与分业监管。

　　A. 银监会　　B. 证监会　　C. 保监会

　　D. 财政部　　E. 中央银行

5. 下列各项中，传统的中间业务包括（　　）。

　　A. 结算业务　　B. 代理业务　　C. 承兑业务

　　D. 信托业务　　E. 咨询业务

6. 商业银行经营的方针包括（　　）。

　　A. 盈利性　　B. 社会性　　C. 流动性

　　D. 安全性　　E. 合理性

7. 在下列各项中，属于中央银行"银行的银行"职能的内容是（　　）。

　　A. 充当最后贷款人　　　　　　B. 代理国库

　　C. 全国票据清算中心　　　　　D. 集中管理商业银行的存款准备金

　　E. 监督和管理全国的商业银行

8. 中央银行是在解决下列（　　）等问题的过程中逐步产生发展起来的。
   A. 银行券的发行问题　　　　　B. 票据交换和清算问题
   C. 最后贷款人问题　　　　　　D. 政府筹资问题
   E. 金融监管问题
9. 商业银行的负债业务是指银行吸收资金的义务，即形成银行资金来源的业务，它包括（　　）。
   A. 银行自有资本　　B. 存款负债　　C. 现金
   D. 其他负债　　　　E. 存放同业存款
10. 中央银行作为"国家的银行"，表现在（　　）。
    A. 代理国库　　　　　　　　　B. 代理发行政府债券
    C. 为政府筹集资金　　　　　　D. 代表政府参加各种国际金融活动
    E. 制定和执行货币政策

### 三、判断并改错

1. 中央银行是发行的银行，拥有发行债券的权利。（　　）
2. 中央银行与一般金融机构相比，没有本质上的区别。（　　）
3. 信用创造是商业银行所特有的职能，也是其区别于其他金融机构的重要特征。（　　）
4. 从发展趋势上看，商业银行正在逐步走上全能型、综合化的运作模式。（　　）
5. 目前，在我国的商业银行中，只有中国银行才可以经营外汇业务。（　　）
6. 商业银行为保证利润最大化，应将吸收的存款全部用于发放贷款。（　　）
7. 充分就业意味着所有的劳动力都有满意的固定工作。（　　）
8. 证券买卖业务既是中央银行的负债业务之一，又是一种有效的调控手段。（　　）
9. 商业银行是金融市场的主要监管者。（　　）
10. 我国商业银行的投资业务只能是债券中的政府证券和金融债券，而其他投资活动是禁止的。（　　）

### 四、案例分析

## 商业银行的存款业务

商业银行的资金来源中资本金所占比重很小，一般不超过10%。即使是按照规定的资本充足标准，银行资本金也仅仅是不得少于风险资产的8%，而核心资本所占比重不得小于4%。商业银行绝大部分资金来源于负债，其中最主要的就是商业银行吸收的存款。

存款业务是银行接受客户存入的货币款项，存款人可随时或按约定时间支取款项的一种信用业务。存款时银行的负债，是银行吸收资金的一种形式。当存款人向银行存入一笔资金时，在银行与存款人之间就建立起一种债权债务关系，即存款人以信用方式向银行提供了一笔资金，成为债权人，而银行则以信用方式获得一笔资金，成为债务人。

存款业务种类的划分，各个国家有所不同。一般来讲，可将存款分为活期存款、定期存款和储蓄存款三大类。

讨论题：
1. 你对商业银行的资金来源有什么看法？
2. 如果你有1万元，闲置3年时间，你会选择哪种存款业务种类？

## 13.3 金融市场

一、单项选择题（共10题，每题的备选项中，只有一个最符合题意）

1. 货币市场上借贷期限和信用工具的到期日为（ ）。
   A. 一年以上　　　B. 一年以内　　　C. 长期　　　D. 不定期
2. 资本市场中的一级市场是指股票与债券等长期融资工具的（ ）。
   A. 交易市场　　　B. 变现市场　　　C. 发行市场　　　D. 批发市场
3. 债券的发行价格高于债券的票面额称为（ ）。
   A. 折价发行　　　B. 中间价发行　　　C. 溢价发行　　　D. 平价发行
4. 在买进或卖出即期外汇的同时卖出或买进相同币种、同等数额的远期外汇的交易行为是（ ）。
   A. 远期外汇交易　　B. 即期外汇交易　　C. 套汇交易　　　D. 掉期交易
5. 商业银行在需要资金时，可以将票据转让给中央银行，这种融资活动称为（ ）。
   A. 承兑　　　B. 再贴现　　　C. 贴现　　　D. 拆借
6. 金融机构之间融通资金以解决临时资金不足的市场是（ ）。
   A. 货币市场　　　B. 资本市场　　　C. 同业拆借市场　　　D. 股票市场
7. 公开向社会非特定的投资者发行证券的方式称为（ ）。
   A. 公募发行　　　B. 私募发行　　　C. 直接发行　　　D. 间接发行
8. 证券交易双方在成交后，按照契约规定的数量和价格，在将来的某一特定日期进行清算交割的交易方式是（ ）。
   A. 现货交易　　　B. 期货交易　　　C. 期权交易　　　D. 以上都不是
9. 以下关于证券公司的陈述中不正确的是（ ）。
   A. 是专门从事证券经营及相关业务的金融企业
   B. 主要业务包括自营业务、委托业务、认购业务和销售业务
   C. 也称为证券交易所
   D. 同时参与一级市场和二级市场交易
10. 金融市场上金融工具的收益率与市场利率和该工具价格之间的变动关系分别为（ ）。
    A. 同方向，同方向　　　　B. 反方向，反方向
    C. 同方向，反方向　　　　D. 反方向，同方向

## 二、多项选择题（共10题，每题的备选项中，有两个或两个以上符合题意）

1. 无论有形或无形的金融市场都必须具备的要素有（　　）。
   A. 交易工具　　B. 交易对象　　C. 交易主体
   D. 交易场所　　E. 交易价格

2. 大额可转让定期存单不同于普通存单的特点在于（　　）。
   A. 面额是固定的并按标准单位发行　　B. 既可提前支取也可出售转让
   C. 发行期限一般在1年以内　　D. 存单记名并可背书后转让
   E. 可作为借贷中的抵押资产

3. 货币市场有许多子市场，下列（　　）属于货币市场。
   A. 票据贴现市场　　B. 银行同业拆借市场
   C. 长期债券市场　　D. 回购市场
   E. 股票市场

4. 金融市场的基本功能有（　　）。
   A. 调控功能　　B. 储蓄功能　　C. 融资功能
   D. 积累资本的功能　　E. 投机功能

5. 金融市场按照交易对象的不同可分为（　　）。
   A. 货币市场　　B. 证券市场　　C. 资本市场
   D. 票据市场　　E. 黄金市场

6. 外汇市场的参与者一般有（　　）。
   A. 外汇银行　　B. 中央银行　　C. 买卖外汇的客户
   D. 外汇经纪商　　E. 外汇投机者

7. 以下属于资本市场特点的是（　　）。
   A. 交易期限短，在一年以内
   B. 交易目的是解决长期投资性资金供求矛盾
   C. 资金借贷量大
   D. 相对于货币市场收益率高
   E. 相对于货币市场风险性低

8. 商业票据流通转让的过程包括（　　）。
   A. 背书　　B. 承兑　　C. 托收
   D. 汇兑　　E. 贴现

9. 商业银行的负债业务是指银行吸收资金的义务，即形成银行资金来源的业务，它包括（　　）。
   A. 银行自有资本　　B. 存款负债　　C. 现金
   D. 其他负债　　E. 存放同业存款

10. 下列金融工具中，没有偿还期的有（　　）。
    A. 永久性债券　　B. 银行定期存款　　C. 股票

D. 大额可转让定期存单　　　　　　E. 商业票据

### 三、判断并改错

1. 货币市场的利率一般低于资本市场利率，是一国利率体系中的最低水平。（　　）
2. 中央银行进入货币市场交易的主要目的是为了实现资产的保值增值。（　　）
3. 有价证券从发行者手中转移到投资者手中，这类交易属于二级市场。（　　）
4. 相对于私募发行，公募发行要向社会公布内部信息，发行费用较高。（　　）
5. 当市场利率上升时，证券市场上股票行市上升而债券行市也上升。（　　）
6. 证券交易所本身并不买卖有价证券，也不决定有价证券的价格。（　　）
7. 现货交易是指在成交后交易双方即时交割的交易方式。这里的即时，可以是当日也可以是次日。（　　）
8. 优先股股东在任何时候都比普通股股东的权利优先。（　　）
9. 股票市场的股票价格指数反映了市场中所有股票的变动情况。（　　）
10. 大部分的外汇市场属于有形市场。（　　）

### 四、案例分析

#### 金融产品

金融市场中的资金融通是通过金融产品的买卖实现的。金融产品也称金融工具或信用工具，它是证明信用关系存在以及条件有效的一种合法凭证。它从发行者的角度看是金融发债，从购买者的角度看是金融资产，从金融交易的角度看是金融商品。金融产品时金融市场的交易对象，是金融市场的构成要素之一。一个活跃的有效率的金融市场，必须有足够的优秀金融产品。

讨论题：

1. 金融产品有哪些特点？
2. 在现实生活中，你接触过哪些金融产品？你喜欢哪些金融产品？请举例说明。

## 13.4　货币供求与均衡

### 一、单项选择题（共10题，每题的备选项中，只有一个最符合题意）

1. （　　）认为货币供给将完全由货币当局的行为所决定。
   A. 货币供给内生论者　　　　　　B. 货币供给外生论者
   C. 货币供给中性论者　　　　　　D. 都不是
2. 划分货币层次的原则是（　　）。
   A. 安全性　　　B. 收益性　　　C. 流动性　　　D. 风险性
3. 在现代信用货币制度下，流通中的通货（包括现金和存款）是由（　　）创造的。
   A. 中央银行　　　　　　　　　　B. 商业银行

    C. 资本市场　　　　　　　　　　　　D. 中央银行和商业银行

4. 商业银行派生存款的能力（　　）。
   A. 与原始存款成正比，与法定存款准备金率成正比
   B. 与原始存款成正比，与法定存款准备金率成反比
   C. 与原始存款成反比，与法定存款准备金率成正比
   D. 与原始存款成反比，与法定存款准备金率成反比

5. 存款准备金率越高，则货币乘数（　　）。
   A. 越大　　　B. 越小　　　C. 不变　　　D. 不一定

6. 商业银行的超额准备金率低，则货币供应量（　　）。
   A. 越多　　　B. 越少　　　C. 不变　　　D. 不确定

7. （　　）是指经济主体不考虑价格变动的货币需求量，这种货币需求可以直接按照货币的面值来衡量和计算。
   A. 宏观货币需求　　B. 实际货币需求　　C. 微观货币需求　　D. 名义货币需求

8. 在决定货币需求的各个因素中，物价变动对货币需求的影响是（　　）。
   A. 正相关　　　B. 负相关　　　C. 正负相关都可能　　　D. 不相关

9. 货币需求是一个（　　）的概念。
   A. 数量　　　B. 流量　　　C. 存量　　　D. 变化量

10. 银行作为货币供给的总渠道，其原始存款主要来源于（　　）。
    A. 企业存款　　　　　　　　　　　B. 居民存款
    C. 中央银行的再贷款　　　　　　　D. 国际金融市场的存款

## 二、多项选择题（共 10 题，每题的备选项中，有两个或两个以上符合题意）

1. 名义货币供给如果超过了实际货币需求，就会引起（　　）。
   A. 货币升值　　　B. 物价上涨　　　C. 物价基本不变
   D. 货币贬值　　　E. 物价下跌

2. 商业银行存款货币创造的前提是（　　）。
   A. 发达的金融市场　　　　　　　B. 信用制度的发展
   C. 部分准备金制度　　　　　　　D. 非现金结算制度
   E. 金融工具多样化

3. 货币乘数的大小由以下（　　）决定。
   A. 现金比率　　　B. 法定准备金率　　　C. 超额存款准备金率
   D. 定期存款与活期存款间的比率　　　E. 基本货币

4. 与货币需求呈正相关的是（　　）。
   A. 收入水平　　　B. 物价变动　　　C. 市场利率
   D. 货币流通速度　　　E. 信用的发达程度

5. 抑制通货膨胀的货币政策操作包括（　　）。
   A. 降低货币供给量的增长率　　　B. 降低利率

C. 提高货币供给量的增长率　　　　D. 提高利率

E. 增加税收

6. 通货膨胀产生的原因有（　　）。

A. 需求拉上　　B. 成本推动　　C. 结构性因素

D. 国民收入超分配　　　　　　E. 供给过剩

7. 货币主义的主要代表人物弗里德曼认为，决定货币需求的因素是（　　）。

A. 恒久性收入　　B. 财富结构　　C. 金融资产的预期收益率

D. 预期物价变动率　　　　　　E. 其他随机变量

8. 马克思的货币需求必要量公式受以下因素影响（　　）。

A. 货币需求量　　B. 商品价格　　C. 利率水平

D. 商品交易量　　E. 货币流通的平均速度

9. 与货币需求呈负相关的是（　　）。

A. 收入水平　　B. 物价变动　　C. 市场利率

D. 货币流通速度　　E. 信用的发达程度

10. 以下属于基础货币的构成的是（　　）。

A. 商业银行的库存现金　　　　B. 商业银行存放于中央银行的存款

C. 持有货币的机会成本　　　　D. 公众持有的黄金

E. 市场利率

### 三、判断并改错（共10题）

1. 在货币乘数不变的条件下，货币当局可通过控制基础货币来控制整个货币供给量。（　　）

2. 在基础货币一定的条件下，货币乘数决定了货币供给的总量。（　　）

3. 经济主体收入间隔的时间与货币需求正相关。（　　）

4. 货币均衡就是货币供给与货币需求绝对相等。（　　）

5. 通常衡量货币供求是否均衡的主要标志是物价水平的基本稳定。（　　）

6. 存款准备金包括商业银行的库存现金及其在中央银行的存款。（　　）

7. 在货币供应不足的情况下，一般都采取紧缩性货币政策。（　　）

8. 部分准备金制度又称为法定准备金制度，是银行信用创造能力的基础。（　　）

9. 在信用制度健全、信用比较发达的经济中，货币需求量较多。（　　）

10. 在市场经济条件下，货币均衡的调节只能通过国家宏观调控来实现。（　　）

### 四、案例分析

## 2010年4月CPI增长

中国网北京5月11日讯　国家统计局今日公布了2010年4月份国民经济主要指标数据。4月，居民消费价格（CPI）同比上涨2.8%，环比上涨0.25%（注：该数据创下自2008年10月（4%）以来的最高涨幅）。工业品出厂价格（PPI）同比增长6.8%，涨幅比上月增加了 0.9 个百分点。

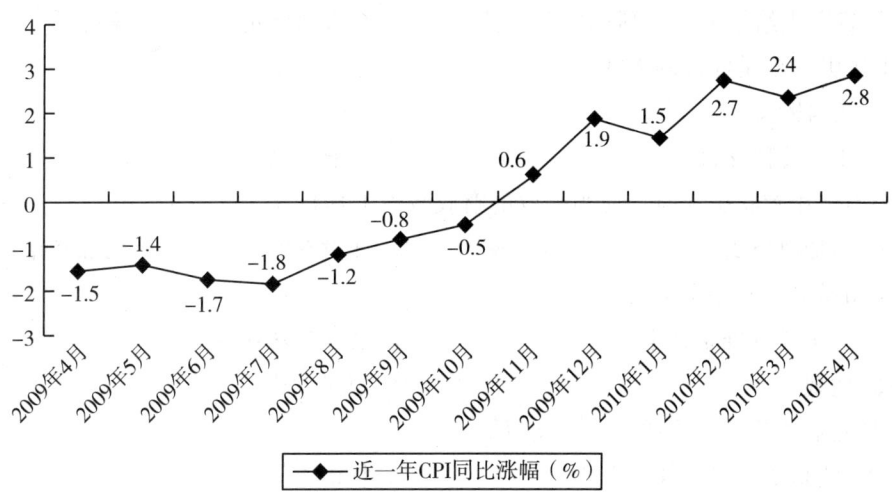

**讨论题：**

1. 你了解 CPI 吗？查阅相关资料，回答 CPI 是如何计算出来的。
2. 如果每月政府公布的 CPI 呈上升趋势，你会得出什么结论？如果下降呢？
3. 如果 CPI 增长过快，政府会采取什么措施呢？

## 13.5 财政政策与货币政策

**一、单项选择题（共 10 题，每题的备选项中，只有一个最符合题意）**

1. 在下述何种情况下，挤出效应比较大？（　　）
   A. 非充分就业　　　　　　　　B. 存在货币的流动性陷阱
   C. 投资对利率的敏感度较大　　D. 现金持有率较低

2. 以下何种情况不会引起收入水平的上升（　　）？
   A. 增加自主性支出　　　　　　B. 增加净税收
   C. 增加自主性转移支付　　　　D. 减少自主性税收

3. 如果政府支出的增加与政府转移支付的减少相同时，收入水平会（　　）。
   A. 增加　　　B. 减少　　　C. 不变　　　D. 不相关

4. 下列哪一项不是宏观经济政策的主要目标（　　）。
   A. 失业率为自然失业率　　　　B. 稳定的实际 GDP 增长率
   C. 国际收支平衡　　　　　　　D. 政府预算盈余

5. 中央银行在公开的证券市场上买入政府债券会使货币供给量（　　）。
   A. 增加　　　B. 减少　　　C. 不变　　　D. 难以确定

6. 紧缩性货币政策的运用导致（　　）。

A. 货币供给量减少，利率降低  B. 货币供给量增加，利率提高

C. 货币供给量减少，利率提高  D. 货币供给量增加，利率降低

7. 下述哪一项是经济的内在稳定器？（　　）。

 A. 政府购买  B. 税收

 C. 政府转移支付  D. 政府公共工程支出

8. 当经济中存在失业时，应当采取的财政政策工具是（　　）。

 A. 增加政府支出  B. 提高所得税  C. 开设新的税种  D. 增加货币供应量

9. 货币政策工具中最为常用的是（　　）。

 A. 法定存款准备金率  B. 公开市场业务

 C. 贴现率  D. 道义劝告

10. 法定存款准备金率提高，会使（　　）。

 A. 货币供应量增加  B. 货币供应量减少

 C. 利率降低  D. 收入增加

二、多项选择题（共10题，每题的备选项中，有两个或两个以上符合题意）

1. 当今时代，大多数国家政府都要对市场实行广泛的经济干预，即借助财政政策执行其宏观调控职能。财政政策之宏观经济调控目标是十分明确的：（　　）。

 A. 充分就业  B. 物价稳定  C. 国民经济的长期增长

 D. 收入分配合理化  E. 区域经济平衡发展

2. 作为经济危机的先兆，经济衰退的主要表现是生产连续数月下降，私人投资大幅度减少，劳动失业剧增，进出口发生萎缩等等。针对这类经济衰退，政府在宏观经济调控政策的选择方面，主要是采用以（　　）为特点的扩张性财政政策。

 A. 降低税收  B. 提高税收  C. 扩大政府转移支付规模

 D. 增加政府采购  E. 减少政府采购

3. 与政府扩张性，或紧缩性财政政策的作用方向保持一致的"内在稳定器"，是由（　　）组成的。

 A. 累进制的个人所得税  B. 累进制的公司所得税

 C. 预算赤字  D. 按收入水平可调节的社会保险缴纳

 E. 按照预设标准可自动改变的政府转移支付

4. 政府货币政策变动对市场利率变动的影响程度，具有如下特点：在其他不变情况下，（　　）。

 A. 政府实行扩张性货币政策会使市场利率下降

 B. 政府实行扩张性货币政策会使市场利率上升

 C. 政府实行紧缩性货币政策会使市场利率下降

 D. 政府实行紧缩性货币政策会使市场利率上升

 E. 无论政府实行何种货币政策，市场利率保持不变

5. 对于政府而言，规避财政风险的主要办法有：（　　）。

A. 创立新型的政治技术以有效制止政府权力的不断增
B. 建立控制财政开支不断扩大的制度
C. 建立更多的国有企业
D. 在公共部门中建立竞争机制
E. 增加财政实力以分担财政风险损失

6. 当经济发生衰退时，可采取的宏观调控措施有（　　）。
   A. 增加税收　　　B. 减少税收　　　C. 中央银行购进有价证券
   D. 扩大政府公共支出　　　E. 降低利率

7. 中央银行选择中介目标和操作目标时，应当遵循的原则有（　　）。
   A. 可控性　　　B. 可测性　　　C. 相关性
   D. 抗干扰性　　E. 目标性

8. 衡量社会就业充分与否不考虑（　　）。
   A. 非自愿失业　B. 自愿失业　　C. 摩擦性失业
   D. 季节性临时失业　E. 岗位转换导致的临时失业

9. 货币政策时滞以中央银行为界限可分为（　　）。
   A. 内部时滞　　B. 外部时滞　　C. 认识是指
   D. 行动时滞　　E. 分析研究时滞

10. 从世界各国来看，货币政策的最终目标主要包括（　　）。
    A. 稳定物价　　B. 促进经济增长　　C. 充分就业
    D. 社会稳定　　E. 国际收支平衡

### 三、判断并改错

1. 权衡性财政政策是针对市场的供给方面缺乏足够的利益刺激提出的对策。（　　）
2. 政府购买的增加易导致出现"挤出效应"。（　　）
3. 货币政策在短时间内可收到实施效果。（　　）
4. 内需不足时可通过紧缩性的财政政策拉动经济增长。（　　）
5. 再贴现率就是商业银行贷给企业和居民的贷款利率。（　　）
6. 税收减少1美元对总需求的影响总是与政府增加一美元相同。（　　）
7. 内在稳定器有助于缓和经济的波动。（　　）
8. 通过膨胀可以通过增加政府支出和减少税收来加以解决。（　　）
9. 中央银行购买政府债券将引起货币供应量的减少。（　　）
10. 紧缩货币政策的有效与否主要取决于这一政策是否减少总需求。（　　）

### 四、案例分析

## 国家调控高房价

2010年4月，众多房贷新政相继出台，此次国家调控房价所打出的"组合拳"相比之前要猛烈得多。国务院于4月17日下发的《关于坚决遏制部分城市房价过快上涨的通知》，要求二套住房贷款首付款不低于50%，利率不低于基准利率的1.1倍；首套住房且建筑面积逾90平方米的，首付比例不低于30%；商品住房价格过高、上涨过快、供应紧张的地区，商业银行可根据风险状况，暂停发放购买第三套及以上住房贷款；对不能提供1年以上当地纳税证明或社会保险缴纳证明的非本地居民暂停发放购买住房贷款。

资料来源：根据相关资料整理。

**讨论题：**

1. 国家为什么要出重拳调控房价？
2. 结合本地情况，分析国家的调控政策能否见效？
3. 在这种情况下，财政政策与货币政策应如何搭配？

# 参考文献

[1] 可李光. 财政与金融. 北京：清华大学出版社，2011.
[2] 李淑娟. 财政与金融.（第2版）. 北京：清华大学出版社，2011.
[3] 樊正玲. 财政与金融. 济南：山东人民出版社，2009.
[4] 吴艳华，任丽邦. 财政与金融. 北京：北京交通大学出版补，2010.
[5] 单祖明，龚静. 财政与金融（第二版）. 北京：科学出版社，2013.
[6] 周游燕. 财政与金融. 北京：水利水电出版社，2012.
[7] 王国屋. 财政与金融（第四版）. 北京：中国财政经济出版社，2012.
[8] 郑煜，财政与金融（第二版）. 北京：北京交通大学出版社，2012.
[9] 王国星. 财政与金融（第三版）. 北京：中国财政经济出版社，2010.
[10] 田海霞，刘强. 财政与金融. 哈尔滨：哈尔滨工业大学出版社，2014.
[11] 周时芹，财政与金融. 北京：机械工业出版社，2011.
[12] 蒙丽珍，李星华，财政与金融. 大连：东北财经大学出版社，2008.
[13] 刘智英，刘福波. 货币银行学. 北京：清华大学出版社，2014.
[14] 原宇，夏慧. 金融学基础. 北京：科学出版社，2009.
[15] 钱水土. 货币银行学（第二版）. 北京：机械工业出版社，2013.
[16] 姚长辉. 货币银行学. 北京：北京大学出版社，2012.
[17] 张尚学，货币银行学（第三版）. 天津：南开大学出版社，2014.
[18] 钱晔，货币银行学（第四版）. 大连：东北财经大学出版社，2014.
[19] 经济参考报
[20] 金融时报
[21] 国家税务总局网
[22] 中国税务报
[23] 中央政府门户网站
[24] 中国货币网
[25] 中国财政部网
[26] 新华网
[27] 百度百科